Das vierbändige Sammelwerk ›Deutschland erzählt‹ enthält eine Auswahl von mehr als hundert deutschsprachigen Erzählungen aus den letzten zweihundert Jahren.

Der hier vorliegende Sammelband mit 34 Texten von 31 Autoren ist Ergänzung und Erweiterung der Anthologie ›Deutschland erzählt. Von Arthur Schnitzler bis Uwe Johnson‹ (Fischer Taschenbuch Bd. 10984). Keiner der dort aufgenommenen Autoren kommt hier noch einmal zu Wort. Vielmehr wird eine neue Reihe von Erzählern vorgestellt. Mit ›Deutschland erzählt‹ ist wiederum Erzählen in deutscher Sprache gemeint. Schriftsteller aus Österreich werden deshalb ebenso in die Anthologie einbezogen wie Schweizer Autoren. Unterteilt in vier zeitlich zusammengehörende Gruppen entsteht ein farbiger Querschnitt durch die deutschsprachige Kurzprosa des 20. Jahrhunderts, der unterhalten, aber auch unterrichten will. Gleichzeitig behält diese Sammlung den großen historischen Prozeß im Auge, mit dem sich die Schriftsteller auf ihre Weise auseinandersetzen mußten.

Im Fischer Taschenbuch Verlag wurden außerdem von Benno von Wiese herausgegeben: ›Deutschland erzählt. Von Johann Wolfgang von Goethe bis Ludwig Tieck‹ (Bd. 10982), ›Deutschland erzählt. Von Georg Büchner bis Gerhart Hauptmann‹ (Bd. 10983) und ›Deutschland erzählt. Von Arthur Schnitzler bis Uwe Johnson‹ (Bd. 10984).

Benno von Wiese, der Herausgeber dieser Sammlung, der 1903 in Frankfurt am Main geboren wurde und lange Jahre ordentlicher Professor in Bonn war, zählt zu den bedeutendsten deutschen Literaturwissenschaftlern der Nachkriegszeit. Er starb 1987 in München.

Deutschland erzählt

Von Rainer Maria Rilke
bis Peter Handke

Ausgewählt und eingeleitet
von Benno von Wiese

Fischer Taschenbuch Verlag

Originalausgabe
Veröffentlicht im Fischer Taschenbuch Verlag GmbH,
Frankfurt am Main, Dezember 1991
Erstveröffentlichung Dezember 1975

Umschlaggestaltung: Buchholz / Hinsch / Hensinger
unter Verwendung der Abbildung ›Vierzehner Gruppe in
imaginärer Architektur‹ von Oskar Schlemmer
© 1991 Familiennachlaß O. Schlemmer, Badenweiler, Deutschland
Gesamtherstellung: Clausen & Bosse, Leck
Printed in Germany
ISBN 3-596-10985-x

Inhalt

Gerade gedruckte Titel stammen vom Herausgeber

Einleitung (1975)

Der hier vorgelegte Band ist als Ergänzung und Erweiterung gedacht zu dem zuerst 1962 von mir herausgegebenen: ›Deutschland erzählt. Von Arthur Schnitzler bis Uwe Johnson‹. Dieser hat inzwischen so viele Leser gefunden, daß ich hoffen darf, ein solcher, in sich selbständiger Ergänzungsband wird vielen willkommen sein. Keiner der Autoren, die ich damals aufgenommen habe, kommt hier noch einmal zu Wort. Das war eine prinzipielle Entscheidung. Mir schien es richtiger, den Raum für eine neue Reihe von einunddreißig Autoren frei zu halten und gleichzeitig das inzwischen vergangene Jahrzehnt, in dem so manche Autoren neu hervorgetreten sind, in die Auswahl miteinzubeziehen. Sie führt also jetzt bis an die Schwelle der Gegenwart heran. Wie im Fischer Taschenbuch 10984 ist mit »Deutschland erzählt« Erzählen in deutscher Sprache gemeint, unabhängig von den politischen Grenzen, die die einzelnen Staaten trennen. Das kann nicht genug betont werden gegenüber törichten Kritiken, die mir vorgeworfen haben, ich hätte den Begriffskomplex des deutschen Erzählens zu weit ausgedehnt, z. B. auf österreichische und auf schweizerische oder auf solche Autoren, die heute eine andere Staatsangehörigkeit angenommen haben. Ich bitte daher, den nun einmal eingebürgerten Titel auch hier beibehalten zu dürfen.

In der vorliegenden Sammlung nehme ich mir sogar im Untertitel die Freiheit, mit einem Österreicher zu beginnen und mit einem Österreicher zu schließen. Gehören etwa Rilke und Handke nicht zur deutschsprachigen Literatur? Und nur darauf, daß es so ist, kommt es hier an. Rilke ist zwar nicht der älteste der hier vertretenen Autoren, aber der von mir aufgenommene Text ›Samskola‹, die Schilderung einer schwedischen Schule, ist am frühesten entstanden. Er beschreibt in poetisch berichtender Weise das Einsetzen neuer, der Jugend gegenüber weit aufgeschlossenerer, ja geradezu antiautoritärer Erziehungsmethoden und stand damit bereits in der

Nachbarschaft von Tendenzen der deutschen Jugendbewegung. Es sei daran erinnert, daß die Rilke nahestehende schwedische Pädagogin Ellen Key schon im Jahre 1902 ihr viel beachtetes Buch ›Das Jahrhundert des Kindes‹ geschrieben hat. Ein solcher Text wie der von Rilke mutet auch heute oder heute wieder erstaunlich modern an, freilich ohne den soziologischen Doktrinarismus moderner Pädagogik mit ihren Verhaltens- und Rollenmustern, dafür freilich auch utopischer, idealistischer und poetisch verklärender.

Der Weg ist weit, der von dort bis zu den weit skeptischeren und kritischeren Analysen des jüngsten unserer Autoren, Peter Handke, geführt hat oder zu der durch Reflexion reduzierten, bewußt »unpoetischen« Bestandsaufnahme einer ins Merkantile verfremdeten gesellschaftlichen Umwelt durch Jürgen Becker. Dazwischen liegen die Erschütterungen von zwei Weltkriegen, der Aufstieg und Zusammenbruch des Nationalsozialismus und die zu Beginn meist schüchternen Versuche zur Neuorientierung nach der angeblichen Stunde Null am Ende des Krieges 1945.

Unser Band repräsentiert diese Entwicklung in vier Stufen. Die erste Gruppe erfaßt Erzähler, die noch in der Vorkriegszeit verwurzelt und alle im 19. Jahrhundert geboren sind. Sehr bald mußten sie sich jedoch mit den Erfahrungen des Ersten Weltkrieges auseinandersetzen und manchmal auch mit den Zeiten danach: Rilke, Keyserling, Georg Heym, Arnold Zweig, Paul Ernst und Sternheim. Unsere Texte folgen hier und so auch in den anderen Gruppen chronologisch der Entstehungszeit der Werke innerhalb der Gruppe. Georg Heym, Jahrgang 1887, starb schon früh, noch vor dem Ausbruch des Krieges, aber in Prosa und Lyrik hat er die herannahende Katastrophe bereits hellsichtig geahnt. Arnold Zweig hingegen, im gleichen Jahr geboren, lebte lange genug, um zum oft sehr bitteren Zeitkritiker einer mehr und mehr aus den Fugen geratenen Gesellschaft zu werden. Den Höhepunkt seines Schaffens erreichte er 1927 mit dem auch heute noch lesenswerten und mit Recht wieder neu aufgelegten Roman ›Der Streit um den Sergeanten Grischa‹ (Fischer Taschenbuch 1275), der den Konflikt zwischen dem Einzelmenschen und einer erbarmungslosen Staatsmaschinerie behandelt. Zweig starb, ein überzeugter Sozialist, erst 1968 in Ost-Berlin. Die Erzählung, die wir von ihm ausgewählt haben, stammt aus seiner Frühzeit und entstand noch vor dem Ausbruch des Ersten Weltkrieges. Ihre spannende Erzähltechnik erinnert an deutsche Erzähltraditionen des 19. Jahrhunderts, verrät vielleicht auch romanischen Einfluß in der merkwürdigen Ambivalenz von aristokratischem Heroenkult und skeptischer Entzauberung des Helden. Erst in den 20er Jahren der Nachkriegszeit sollte solche Desillusionierung zum oft herangezogenen Thema werden.

Der älteste unserer ersten Gruppe ist Eduard von Keyserling. Seine Schilderungen der baltischen Adelswelt und ihrer erotischen Konflikte spiegeln eine versinkende, aber dennoch geliebte Welt. Keyserling beherrscht alle Register einer impressionistischen Stimmungskunst; er vereinigt Wehmut mit Ironie; er nimmt einen schmerzlichen Abschied vom Vornehmen und Stilvollen, aber auch Dekadenten einer zum Tode verurteilten Gesellschaft. Das von mir dem 1911 erschienenen Roman ›Wellen‹ entnommene Kapitel liest sich heute als ein in sich geschlossenes Kabinettstück über eine gescheiterte Ehe.

Die expressionistische Prosa wird in unserer Gruppe durch Georg Heym und Sternheim repräsentiert, beide Male mit Erzählungen, die die Thematik des Wahnsinns in den Mittelpunkt stellen. Ergänzend sei dafür noch auf die aus dem gleichen Zeitraum stammende Novelle von Alfred Döblin ›Die Ermordung einer Butterblume‹ verwiesen. Heym gibt nicht wie Döblin einen noch medizinisch motivierten Bericht, sondern gestaltet den Wahnsinn als Symbol des Absurden und Furchtbaren, als Vorahnung einer aus den Fugen geratenen Welt. Umgekehrt neigt Sternheim zur Glorifizierung. Das isolierte Ich sucht sich allen Zwängen, die ihm ein rapide sich verändernder Gesellschaftsprozeß auferlegt hat, gewaltsam zu entziehen. Am Ende der Erzählung findet paradoxerweise der preisgegebene Einzelmensch im Irrenhaus seine absolute Freiheit. Paul Ernst ist damit verglichen weit eher Klassizist. Seine sehr gestraffte Novelle ›Der Straßenraub‹ überzeugt durch strenge Handlungsführung, konzentrierte Komposition und genau berechnete Wendepunkte. In ihrer Art ist sie eine artistische Leistung von hohem Rang. Die Thematik freilich wurzelt noch im 19. Jahrhundert. Sie behandelt den tragischen Widerstreit von Schicksal und Zufall auf der einen Seite und von persönlicher Verantwortung und Schuld auf der anderen. Da eine Auflösung dieser Konflikte eigentlich nicht mehr möglich ist, sucht Ernst ihre Überwindung in dem Weg zur Form.

Unsere zweite Gruppe bringt Prosa, die in der Nachkriegszeit der 20er und 30er Jahre bis zu den Anfängen des Zweiten Weltkrieges entstanden ist. Drei ihrer Autoren gehören dem Geburtsjahrgang nach noch in das 19. Jahrhundert: als älteste die große Dame der deutschen Literatur, Ricarda Huch, ferner der noble Autor Stefan Zweig und der in der Heine-Nachfolge stehende Gesellschaftskritiker Tucholsky, der lange Jahre unter verschiedenen Pseudonymen in der »Weltbühne« seine witzigen und aggressiven Skizzen geschrieben hat. Alle Autoren dieser Gruppe mußten sich auch in ihrem Lebenslauf und meist auf tragische Weise mit einem sehr unguten Zeitgeist auseinandersetzen. Stefan Zweig starb durch Selbstmord in der Emigration; Ricarda Huch hatte es schwer genug, ihre vorbildhafte Integrität in der Periode der schlimmsten Verfälschung des Deutschtums noch in Deutschland selbst durchzuhalten; Ödön von Horváth war schon frühzeitig Verfolgungen ausgesetzt, sein legendärer, viel zu früher Tod in Paris durch einen vom Blitz getroffenen Baum hat sein Emigrantenschicksal nur abgekürzt; Tucholsky flüchtete nach Schweden und nahm sich dort das Leben. Auch Joseph Breitbach hat manche Verfolgungen ausstehen müssen, doch hat der um die Vermittlung zwischen Frankreich und Deutschland so verdiente Breitbach die Schreckenszeit überlebt und findet allmählich die ihm gebührende Anerkennung. Ebenso ist Anna Seghers, die mit Abstand bedeutendste Erzählerin der DDR, durch Flucht und Emigration hindurchgegangen, ehe sie als Sprecherin des Proletariats und des Sozialismus in Ost-Berlin eine neue Heimat gefunden hat. Ihr Zeitroman ›Das siebte Kreuz‹ (1942), der in geballter epischer Darstellung die Epoche des Nationalsozialismus dem unbestechlichen Gericht des Schriftstellers unterwirft, ist einer der Höhepunkte ihrer Prosa, ebenso wie die tieftraurige Erzählung ›Der Ausflug der toten Mädchen‹, deren Abdruck mir leider nicht möglich war. Aber auch der von mir statt dessen ausgewählte Text ›Das Obdach‹ verrät, wie sehr Anna Seghers in einem noch im besten Sinne des Wortes traditionellen Erzählstil den Situationen einer inhumanen, grausamen politi-

schen Gegenwart sehr menschliche, in unserer Erzählung sogar humoristische Pointen abzugewinnen vermochte. Nur ein Jahr nach
der Besetzung Frankreichs durch die deutsche Armee entstand diese
Erzählung, mit der sich die Dichterin kühn an einen gerade erst
aktuell gewordenen Stoff herangewagt hat. Distanzierter verhielt
sich Ricarda Huch, wenn sie in ihrer Prosa der 20er Jahre die geschichtlichen Stoffe aus der Vergangenheit bevorzugte und in der
von uns abgedruckten kleinen Skizze aus dem Dreißigjährigen
Krieg theologische Fragen des Glaubens, aber auch der Glaubenskrise zum Gegenstand ihres Erzählens machte. Solche, heute zu
wenig ernst genommene Problematik bestimmt auch noch das
mühsam gerettete Kapitel ›Clemens‹ von Joseph Breitbach, ein
Meisterstück deutscher Prosa überhaupt, und es ist als ein unersetzlicher Verlust zu beklagen, daß das Ganze dieses Romans damals
durch den Terror der Gestapo vernichtet wurde. Kurt Tucholskys
knappe Skizzen sind im strengen Wort- und Gattungssinn keine
Erzählungen, aber doch sehr konkrete, scharf pointierte Satiren, die
Schlaglichter auf die fatalen Zweideutigkeiten und Unredlichkeiten
der Nachkriegszeit werfen, ebenso wie Horváths »Märchen« genau
das Gegenteil von der Gattung Märchen ist, nämlich ein nur eine
Seite Prosa umfassendes Anti-Märchen, das die sozial determinierte
Situation des hilflosen Fräulein Pollinger einer unbestechlichen, exakten Analyse unterwirft. Stefan Zweigs ›Legende‹ ist damit verglichen eher »poetisch« und lyrisch altmodisch, aber die des Trostes
bedürftige Klage inmitten des Hoffnungslosen zwischen friedlosen
Zeiten ist dabei unüberhörbar. Auf andere Autoren dieser Epoche,
die sich teils mit ihr zu verbinden, teils ihr auszuweichen suchten,
wie Kolbenheyer, Hans Grimm, Binding, Carossa, Wiechert, Doderer, mußte ich aus Raumgründen leider verzichten, konnte aber
auch keine für meine Zwecke geeigneten Texte finden.
Unsere dritte Gruppe stellt Autoren vor, die alle schon im zwanzigsten Jahrhundert geboren sind, aber heute bereits, soweit sie noch
leben, zu den älteren Jahrgängen gehören. Die Prosastücke, die ich
von ihnen bringe, fallen in die zweite Nachkriegszeit und reichen
sogar bis in die 60er und 70er Jahre hinein. Sie spiegeln die Schrekken der Vergangenheit nunmehr aus der Distanz wie Stefan Heym
in seiner Kriegserzählung ›Die Kannibalen‹. Der Autor sucht heute

zwischen den beiden Staaten Deutschlands zu vermitteln. Von Wolfgang Koeppens plastischer und überlegener Erzählkunst konnte ich nur eine kleine Probe aus seinen Reisebüchern bringen. An Bedeutung stehen diese Berichte allerdings hinter Koeppens Romanwerk zurück, das mit den Prosawerken aus den 50er Jahren – ›Tauben im Gras‹ sei hier mit Nachdruck genannt – einen Höhepunkt in der Gattung des Zeitromans erreicht hat, der in der zweiten Nachkriegszeit von keinem anderen überboten werden konnte. Die sich dem Epischen fast schon entziehende ungeheure Thematik der Judenverfolgung und Judenvernichtung, die Anna Seghers bereits in den 40er Jahren aufgenommen hat, kehrt in unserem Band in zwei so entgegengesetzten Texten wie denen von Fühmann und Bobrowski noch einmal wieder. Beide Autoren leben und lebten in der DDR. Fühmann erzählt volkstümlich, realistisch, analysiert dabei die psychologischen Voraussetzungen des Antisemitismus in einer spannend dargebotenen Ich-Erzählung, die erst am Ende im jähen Umschlag ihre politische Pointe erkennen läßt. Bobrowski ist damit verglichen sehr viel sublimer, hintergründiger und dichterischer. Mit seinem gesamten, vielfach verschlüsselten, von christlich-humanistischer Grundeinstellung geprägten Werk gehört dieser viel zu früh gestorbene Autor in Lyrik und Prosa zu den bedeutendsten Repräsentanten der deutschsprachigen Nachkriegszeit.

Aber nicht alle Texte sind auf direkte Weise zeitbezogen, auch bei Bobrowski nicht. Kusenberg wird von mir mit einem humoristischen Beitrag als ein Könner auf dem Gebiet der Kurzgeschichte vorgestellt, ein Feld der experimentellen Prosa, das, oft auch unter ausländischem Einfluß, in der Gegenwartsliteratur bis in die jüngste Generation hinein eine beachtliche Expansion erfahren hat. Canetti, dessen schon 1936 erschienener, ins Surreale hinüberspielender Roman ›Die Blendung‹ erst sehr viel später in seiner überragenden Bedeutung gesehen und gewürdigt wurde, ist in diesem Band mit einer erst vor kurzem herausgekommenen, im Orient spielenden Erzählung vertreten, die mit ihrem suggestiven Realismus zugleich etwas beklemmend Unwirkliches hat. Wolfgang Hildesheimer, ein Autor der sogenannten absurden Literatur, erzählt in seinem Roman ›Tynset‹ eine grauenvolle

Pestlegende, die sich ohne Schwierigkeiten aus dem Roman herauslösen ließ und die meiner Meinung nach zu dem Besten gehört, was
unsere zeitgenössische Prosa zu bieten hat. Denn hier wird in einem
kunstvollen Perspektivismus erzählt, ohne daß die fast atemberaubende Spannung des Erzählten darüber verlorengeht. Aber auch auf
Hildesheimers, zuerst 1952 erschienene ›Lieblose Legenden‹ sei hier
hingewiesen. Es ist bezeichnend für unsere ganze dritte Gruppe,
deren ältester Autor, Kusenberg, 1904, der jüngste, Fühmann, 1922
geboren wurde, daß sie sowohl die moderne Neigung zum l'art pour
l'art, zum Erzählen als sprachlichem Experimentieren, wie auch die
weiterwirkende Auseinandersetzung mit den politischen und sozialen Schicksalen des 20. Jahrhunderts widerspiegelt. Diese beiden
entgegengesetzten Richtungen stehen sich in der Gegenwartsdichtung oft schroff gegenüber, gehen aber auch mancherlei Kombinationen miteinander ein, die sogar bis zur Vertauschung führen können. Das kann amüsant geschehen wie bei Günter Eich oder auch mit
verblüffender Gelehrsamkeit wie bei Arno Schmidt.
Unsere vierte Gruppe gehört den jüngeren Generationen. Die allzu
früh ums Leben gekommene Ingeborg Bachmann steht mit dem
Jahrgang 1926 am Anfang, der erstaunlich schnell berühmt gewordene und zu manchen Wandlungen bereite Peter Handke, der erst
1942 geboren wurde, ist der jüngste unter ihnen. Die anderen sind
meist in den Jahren zwischen 1929 und 1935 geboren, also Schriftsteller, die bereits in der Nachkriegszeit der Restauration und des
mehr berüchtigten als berühmten »Wirtschaftswunders« herangewachsen sind. Am stärksten ist noch Ingeborg Bachmann, eine der
profiliertesten Erscheinungen der Gruppe 47, von den Krisen der
Nachkriegsjahre berührt worden, zugleich aber auch beeinflußt
von der Existenzphilosophie Martin Heideggers und der Sprachphilosophie Wittgensteins. Sie steht noch jenseits der erst später
einsetzenden Politisierung, dafür aber in der Nähe eines existentialistischen Denkens, das nach den Möglichkeiten des Menschen in
einem bis auf den Grund aufgewühlten Zeitalter fragt. Ihre Dichtung bewegt sich zwischen den Polen Verzweiflung und Utopie.
Ihre vielleicht beste Erzählung ›Alles‹, die wir trotz ihres relativ
großen Umfangs erneut abdrucken, analysiert den gescheiterten
Versuch des radikalen Neubeginns, den ein Vater mit seinem Sohn

machen möchte, indem er ihn aus der Welt und ihren Anpassungs-
prozessen gleichsam mit Gewalt herausnehmen will, um ihn vor
dem ewigen Kreislauf des Bösen zu bewahren. Dies kann schon im
Ansatz nicht gelingen, da es die kompromißlose Negation von *allem* bedeutet, um dafür ein neues utopisches *Alles* zu erzwingen.
Mit dem Tod des Sohnes durch Unfall versteinert auch die Ehe des
Vaters, zumal es die Mutter war, die ihrerseits, durchaus im Kontrast zum Vater, dem Sohn den Anpassungsprozeß an die Welt immer wieder erleichtert hat. Die Erzählung Ingeborg Bachmanns hat
sich vom traditionellen Erzählen des 19. Jahrhunderts völlig gelöst
und ist statt dessen reflektierte Analyse einer menschlichen Grenz-
situation, die die radikale Verzweiflung voraussetzt, aber in der
Verzweiflung die Hoffnung nicht aufgeben will und vergeblich
einen individuellen Ausweg sucht.

Die Prosatexte der jüngeren Schriftsteller sind im Gegensatz dazu
weit mehr eine sich dem Dokumentarischen nähernde Bestandsaufnahme oder reflektierte gesellschaftliche Analyse des Menschen im
Kollektiv. Fast überall geschieht das mit Bitterkeit, oft ohne eigentliche Parteinahme, aber auch ohne die inzwischen Mode gewordene »Nostalgie«. Natürlich gibt es in der zeitgenössischen Literatur auch Texte, die entweder Bewußtseinsänderung oder darüber
hinaus einen radikalen Systemwechsel innerhalb der Gesellschaft
proklamieren. Das braucht nicht immer ausdrücklich gesagt zu
werden. Direkt zeitbezogen ist Alexander Kluge mit seinem unbarmherzigen, dokumentarisch eiskalten Text zum Thema der
Judenvernichtung, während Günter Kunert in einer sehr phantasie-
vollen Kurzgeschichte die gleiche Thematik vom Realen ins Surreale hinüberspielt. Genaue Analyse korrupter kleinbürgerlicher
gesellschaftlicher Situationen ist die Stärke von Gabriele Wohmann. Sehr viel verspielter, amüsanter und damit auch unterhalten-
der liest sich Lettau. Doch sollte man den experimentellen
Anspruch auch dieser Prosa nicht unterschätzen. Christa Wolf repräsentiert den sozialpolitischen Realismus der DDR, aber ohne die
damit oft verbundenen dogmatischen Einengungen. Die von uns
abgedruckte Erzählung spielt am Ende des Zweiten Weltkrieges,
spiegelt das Erlebte aber bereits aus der Distanz der Erinnerung.
Diese jungen Autoren sind keineswegs alle auf die dingliche, exakt

beschreibbare Realität der Gesellschaft und deren Analyse einge-
engt. Manchmal verbindet sich das mit sprachlichen Experimenten
wie bei Becker und Handke. Die Sprache selbst muß sich dann gegenüber einer neu einsetzenden Sprachskepsis bewähren und wird
oft auf etwas künstliche Weise in Frage gestellt. Hingegen haben
sich Bernhard und Meckel stärker dem Phantastischen und Sym-
bolhaften geöffnet: der eine in einer fast monomanisch einhäm-
mernden Prosa, die in den Sog des Nihilismus hineingerät und ihm
trotzdem standzuhalten sucht; der andere mit weit fröhlicherer Un-
bekümmertheit, die der Literatur als Spiel wieder zu ihrem Recht
verhilft, ohne dabei die grausamen Widersprüche unserer Epoche
aus den Augen zu verlieren oder zu verschleiern. Die satirische
Skizze, die wir von Handke ausgewählt haben, ist zwar schon 1964
entstanden, aber mit seinen beiden viel diskutierten Romanen ›Der
kurze Brief zum langen Abschied‹ und ›Wunschloses Unglück‹,
beide 1972 veröffentlicht, und seinem Werk ›Die Stunde der wahren Empfindung‹ (1975) steht er in seinem Zurücklenken zur Sub-
jektivität besonders repräsentativ für die deutsche Gegenwart der
70er Jahre.
Wer sich von den Jüngeren weiter behaupten wird, bleibt abzuwar-
ten. Auch über die Auswahl läßt sich natürlich streiten. Besonders
gern hätte ich noch Dieter Kühn aufgenommen, konnte aber leider
keinen kurz gefaßten Text für meinen Band finden. Manche werden vielleicht noch Hubert Fichte, Manfred Bieler, Horst Bingel,
Horst Bienek, Adolf Muschg und andere vermissen. Aber hier waren mir schon vom Raum her Grenzen gesetzt. Man wird dem Herausgeber das Recht der individuellen Entscheidung zugestehen
müssen. Vielleicht finden manche Leser auch viele Texte zu düster.
Dafür darf man nicht mich verantwortlich machen, auch nicht die
Autoren, sondern nur das Zeitalter, in dem sie leben mußten und
von dem sie verwundet und beschädigt wurden. Gewiß: Dichtung
und Literatur als freies Spiel sind nach meiner Meinung auch heute
noch möglich, und neben der Satire gibt es nach wie vor den Hu-
mor. Soweit es mir möglich war, habe ich solche Texte gerne her-
angezogen. Aber die Abwendung vieler Schriftsteller von der Poe-
sie als solcher zugunsten neuer literarischer, meist analytischer oder
dokumentarischer Stilformen durfte in diesem Band nicht unter-

schlagen werden. Es war nötig, diesen Querschnitt durch die Kurz-prosa des zwanzigsten Jahrhunderts so farbig wie möglich zu halten. Dem Leser soll er Anregung zur weiteren Lektüre geben. Ich teile nicht die Meinung jener, die der Literatur das »Kulinarische« verbieten wollen. Denn jede Literatur braucht auch die Freude an der Literatur, nicht nur bei den Autoren, sondern ebenso bei den Lesern. Ich weiß aber auch, daß der Schriftsteller seine guten Gründe hat, wenn er sich mit Spiel und Genuß allein nicht begnügen kann, ja sogar bewußt auf beides verzichtet. Eine Sammlung wie diese will zwar auch unterhalten, zugleich aber unterrichten. Im Hintergrund behielt sie den großen historischen Prozeß im Auge, mit dem der Schriftsteller sich jeweils auf seine Weise auseinandersetzen muß.

Alle Texte wurden ohne Kürzungen gebracht. Nur in Ausnahmefällen wurden Texte, die sich ohne Gewaltsamkeit herauslösen ließen, als eigene selbständige Erzählungen in unserem Band veröffentlicht.

Für beratende Hilfe habe ich Prof. Dr. Norbert Oellers und Herrn Direktor Dr. Manfred Seidler zu danken.

Benno von Wiese

Samskola

Ich werde erzählen, was sich neulich in Gothenburg begeben hat. Es ist merkwürdig genug. Es geschah in dieser Stadt, daß mehrere Kinder zu ihren Eltern kamen und erklärten, sie wollten auch nachmittags in der Schule bleiben, auch wenn kein Unterricht ist, immer. Immer? Ja, so viel wie möglich. In welcher Schule?
Ich werde von dieser Schule erzählen. Es ist eine ungewöhnliche, eine völlig unimperativische Schule; eine Schule, die nachgiebt, eine Schule, die sich nicht für fertig hält, sondern für etwas Werdendes, daran die Kinder selbst, umformend und bestimmend, arbeiten sollen. Die Kinder, in enger und freundlicher Beziehung mit einigen aufmerksamen, lernenden, vorsichtigen Erwachsenen, Menschen, Lehrern, wenn man will. Die Kinder sind in dieser Schule die Hauptsache. Man begreift, daß damit verschiedene Einrichtungen fortfallen, die an anderen Schulen üblich sind. Zum Beispiel: jene hochnotpeinlichen Untersuchungen und Verhöre, die man Prüfungen genannt hat, und die damit zusammenhängenden Zeugnisse. Sie waren ganz und gar eine Erfindung der Großen. Und man fühlt gleich, wenn man die Schule betritt, den Unterschied. Man ist in einer Schule, in der es nicht nach Staub, Tinte und Angst riecht, sondern nach Sonne, blondem Holz und Kindheit.
Man wird sagen, daß eine solche Schule sich nicht halten kann. Nein, natürlich. Aber die Kinder halten sie. Sie besteht nun im vierten Jahre und man zählt in diesem Semester zweihundertfünfzehn Schüler, Mädchen und Knaben aus allen Altern. Denn es ist eine richtige Schule, die beim Anfang anfängt und bis zum Ende reicht. Freilich: dieses Ende liegt noch nicht ganz in ihrer Hand. An diesem Ausgang der Achtzehnjährigen steht, gespenstisch wie ein Revenant, die Reifeprüfung. Und sie treten, aus der Zukunft, in der sie schon waren, in eine andere Zeit zurück. In die Zeit ihrer Zeitgenossen. Aber sie sind doch, sozusagen, im Kommenden erzogen; werden sie das ganz verleugnen? Wird man es später an ihrem Leben merken?

Für alle, die jetzt und in den nächsten Jahren die Schule verlassen, trifft das noch nicht ganz zu; denn sie sind (da die Schule erst ihr viertes Jahr beginnt) nicht von Anfang an ihre Schüler gewesen. Sie sind eines Tages übergetreten, mit Schulerfahrungen und -konventionen behaftet und ganz voll von den Bazillen alter, verschleppter Schulseuchen. Wäre der junge Körper dieser neuen Schule nicht so durch und durch gesund, so hätten sie leicht eine Gefahr für ihn werden können. So aber gehen sie, ohne Schaden zu stiften, durch seinen Organismus durch; ihre schlechten Gebräuche und Schülerheimlichkeiten, die sie fortsetzen, bekommen, inmitten des weiten, offenen Vertrauens, inmitten dieser lebensgroßen Menschlichkeit, die weit über die Wände einer Schulstunde hinausreicht, einen Anschein von trauriger, harmloser Lächerlichkeit; sie werden so überflüssig wie die umwickelten Gebärden eines Freigelassenen, der fortfährt, in der Zeichen- und Klopfsprache des Gefängnisses sich auszudrücken. Aber wenn diese einmal scheu Gemachten auch nicht fähig sind, sich in der Sonne der neuen Schule ganz arglos auszubreiten, so merkt man doch, wie sie sich erholen, wie sie sich aufrichten und, bei aller Frühreife ihrer trüben Erfahrung, reine, kindhaft lichte Triebe ansetzen und da und dort zum Blühen kommen. Aber man muß vorsichtig mit ihnen sein; denn die Freiheit ist eine Gefahr für sie.

Das Wort Freiheit ist genannt. Es scheint mir, als ob wir, die Erwachsenen, in einer Welt lebten, in der keine Freiheit ist. Freiheit ist bewegtes, steigendes, mit der Menschenseele sich wandelndes, wachsendes Gesetz. Unsere Gesetze sind nicht mehr die unserigen. Sie sind zurückgeblieben, während das Leben lief. Man hat sie zurückgehalten, aus Geiz, aus Habgier, aus Eigennutz; aber vor allem: aus Angst. Man wollte sie nicht mit auf den Wellen haben in Sturm und Schiffbruch; sie sollten in Sicherheit sein. Und da man sie so, gerettet aus aller Gefahr, auf dem Strande zurückließ, sind sie erstarrt. Und das ist unsere Not: daß wir Gesetze haben aus Stein. Gesetze, die nicht immer mit uns waren, fremde, unverwandte Gesetze. Keine von den tausend neuen Bewegungen unseres Blutes pflanzt sich in ihnen fort; unser Leben besteht nicht für sie; und die Wärme aller Herzen reicht nicht aus, einen Schimmer von Grün auf ihren kalten Oberflächen hervorzurufen. Wir schreien nach dem neuen Gesetz.

Nach einem Gesetz, das Tag und Nacht bei uns bleibt und das wir erkannt und befruchtet haben wie ein Weib. Aber es kommt keiner, der solches Gesetz uns geben kann; es ist über die Kraft.

Aber denkt niemand daran, daß das neue Gesetz, das wir nicht zu schaffen vermögen, täglich anfangen kann mit denen, die wieder ein Anfang sind? Sind sie nicht wieder das Ganze, Schöpfung und Welt, wachsen nicht in ihnen alle Kräfte heran, wenn wir nur Raum geben? Wenn wir nicht aufdringlich, mit dem Recht des Stärkeren, den Kindern all das Fertige in den Weg stellen, das für unser Leben gilt, wenn sie nichts vorfinden, wenn sie alles machen müssen: werden sie nicht alles machen? Wenn wir uns hüten, den alten Riß zwischen Pflicht und Freude (Schule und Leben), Gesetz und Freiheit in sie hinein zu vergrößern: ist es nicht möglich, daß die Welt heil in ihnen heranwächst? Nicht in einer Generation freilich, nicht in der nächsten und übernächsten, aber langsam, von Kindheit zu Kindheit heilend?

Ich weiß nicht, ob man zu dem Ursprung der Schule auch durch diese Gedanken gegangen ist; es ist eine Welt von Gedanken gedacht worden. Aber nun ist sie da. Ihre einfache Heiterkeit spielt vor einem Hintergrunde dunkelsten Ernstes. Sie ist nicht in ein Programm eingeschlossen, sie ist nach allen Seiten offen. Und es ist gar nicht vom ›Erziehen‹ die Rede. Es handelt sich gar nicht darum. Denn wer kann erziehen? Wo ist der unter uns, der erziehen dürfte?

Was diese Schule versucht, ist dieses: nichts zu stören. Aber indem sie dies auf ihre tätige und hingebende Weise versucht, indem sie Hemmungen entfernt, Fragen anregt, horcht, beobachtet, lernt und vorsichtig liebt, – tut sie alles, was Erwachsene an denen tun können, die nach ihnen kommen sollen.

Das fünfteilige hölzerne Gebäude eines früheren Hospitals. An Kranke denkt man nicht mehr; nur etwas wie die Freude von vielen Genesenden ist darin geblieben.

Die Zimmer sind wie die Zimmer in einem Landhaus. Mittelgroß, mit klaren, einfarbigen Wänden und geräumigen Fenstern, in denen viele Blumen stehen. Die niedrigen, gelben, harzhellen Tische lassen sich, wenn es nötig ist, in der Art von Schulbänken anreihen; meist aber sind sie in der Mitte zu einem einzigen großen Tisch zusammengeschoben, wie in einer Wohnstube. Und die kleinen, behaglichen

Sessel stehen rund herum. Natürlich ist alles da, was in ein richtiges Schulzimmer gehört: ein (übrigens nicht erhöhter) Lehrertisch, eine Tafel und alles andere. Aber diese Dinge repräsentieren nicht; sie ordnen sich ein. An der Wand, dem Fenster gegenüber, ist eine Karte von Schweden, blau, grün und rot: ein frohes, buntes Kinderland. Sonst sind Abbildungen von guten Gemälden da, in glatten, einfachen Holzrahmen. Des Velazquez kleiner reitender Infant. Daneben aber, ganz ebenso anerkannt, hängt das rote Haus, das der kleine Bengt oder Nils oder Ebbe gemalt hat, mit dem ernstesten Gesicht. Die lichten Gänge führen zu den Sälen hin, die für viele Beschäftigungen eingerichtet sind. Da ist ein weiter, luftiger Raum für die Handarbeiten der Kleinsten; in einem anderen werden Bürsten hergestellt und Bücher gebunden; eine Werkstatt ist da für Tischlerarbeiten und Mechanik, eine Druckerei und ein stilles, heiteres Musikzimmer.

Man hat das Gefühl: hier kann man etwas werden. Diese Schule ist nicht etwas Vorläufiges; da ist schon die Wirklichkeit. Da fängt das Leben schon an. Das Leben hat sich klein gemacht für die Kleinen. Aber es ist da, mit allen seinen Möglichkeiten und mit vielen Gefahren. Da hängen in den Werkstätten, wo die Zwölfjährigen arbeiten, all die scharfen Messer und Ahlen und Stahle, die man sonst ängstlich vor den Kindern verbirgt. Hier legt man sie ihnen vorsichtig und ernst und richtig in die Hand und sie denken gar nicht daran, damit zu ›spielen‹. Sie beschäftigen sich so intensiv; und fast alle ihre Arbeiten sind gut und genau und brauchbar; des Handwerks tiefer Ernst kommt über sie.

Im Saal für Mechanik wurde ein Knabe gerufen, der einen Motor erfunden und im Modell ausgeführt hatte. Er sollte ihn erklären. Er war schon mit einer anderen Arbeit beschäftigt, von der er bereitwillig, aber doch ungern gestört, herüberkam. Sein Gesicht war noch ganz von der verlassenen Arbeit erfüllt. Aber dann nahm er sich zusammen und gab sachlich kurz die gewünschten Aufklärungen. Der Ton seiner Worte, die geschickten Gebärden, womit er sie begleitete, selbst die offene, sichere Art seiner Freundlichkeit zeigte den Arbeiter, der in seiner Arbeit lebt. Und wie bei diesem Knaben, so war bei allen Kindern Offenheit und Sicherheit zu finden; sie waren alle beschäftigt und froh und dadurch allen Tätigen nah; mochten es nun Erwachsene oder Kinder sein; in der ernsthaften und freudigen Beschäftigung war eine Gemeinsamkeit gegeben, auf der sich verkehren ließ; aller Grund zur Verlegenheit war fortgefallen.

Die Freudigkeit, die Neigung, womit in dieser Schule alles geschieht, prägt alle Dinge. Wie schön sind die von den Kindern gedruckten und gebundenen Bücher, wie rührend ausdrucksvoll sind ihre kleinen Modellierversuche; und ihre Blumenzeichnungen nach der Natur sind so richtig und liebevoll und gewissenhaft, daß sie, wo gewisse Voraussetzungen da sind, jeden Augenblick Kunst werden können. Es tut so gut, zu fühlen, daß in diesen Kindern nichts verkümmern kann. Jede, auch die leiseste Anlage muß nach und nach zum Blühen kommen. Keins von diesen Kindern muß sich dauernd zurückgesetzt glauben. Der Möglichkeiten sind so viele. Für ein jedes muß der Tag kommen, da es sein Können entdeckt, irgendeine Fähigkeit, eine Geschicklichkeit, eine Lust zu irgend etwas, die ihm in dieser kleinen Welt seinen Platz, seine Berechtigung gibt. Und was das wichtigste ist: diese kleine Welt ist im Grunde nichts anderes als die große Welt auch; was man in ihr ist, kann man überall sein; diese Schule ist nicht ein Gegensatz des Heims. Sie ist dasselbe. Sie ist nur zu jedem ›Zuhause‹ hinzugekommen, sie ist an alle Häuser angebaut und will mit ihnen in Verbindung sein. Sie ist nicht das andere. Die Eltern gehen in ihr ebenso ein und aus wie ihre Kinder. Es steht ihnen frei, dann und wann einer Unterrichtsstunde beizuwohnen; sie kennen die Räume des Schulhauses und finden sich darin zurecht. Und auch im Verhältnis zum Leben will diese Schule nicht das andere sein. Deshalb kann sie keine Lehrer brauchen, die diesen Beruf ergreifen; die an ihr lehren, müssen von ihrem Beruf ergriffen sein. Es genügt nicht, daß sie einen Gegenstand beherrschen; dieser Gegenstand muß gewissermaßen unter freiem Himmel stehen; er darf nicht isoliert, nicht abgeschnitten, nicht aus allen Zusammenhängen gehoben sein. Er muß sich verwandeln, und wenn sich etwas rührt in der Welt, muß er zittern und tönen; man muß es an ihm merken können. Immer soll, unter dem Vorwande der verschiedenen Fächer, vom Leben die Rede sein. Wie schön war es, als einmal ein Bergmann kam, ein gewöhnlicher Bergmann, der schlicht und schwer von seinen schwarzen Tagen erzählte; und wie für ihn, so steht der Lehrersessel für jeden da, der etwas erfahren hat: für den

Reisenden, der von fremden Gegenden erzählt, für den Mann, der Maschinen baut, und vor allem für den Schlichtesten unter den Wissenden, den Handwerker mit den klugen, vorsichtigen Händen. Denk, wenn einmal ein Zimmermann käme! Oder ein Uhrmacher oder gar ein Orgelbauer! Und sie können jeden Augenblick kommen. Denn ganz leise nur, ohne Last, liegt das Netz des Stundenplanes über den Tagen. Es wird oft verschoben. Die Wochen gehen einem nicht mit der monotonen Eile eines Rosenkranzes durch die Finger. Jeder Tag fängt an als etwas Neues und bringt unerwartete und erwartete und völlig überraschende Dinge. Und für alles ist Zeit. Die Frühstückspause ist so lang, daß man den Tisch abräumen und ihn mit hellem Wachstuch decken kann. Blumen werden in der Mitte daraufgestellt, Butterbrotteller und Gläser und Becher mit Milch; und dann sitzt es rund herum und ißt und träumt, lacht und erzählt und sieht wie eine Geburtstagsgesellschaft aus.

Es ist Zeit und Raum in dieser Schule. Um jedes dieser kleinen blonden Geschöpfe ist Raum. Wie ein Haus mit Garten ist jedes. Es ist nicht eingerammt zwischen seine Nachbarn. Es hat etwas um sich herum, etwas Lichtes, Freies, Blühendes. Es soll auch nicht gerade so wie seine Nachbarn aussehen; im Gegenteil: es soll so von Herzen verschieden sein, so aufrichtig anders, so wahr wie nur irgend möglich.

Es war konsequent und mutig, diesen Kindern keinen Religionsunterricht im herkömmlichen Sinn aufzuerlegen. Eine autoritative Beeinflussung an dieser empfindlichsten Stelle inneren Eigenlebens hätte alles Gerechte und Menschliche, das hier versucht worden ist, wieder aufgewogen. Man hat sich entschlossen, die biblischen Stoffe nach den reinsten, absichtslosesten Quellen als Historie vorzutragen, und man will nach und nach dazu kommen, Religion nicht ein- oder zweimal in der Woche zu geben, nicht heute von neun bis zehn, sondern immer, täglich, mit jedem Gegenstande, in jeder Stunde. Die Menschen, die diese Schule am meisten lieben, haben nach Tagen und nach Nächten, im ganzen Bewußtsein ihrer Verantwortung, diesen Beschluß gefaßt. Nun muß man Vertrauen zu ihnen haben. Kinder und Eltern. Denn diese Bedeutung scheint mir leise in dem Namen Samskola mitzuklingen: Gemeinschule, Schule für Knaben und Mädchen, aber auch: Schule für Kinder und Eltern und

Lehrer. Da ist keiner über dem anderen; alle sind gleich und alle Anfänger. Und was gemeinsam gelernt werden soll, ist: die Zukunft.

Nur mit Einem reicht die Vergangenheit herein. Mit dem Aberglauben von den großen Kathedralen. Menschenleben sind unter den Grundsteinen verschwunden und der Mörtel ist auch bei diesem Bauwerk mit Herzblut gemischt.

Eine Schule ohne Stresse u.
Wettbewerbung.
Kinder können viel besser adaptieren
wenn sie als Erwächsene schon
behandelt werden.
Sie haben Freiheit.

Doralice

Der Morgen dämmerte, als Doralice erwachte. So war es jetzt immer, wenn sie sich niederlegte, schlief sie schnell und tief ein, aber lange vor Sonnenaufgang erwachte sie, und es war mit dem Schlaf zu Ende. Dann lag sie da, die Arme erhoben, die Hände auf ihrem Scheitel gefaltet, die Augen weit offen und schaute der graublauen Helligkeit zu, wie sie durch die weiß- und rotgestreiften Gardinen in das Zimmer drang, den Waschtisch, die beiden plumpen Stühle, den großen gelben Holzschrank aus der Dämmerung herausschälte, das Zimmer erhellte, ohne es zu beleben, gleichsam ohne es zu wecken. Und dieses Zimmer, klein wie eine Schiffskabine, erschien Doralice als etwas ganz und gar nicht zu ihr Gehöriges. Sie lag da wohl in dem schmalen Bett unter der häßlichen rosa Kattundecke, aber sie hatte nicht die Empfindung, als sei dieses die Wirklichkeit, wirklich für sie war noch die Welt des Traums, aus der sie eben emportauchte. Jede Nacht führte er sie in ihr früheres Leben zurück, jede Nacht mußte sie ihr früheres Leben weiterleben. Am besten war es noch, wenn sie sich in dem alten Heimatshause ihrer frühen Jugend, dort in der kleinen Provinzstadt befand. Ihre Mutter lag wieder auf der Couchette, hatte Migräne und eine Kompresse von Kölnischem Wasser auf der Stirn. Sie hörte wieder die klagende Stimme: »Mein Kind, wenn du verheiratet sein wirst und ich nicht mehr sein werde, dann wirst du an das, was ich dir gesagt habe, oft zurückdenken.« Und dieses Wort »wenn du verheiratet sein wirst«, das in den Gesprächen ihrer Mutter immer wiederkehrte, gab Doralice wieder das angenehme, geheimnisvolle Erwartungsgefühl. Draußen der schattenlose Garten lag gelb vom Sonnenschein da, die langen Reihen der Johannisbeerbüsche, das Beet mit den Chrysanthemen, die fast keine Blätter und stark geschwollene bronzefarbene Herzen hatten. Auf der Gartenbank schlummerte Miß Plummers. Das gute alte Gesicht rötete sich in der Mittagshitze. Doralice ging unruhig in Kieswegen auf und ab, das eintönige sommerliche Surren um sie her kam ihr wie die Stimme der Einsamkeit und der Ereignislosigkeit vor. Aber gerade hier in dem alten Garten fühlte sie es stets am deutlichsten, daß dort jenseits des Gartenzaunes eine schöne Welt der Ereignisse auf sie wartete. Sie fühlte es körperlich als seltsame Unruhe in ihrem Blut, sie hörte es fast, wie wir das Stimmengewirr eines Festes hören, vor dessen verschlossenen Türen wir stehen. Nun und dann war diese Welt gekommen, in Gestalt des Grafen Köhne-Jasky, des hübschen älteren Herrn, der so stark nach new mown hay roch, Doralice so verblüffende Komplimente machte und so unterhaltende Geschichten erzählte, in denen stets kostbare Sachen und schöne Gegenden vorkamen. Daß Doralice eines Tages ihr weißes Kleid mit der rosa Schärpe anzog, daß ihre Mutter sie weinend umarmte und der kleine kohlschwarze Schnurrbart des Grafen sich in einem Kusse auf ihre Stirn drückte, war etwas, das selbstverständlich notwendig war, etwas, auf das Mutter und Tochter ihr bisheriges Leben über gewartet zu haben schienen.

Am häufigsten aber befand Doralice sich im Traum in dem großen Salon der Dresdner Gesandtschaft. Immer lag dann ein winterliches Nachmittagslicht auf dem blanken Parkett. In den süßen Duft der Hyazinthen, die in den Fenstern standen, mischten die großen Ölbilder an der Wand einen leichten Terpentingeruch. Von der anderen Seite des Saals kam ihr Gemahl entgegen, sehr schlank in seinen schwarzen Rock geknüpft, die Bartkommas auf der Oberlippe hinaufgestrichen. Ein wenig zu zierlich, aber hübsch sah er aus, wie er so auf sie zukam, die glatte weiße Stirn, die regelmäßige Nase, die langen Augenwimpern. Allein der Traum spielte ein seltsames Spiel, je näher der Graf kam, um so älter wurde dies Gesicht, es welkte, es verwitterte zusehends. Er legte den Arm um Doralicens Taille, nahm ihre Hand und küßte sie. »Scharmant, scharmant«, sagte er, »wieder eine reizende Aufmerksamkeit. Wir haben unsere Ausfahrt aufgegeben, weil wir wußten, daß der Gemahl heut nachmittag ein Stündchen frei hat. Da wollen wir ihm Gesellschaft leisten und ihm selbst den Tee machen. Gute Ehefrauen habe ich schon genug gesehen. Gott sei Dank, es gibt noch welche, aber ma petite comtesse ist eine raffinierte Künstlerin in Ehedelikatessen.« Doralice schwieg und preßte ihre Lippen fest aufeinander und hatte das unangenehm beengende Gefühl, erzogen zu werden. Natürlich hatte sie ausfahren wollen, natürlich hatte sie gar nicht gewußt, daß der Gemahl heute eine Stunde frei hatte und hatte auch gar nicht die Absicht gehabt, ihm Gesellschaft zu leisten. Allein das war seine Erziehungsmethode, er tat, als sei Doralice so, wie er sie wollte. Er lobte sie beständig für das, was er doch erst in sie hineinlegen wollte, er zwang ihr gleichsam eine Doralice nach seinem Sinne auf, indem er tat, als sei sie schon da. Hatte sich Doralice in einer Gesellschaft mit einem jungen Herrn zu gut und zu lustig unterhalten, dann hieß es: »Wir sind ein wenig vielverlangend, ein wenig sensibel, man kann sich die Menschen nicht immer aussuchen; aber du hast ja recht, der junge Mann hat nicht einwandfreie Manieren, aber soviel es geht, wollen wir ihn fernhalten.« Oder Doralice hatte im Theater bei einem Stück, das dem Grafen mißfiel, zuviel und zu kindlich gelacht, dann bemerkte er beim Nachhausefahren: »Wir sind ein wenig verstimmt: schockiert, wir sind ein wenig zu streng, aber tut nichts, du hast ganz recht, es war ein Fehler von mir, dich in dieses Stück zu bringen. Ich hätte ma petite comtesse besser kennen sollen, vergib dieses Mal.« Und so war es in allen Dingen, diese ihr aufgezwungene fremde Doralice tyrannisierte sie, schüchterte sie ein, beengte sie wie ein Kleid, das nicht für sie gemacht war. Was half es, daß das Leben um sie her oft hübsch und bunt war, daß die schöne Gräfin Jasky gefeiert wurde, es war ja nicht sie, die das alles genießen durfte, es war stets diese unangenehme petite comtesse, die so sensibel und reserviert war und ihrem Gemahl gegenüber immer recht hatte. Wie eine unerbittliche Gouvernante begleitete sie sie und verleidete ihr alles.

Als der Graf Köhne seinen Abschied nahm, als er, wie er es nannte, gestürzt wurde, und sich gekränkt und schmollend auf sein einsames Schloß zurückzog, um sich fortan damit zu beschäftigen, die Geschichte der Köhne-Jaskys zu schreiben und melancholisch zu altern, da war es eine neue Doralice, die Doralice dort auf dem alten Schlosse erwartete. »Ah, ma petite châtelaine ist hier endlich in ihrem wahren Elemente, stille, ruhige, etwas verträumte Beschäftigungen, der wohltätige Engel des Gemahls und des Gutes, das hat uns gefehlt.« Und der stille wohltätige Engel, der sie nun plötzlich war, drückte auf Doralice wie ein bleiernes Gewand.

Da kam Hans Grill ins Schloß, um Doralice zu malen, Hans mit seinem lauten Lachen und seinen knabenhaft unbesonnenen Bewegungen und seiner unbesonnenen Art, noch alles, was ihm durch den Kopf ging, unvermittelt und eifrig auszusprechen. »Ich empfehle dir meinen Schützling«, hatte der Graf zu seiner Frau gesagt, »gewiß, als Gesellschafter kommt er nicht in Betracht, du hast ja ganz recht, ihn sehr à distance zu halten, aber dennoch empfehle ich ihn deinem Wohlgefallen.« Es begannen nun die langen Sitzungen in dem nach Norden gelegenen Eckzimmer des Schlosses. Hans stand vor seiner Leinwand, malte und kratzte wieder ab. Dabei sprach er stets, erzählte, fragte, ließ große Worte klingen. Doralice hörte ihm anfangs neugierig zu, es war ihr neu, daß jemand so sorglos sein innerstes Wesen herausprudelte. Er sprach stets von sich, zuweilen mit ganz kindlicher Zufriedenheit und Prahlsucht, dann vertraute er Doralice gutmütig an, was ihm an sich selber bedenklich erschien. »An Charakter fehlt es zuweilen«, sagte er, »ei, ei!« Was aus diesen Reden aber am stärksten hervorklang, war ein unbändiger Lebensappetit und ein unumschränktes Vertrauen, alles zu erreichen, wonach er greifen würde. »Oh, ich werde es schon machen, da ist mir nicht bange«, hieß es. Doralice tat das wohl, es erregte auch in ihr wieder Lebenshunger, es erweckte in ihr etwas, das sie fast vergessen hatte, ihre Jugend. Von distance war eigentlich nicht mehr die Rede, die allzu sensible châtelaine fiel ganz von ihr ab und es ging jetzt dort in dem Eckzimmer oft sehr heiter und kameradschaftlich zu. Aber zuweilen, wenn sie gerade recht laut lachten, hielten sie plötzlich inne, horchten hinaus. »Still«, sagte Hans, »ich höre seine Stiefel knarren«, und es war, als sei eine geheime Zusammengehörigkeit zwischen ihnen beiden eine selbstverständliche Sache. Hans verliebte sich natürlich in Doralice und war diesem Gefühle gegenüber ganz hilflos. Er zeigte es ihr, er sagte es ihr mit einer naiven, fast schamlosen Offenheit, und Doralice ließ es geschehen, es war ihr, als faßte das Leben sie mit starken, gewaltsamen Armen und trug sie mit sich fort. Da begann in diesen Spätherbsttagen Doralices Liebesgeschichte. Helle, kalte Tage und dunkle Abende, auf den Beeten die von dem Nachtfrost gebräunten Georginen und in den Alleen des Parks welkes Laub, das auch beim vorsichtigen Schritte raschelte. Wenn Doralice an diese Zeit dachte, empfand sie wieder das seltsame schwüle Brennen ihres Blutes, empfand sie die stete Angst vor etwas Schrecklichem, das kommen sollte, das jeder Liebesstunde auch ihr furchtbar erregendes Fieber beimischte. Wieder empfand sie jenes wunderlich lose, verworrene Gefühl, jenen Fatalismus, der so oft Frauen in ihrem ersten Liebesrausch erfüllt. Dennoch trug Doralice leichter an den Heimlichkeiten und Lügen als Hans. »Ich halte es nicht mehr aus«, sagte er, »immer einen so vor mir zu haben, den ich betrüge, wir wollen fortgehen, oder es ihm sagen.«

»Ja, ja«, meinte Doralice. Es wunderte sie selbst, wie gering die Gewissensbisse waren über das Unrecht, das sie ihrem Manne antat, ja, es war fast nur so wie damals, wenn sie Miß Plummers hinterging. »Und er ahnt es«, sagte Hans, »er bewacht uns, man begegnet ihm überall, hast du es bemerkt? Seine Stiefel knarren nicht mehr, wir müssen ihm zuvorkommen.«

Allein der Graf kam ihnen zuvor. Es war ein grauer Nebeltag, Doralice stand im großen Saal am Fenster und schaute zu, wie der Wind die Krone des alten Birnbaums hin- und herbog und die gelben Blätter von den Zweigen riß und sie in toller Jagd durch die Luft wirbelte. Es sah ordentlich aus, als freuten sich diese hellgelben kleinen Blätter, von dem Baume loszukommen, so ausgelassen schwirrten sie dahin. Doralice hörte ihren Gemahl in das Zimmer kommen. Er machte einige kleine knarrende Schritte, rückte den Sessel am Kamin, setzte sich, nahm ein Schüreisen, um, wie er es liebte, im Kaminfeuer herumzustochern. Als er mit einem »ma chère« zu sprechen begann, wandte sie sich um und es fiel ihr auf, daß er krank aussah, daß seine Nase besonders bleich und spitz war. Er schaute nicht auf, sondern blickte auf das Kaminfeuer, in dem er stocherte. »Ma chère«, sagte er, »ich habe deine Geduld bewundert, aber lassen wir es genug sein, ich habe mit Herrn Grill eben vereinbart, daß er uns heute verläßt. Mit dem Bilde wird es ja doch nichts, und von dir ist es zuviel verlangt, dich noch der Langeweile dieser Sitzungen und dieser – Gesellschaft zu unterziehen. So werden wir wieder entre nous sein. Recht angenehm, was?«

Doralice war bis in die Mitte des Zimmers gekommen, da stand sie in ihrem schieferfarbenen Wollenkleide, die Arme niederhängend, in der ganzen Gestalt eine Gespanntheit, als wollte sie einen Sprung tun, in den Augen das blanke Flackern der Menschen, die vor einem Sprunge von einem leichten Schwindel ergriffen werden.

»Wenn Hans Grill geht, gehe ich auch«, sagte sie, und im Bemühen, ruhig zu sein, klang ihre Stimme ihr selbst fremd.

– »Wie? Was? Ich verstehe nicht, ma chère.« Das Schüreisen fiel klirrend aus seiner Hand, und Doralice sah wohl, daß er sie gut verstand, daß er längst verstanden haben mußte. Um seine Augen zogen sich viele Fältchen zusammen und die Bartkommas auf seiner Oberlippe zitterten wunderlich.

»Ich meine«, fuhr Doralice fort, »daß ich nicht mehr deine Frau bin, daß ich nicht mehr deine Frau sein darf, daß ich mit Hans Grill gehe, daß, daß –« sie hielt inne, Schrecken und Verwunderung über den Anblick des Mannes dort im Sessel ließen sie nicht weitersprechen. Er knickte in sich zusammen, und sein Gesicht verzog sich, wurde klein und runzlig. War das Schmerz? War das Zorn? Es hätte auch ein unheimlich scherzhaftes Gesichterschneiden sein können. Mit großen, angstvollen Augen starrte Doralice ihn an. Da schüttelte er sich, fuhr sich mit der Hand über das Gesicht, richtete sich stramm auf. »Allons, allons«, murmelte er. Er erhob sich und ging mit steifen, zitternden Beinen an das Fenster und schaute hinaus. Doralice wartete angstvoll, aber auch sehr neugierig, was nun kommen würde. Endlich wandte sich der Graf zu ihr um, das Gesicht aschfarben, aber ruhig. Er zog seine Uhr aus der Westentasche, wurde etwas ungeduldig, weil die Kapsel nicht gleich aufspringen wollte, schaute dann aufmerksam auf das Zifferblatt und sagte mit seiner diskreten, höflichen Stimme: »Fünf Uhr dreißig geht der Zug.« Er sah auch nicht auf, als Doralice jetzt langsam aus dem Zimmer ging.

»Mein Herz schlug dabei sehr stark«, hatte später Doralice zu Hans Grill gesagt, »ich hörte es schlagen, es schien mir das Lauteste im Zimmer. Ich weiß nicht, was es war, vielleicht war es plötzlich eine sehr starke Freude.«

»Natürlich, natürlich«, meinte Hans Grill, »was sollte es denn anders gewesen sein.« –

Der Irre

Der Wärter gab ihm seine Sachen, der Kassierer händigte ihm sein
Geld aus, der Türsteher schloß vor ihm die große eiserne Tür auf.
Er war im Vorgarten, er klinkte die Gartenpforte auf, und er war
draußen.

So, und nun sollte die Welt etwas erleben.

Er ging die Straßenbahnschienen entlang, zwischen den niedern
Häusern der Vorstadt durch. Er kam an einem Feld vorbei und warf
sich an seinem Rande in die dicken Mohnblumen und den Schier-
ling. Er verkroch sich ganz darein, wie in einen dicken grünen
Teppich. Nur sein Gesicht schien daraus hervor wie ein weißer auf-
gehender Mond. So, nun saß er erst einmal.

Er war also frei. Es war aber auch höchste Zeit, daß sie ihn heraus-
gelassen hatten, denn sonst hätte er alle umgebracht, alle miteinander. Den dicken Direktor, den hätte er an seinem roten Spitzbart
gekriegt und ihn unter die Wurstmaschine gezogen. Ach, was war
das für ein widerlicher Kerl. Wie der immer lachte, wenn er durch
die Fleischerei kam.

Teufel, das war ein ganz widerwärtiger Kerl.

Und der Assistenzarzt, dieses bucklige Schwein, dem hätte er noch
mal das Gehirn zertreten. Und die Wärter in ihren weiß gestreiften
Kitteln, die aussahen wie eine Bande Zuchthäusler, diese Schufte,
die die Männer bestahlen und die Frauen auf den Klosetts vergewal-
tigten. Das war ja rein zum Verrücktwerden.

Und er wußte wirklich nicht, wie er da seine Zeit ausgehalten hatte.
Drei Jahre oder vier Jahre, wie lange hatte er da eigentlich gesessen,
dahinten in diesem weißen Loch, in diesem großen Kasten, mitten
unter Verrückten. Wenn er da morgens in die Fleischerei ging, über
den großen Hof, wie sie da herumlagen und die Zähne fletschten,
manche halbnackt. Dann kamen die Wärter und schleppten die fort,
die sich besonders schlecht aufführten. Sie wurden in heiße Bäder
gesteckt. Da war mehr wie einer verbrüht worden, mit Absicht,

das wußte er. Einmal wollten die Wärter einen Toten in die Fleischerei bringen, daraus sollte Wurst gemacht werden. Das sollten sie dann zu essen bekommen. Er hatte es dem Arzt gesagt, aber der hatte es ihm ausgeredet. So, der hatte also mit unter der Decke gesteckt. Dieser verfluchte Hund. Wenn er ihn jetzt hier hätte. Den würde er in das Korn schmeißen und ihm die Gurgel abreißen, diesem verfluchten Schwein, diesem Sauhund, verfluchten.

Überhaupt, warum hatten sie ihn eigentlich in die Anstalt gebracht? Doch nur aus Schikane. Was hatte er denn weiter gemacht? Er hatte seine Frau ein paarmal verhauen, das war doch sein gutes Recht, er war doch verheiratet. Auf der Polizei hätte man seine Frau rausschmeißen sollen, das wäre viel richtiger gewesen. Statt dessen hatten sie ihn vorgeladen, verhört, lauter Theater mit ihm aufgestellt. Und eines Morgens war er überhaupt nicht mehr fortgelassen worden. Sie hatten ihn in einen Wagen gepackt, hier draußen war er abgeladen worden. So eine Ungerechtigkeit, so eine Unverschämtheit.

Und wem hatte er das alles zu verdanken? Doch nur seiner Frau. So, und mit der würde er jetzt abrechnen. Die stand noch hoch im Konto.

Er riß in seiner Wut von dem Feldrande ein Büschel Kornähren ab und schwenkte es wie einen Stock in der Hand. Dann stand er auf, und nun wehe ihr.

Er nahm das Bündel mit seinen Sachen über seine Schultern, dann setzte er sich wieder in Marsch. Aber er wußte nicht recht, wo er hingehen sollte. Ganz hinten über den Feldern rauchte ein Schornstein. Den kannte er, der war nicht weit von seiner Wohnung.

Er verließ die Straße und bog in die Felder ab, mitten hinein in die Halme. Geradewegs auf sein Ziel zu. Was das für ein Vergnügen war, so in die dicken Halme zu treten, die unter seinem Fuß knackten und barsten.

Er machte die Augen zu, und ein seliges Lächeln flog über sein Gesicht.

Es war ihm, als wenn er über einen weiten Platz ginge. Da lagen viele, viele Menschen, alle mit dem Kopfe auf der Erde. Es war so, wie auf dem Bild in der Wohnung des Direktors, wo viele tausend Leute in weißen Mänteln und Kapuzen vor einem großen Stein lagen, den sie anbeteten. Und dieses Bild hieß Kaaba. »Kaaba, Kaaba«, wiederholte er bei jedem Schritt. Er sagte das wie eine mächtige Beschwörungsformel, und jedesmal trat er dann rechts und links um sich, auf die vielen weißen Köpfe. Und dann knackten die Schädel; es gab einen Ton, wie wenn jemand eine Nuß mit einem Hammer entzweihaut.

Manche klangen ganz zart, das waren die dünnen, das waren die Kinderschädel. Da gab es einen Ton, wie Silber, leicht, duftig wie eine kleine Wolke. Manche wieder schnarrten, wenn man auf sie trat, ähnlich wie Waldteufel. Und dann kamen ihre roten, flattern-den Zungen aus dem Munde heraus, wie es bei den Gummibällen war. Ach, es war wunderschön.

Manche waren so weich, daß man gleichsam einsank. Sie blieben an den Füßen kleben. Und so ging er mit zwei Schädeln an den Beinen dahin, als wäre er eben aus zwei Eierschalen ausgekrochen, die er noch nicht ganz abgeschüttelt hatte.

Am meisten freute es ihn aber, wenn er irgendwo den Kopf von einem alten Manne sah, kahl und blank, wie eine marmorne Kugel. Da setzte er erst ganz vorsichtig auf und wippte erst ein paarmal zur Probe, so, so, so. Und dann trat er zu, knacks, daß das Gehirn ordentlich spritzte, wie ein kleiner goldener Springbrunnen.

Allmählich wurde er müde. Er erinnerte sich plötzlich an den Ver-rückten, der glaubte, er hätte gläserne Beine, und er könnte nicht laufen. Er hatte den ganzen Tag auf seinem Schneidertisch geses-sen, aber die Wärter hatten ihn immer erst hintragen müssen. Allein war er keinen Schritt gegangen. Wenn sie ihn auf seine Beine stell-ten, ging er einfach nicht weiter. Dabei waren seine Beine ganz gesund, das sah doch jeder. Sogar auf das Klosett war er nicht ein-mal allein gegangen, nein, wie einer doch so verrückt sein konnte. Das war ja zum Lachen.

Neulich war der Pfarrer zu Besuch gewesen, und da hatte er mit ihm über den Verrückten gesprochen: »Sehen Sie mal, Herr Pastor, der da, der Schneider, der ist doch zu verrückt. So ein dämliches Aas!« Und da hatte der Pastor gelacht, daß die Wände gewackelt hatten.

Er trat aus den Halmen heraus, allenthalben klebte Stroh an seinem Anzug und an seinem Haar. Sein Kleiderbündel hatte er unterwegs verloren. Die Ähren trug er noch in seiner Hand, und er schwenkte

sie vor sich her wie eine goldene Fahne. Er marschierte stramm aus.
»Rechten, Linken, Speck und Schinken«, summte er vor sich hin.
Und die Kletten, die an seiner Hose saßen, flogen in weiten Bögen ab.
»Abteilung halt«, kommandierte er. Er steckte seine Fahne in den
Sand des Feldwegs und warf sich in den Graben.

Plötzlich bekam er vor der Sonne Angst, die auf seine Schläfe
brannte. Er glaubte, sie wollte über ihn herfallen, und steckte sein
Gesicht tief in das Gras hinein. Dann schlief er ein.

Kinderstimmen weckten ihn auf. Neben ihm standen ein kleiner
Junge und ein kleines Mädchen. Als sie sahen, daß der Mann aufge-
wacht war, liefen sie weg.

Er bekam eine furchtbare Wut auf diese beiden Kinder, er wurde im
Gesicht rot wie ein Krebs.

Mit einem Satze sprang er auf und lief den Kindern nach. Als die
seine Schritte hörten, fingen sie an zu schreien und liefen schneller.
Der kleine Junge zog sein Schwesterchen hinter sich her. Das stol-
perte, fiel hin und fing an zu weinen.

Und weinen konnte er überhaupt nicht vertragen.

Er holte die Kinder ein und riß das kleine Mädchen aus dem Sande
auf. Es sah das verzerrte Gesicht über sich und schrie laut auf. Auch
der Junge schrie und wollte fortlaufen. Da bekam er ihn mit der
andern Hand zu packen. Er schlug die Köpfe der beiden Kinder
gegeneinander. Eins, zwei, drei, eins, zwei, drei, zählte er, und bei
drei krachten die beiden kleinen Schädel immer zusammen wie das
reine Donnerwetter. Jetzt kam schon das Blut. Das berauschte ihn,
machte ihn zu einem Gott. Er mußte singen. Ihm fiel ein Choral
ein. Und er sang:

> »Ein feste Burg ist unser Gott,
> Ein gute Wehr und Waffen.
> Er hilft uns frei aus aller Not,
> Die uns jetzt hat betroffen.
> Der alt-böse Feind,
> Mit Ernst er's jetzt meint,
> Groß Macht und viel List
> Sein grausam Rüstung ist,
> Auf Erd ist nicht sein'sgleichen.«

Er akzentuierte die einzelnen Takte laut, und bei jedem ließ er die beiden kleinen Köpfe aufeinanderstoßen, wie ein Musiker, der seine Becken zusammenhaut.

Als der Choral zu Ende war, ließ er die beiden zerschmetterten Schädel aus seinen Händen fallen. Er begann wie in einer Verzükkung um die beiden Leichen herumzutanzen. Dabei schwang er seine Arme wie ein großer Vogel, und das Blut daran sprang um ihn herum wie ein feuriger Regen.

Mit einem Male schlug seine Stimmung um. Ein unbezwingliches Mitleid mit den beiden armen Kindern schnürte ihm von innen heraus fast den Hals ab. Er hob ihre Leichname aus dem Staub des Weges und schleppte sie in das Korn hinüber. Er wischte mit einer Handvoll Unkraut das Blut, das Gehirn und den Schmutz aus dem Gesicht und setzte sich zwischen die beiden kleinen Leichen. Dann nahm er ihre Händchen in seine Faust und streichelte sie mit blutigen Fingern.

Er mußte weinen, große Tränen liefen langsam über seine Backen hinunter.

Ihm kam der Gedanke, daß er vielleicht die Kinder wieder zum Leben bringen könnte. Er kniete sich über ihre Gesichter und blies seinen Atem in die Löcher ihrer Schädel. Aber die Kinder rührten sich nicht. Da dachte er, es wäre vielleicht noch nicht genug, und wiederholte den Versuch. Aber auch dieses Mal war es nichts. »Na denn eben nicht«, sagte er, »tot ist tot.«

Nach und nach kamen unzählige Mengen von Fliegen, Mücken und anderem Ungeziefer aus den Feldern heraus, hinter dem Blutgeruch her. Sie schwebten wie eine dichte Wolke über den Wunden. Ein paarmal machte er den Versuch, sie fortzutreiben. Als er aber selbst gestochen wurde, wurde ihm die Sache zu unbequem. Er stand auf und ging fort, während sich die Insekten in einem dikken schwarzen Schwarm auf die blutigen Löcher der Schädel stürzten.

Ja, wo nun hin?

Da fiel ihm seine Aufgabe wieder ein. Er hatte ja mit seiner Frau abzurechnen. Und im Vorgefühl seiner Rache leuchtete sein Gesicht wie eine purpurne Sonne.

Er bog in eine Landstraße ein, die auf die Vorstadt zuführte.

Er sah sich um.

Die Straße war leer. In der Ferne verlor sich der Weg. Oben auf einem Hügel hinter ihm saß ein Mann vor einem Leierkasten. Jetzt kam über den Hügel eine Frau herauf, die einen kleinen Handwagen hinter sich herzog.

Er wartete, bis sie heran war, ließ sie an sich vorbei und ging ihr nach.

Er glaubte sie zu kennen. War das nicht die Grünkramfritzen von der Ecke? Er wollte sie ansprechen, aber er schämte sich. Ach, die denkt, ich bin ja der Verrückte aus Nr. 17. Wenn die mich wiedererkennt, die lacht mich ja aus. Und ich lasse mich nicht auslachen, zum Donnerwetter. Eher schlage ich ihr den Schädel ein.

Er fühlte, daß in ihm wieder die Wut aufkommen wollte. Er fürchtete sich vor dieser dunklen Tollheit. Pfui, jetzt wird sie mich gleich wieder haben, dachte er. Ihn schwindelte, er hielt sich an einem Baum und schloß die Augen.

Plötzlich sah er das Tier wieder, das in ihm saß. Unten zwischen dem Magen, wie eine große Hyäne. Hatte die einen Rachen. Und das Aas wollte raus. Ja, ja du mußt raus.

Jetzt war er selber das Tier, und auf allen vieren kroch er die Straße entlang. Schnell, schnell, sonst läuft sie weg. Wie die laufen kann, aber so eine Hyäne ist noch schneller.

Er bellte laut wie ein Schakal. Die Frau sah sich um. Als sie da einen Mann auf Händen und Füßen hinter sich herlaufen sah, das wirre Haar in dem dicken Gesicht, weiß von Staub, da ließ sie ihren Wagen stehen und laut schreiend rannte sie die Straße hinunter.

Da sprang das Tier auf. Wie ein Wilder war es hinter ihr her. Seine lange Mähne flog, seine Krallen schlugen in die Luft, und aus seinem Rachen hing seine Zunge heraus.

Jetzt hörte es schon den Atem der Frau. Die keuchte, schrie und jagte davon, was sie konnte. So, noch ein, zwei Sätze. Nun springt das Tier ihr auf den Hals mitten hinauf.

Die Frau wälzt sich im Sand, das Tier schmeißt sie herum. Hier ist die Kehle, da ist das beste Blut; man trinkt immer aus der Kehle. Es haut seinen Rachen in ihre Gurgel und saugt das Blut aus ihrem Leibe. Pfui Teufel, ist das aber schön.

Das Tier läßt die Frau liegen und springt auf. Da oben kommt noch einer. Ist der aber dumm. Der merkt ja gar nicht, daß hier Hyänen sitzen. So ein Idiot, na.

Der alte Mann kam heran. Als er nahe war, sah er aus seiner großen Brille die Frau, die im Sande lag mit ihren verrutschten Röcken und ihren Knien, die sie im Todeskampf auf den Leib gezogen hatte. Auch um ihren Kopf war eine große Blutlache.

Er blieb neben der Frau stehen, starr vor Bestürzung. Da teilten sich die hohen Kornblumen, und heraus kam ein Mann, verwüstet und zerrissen. Sein Mund war ganz voll Blut.

»Das ist sicher der Mörder«, dachte der alte Mann.

In seiner Angst wußte er nicht recht, was er machen sollte. Sollte er fortlaufen oder sollte er stehenbleiben?

Am Ende wollte er es zuerst einmal mit Freundlichkeit versuchen. Denn mit dem da war es doch nicht ganz richtig, das sah man ja.

»Guten Tag«, sagte der Verrückte.

»Guten Tag«, antwortete der alte Mann, »das ist ja ein schreckliches Unglück.«

»Ja, ja, das ist ein schreckliches Unglück, da haben Sie ganz recht«, sagte der Verrückte. Seine Stimme zitterte.

»Aber ich muß weitergehen. Entschuldigen Sie nur.«

Und der alte Mann ging zuerst ein paar Schritte langsam. Als er etwas weiter fort war und merkte, daß der Mörder ihm nicht nachlief, ging er schneller. Und endlich fing er an zu rennen wie ein kleiner Junge.

»Nein, sieht der komisch aus, wie der da rennt. Ist das ein verrücktes Haus.« Und der Irre lachte über das ganze Gesicht, das Blut zog sich in den Falten zusammen. Er sah aus wie ein furchtbarer Teufel.

Aber schließlich, mochte der laufen. Der hatte ja ganz recht. Er würde es auch so machen. Denn hier konnten gleich wieder die Hyänen aus dem Korn kommen.

»Aber pfui, bin ich schmutzig.« Er besah sich. »Wo kommt denn das viele Blut her?«

Und er riß der Frau die Schürze ab und wischte sich das Blut ab, so gut es ging.

Sein Gedächtnis verlor sich. Er wußte zuletzt nicht mehr, wo er war. Er ging wieder querfeldein, über Feldwege, durch Felder, im brennenden Mittag. Er erschien sich wie eine große Blume, die durch die Felder wandert. Etwa eine Sonnenrose. Genau konnte er es nicht erkennen.

Er fühlte Hunger.

Später fand er einen Rübenacker, er riß ein paar Rüben heraus und aß sie.

In einem Felde stieß er auf einen Weiher.

Der lag da wie ein großes schwarzes Tuch mitten in dem Gold des Kornes.

Er bekam Lust, zu baden, zog sich aus und stieg in das Wasser. Wie das gut tat, wie das ruhig machte. Er atmete den Duft des Wassers, über dem die Würze der weiten sommerlichen Felder lag. »Ach, Wasser, Wasser«, sagte er leise, als wenn er jemand rufen wollte. Und nun schwamm er wie ein großer weißer Fisch in dem zitternden Teich.

Am Ufer flocht er sich eine Krone aus dem Schilf und besah sich im Wasser. Dann sprang er am Ufer herum und tanzte nackt in der weißen Sonne, groß, stark und schön wie ein Satyr.

Plötzlich kam ihm der Gedanke, daß er etwas Unanständiges täte. Er zog sich schnell an, machte sich klein und kroch in das Korn.

»Wenn jetzt der Wärter kommt und mich hier findet, der wird schön schimpfen, der zeigt das dem Direktor an«, dachte er. Als aber niemand kam, faßte er wieder Mut und setzte seinen Weg fort.

Mit einem Male stand er vor einem Gartenzaun. Dahinter waren Obstbäume. Wäsche war daran zum Trocknen aufgehängt, Kinder schliefen dazwischen. Er ging daran entlang und trat auf eine Straße.

Da waren ziemlich viele Menschen, die an ihm vorübergingen, ohne auf ihn zu achten. Eine elektrische Bahn fuhr vorbei.

Ihn überkam das Gefühl einer grenzenlosen Verlassenheit, das Heimweh packte ihn mit aller Gewalt. Am liebsten wäre er auf der Stelle nach der Anstalt zurückgelaufen. Aber er wußte nicht, wo er war. Und wen sollte er fragen? Er konnte doch nicht sagen: »Sie, wo ist denn die Irrenanstalt?« Dann würde er sicher für einen Verrückten gehalten werden, und das ging denn doch nicht.

Und er wußte ja auch, was er wollte. Er hatte ja noch viel zu erledigen.

An der Ecke der Straße stand ein Schutzmann. Der Irre beschloß, den nach seiner Straße zu fragen, traute sich aber nicht recht. Schließlich konnte er aber doch nicht ewig hier stehenbleiben. Er ging also auf den Schutzmann los. Plötzlich merkte er, daß auf seiner Weste noch ein großer Blutfleck war. Na, den durfte der Schutzmann aber nicht zu sehen kriegen. Und er knöpfte seinen Rock zu. Er überlegte, was er sagen wollte, Wort für Wort, wiederholte es sich ein paarmal.

Es lief alles gut ab. Er nahm den Hut ab, fragte nach seiner Straße, der Schutzmann wies ihn hin.

Das ist ja gar nicht einmal weit, dachte er. Und nun kannte er auch die Straßen wieder. Hatten die sich aber verändert, jetzt fuhr hier sogar schon die Elektrische.

Er machte sich auf den Weg, er schlich an den Häusern entlang; wenn ihm jemand begegnete, kehrte er sein Gesicht nach der Wand. Er schämte sich.

So kam er vor sein Haus. Vor der Türe spielten Kinder, die ihn neugierig ansahen. Er ging die Stiege hinauf. Überall roch es nach Essen. Er schlich auf den Zehenspitzen weiter. Als er unter sich eine Tür gehen hörte, zog er auch noch die Schuhe aus.

Nun war er vor seiner Tür. Er setzte sich einen Augenblick auf die Treppe und überlegte. Denn jetzt war der große Moment da. Und was geschehen mußte, mußte geschehen, das war gar keine Frage.

Er stand auf und klingelte. Alles blieb still. Er ging ein paarmal auf dem Treppenflur hin und her. Er las das Schild gegenüber. Da wohnten nun auch andere Leute. Und nun ging er wieder zurück und klingelte noch einmal. Aber es kam wieder niemand. Er bückte sich, um durch das Schlüsselloch zu sehen, da war aber alles schwarz. Er legte sein Ohr an die Tür, um irgend etwas zu hören, vielleicht einen Schritt, ein Geflüster, es blieb aber alles stumm.

Und nun kam ihm ein Gedanke. Mit einem Male wußte er, warum ihm niemand aufmachte. Seine Frau hatte Angst vor ihm, seine Frau, die hatte keine Traute. Das Aas, das wußte schon, was los war. Na, nu aber.

Er trat ein paar Schritte zurück. Seine Augen wurden ganz klein, wie rote Punkte. Seine niedere Stirn lief noch mehr zusammen. Er krümmte sich zusammen. Und nun sprang er in einem großen Satz gegen die Tür. Die krachte laut, hielt aber den Stoß aus. Da schrie er aus allen Kräften und sprang noch einmal. Und dieses Mal gab die Tür nach. Ihre Bretter krachten, das Schloß sprang aus, sie ging auf, und er stürzte hinein. Da sah er eine leere Wohnung. Links war die Küche, rechts die Stube. Die Tapete war abgerissen. Überall auf der Diele lag Staub und abgefallene Farbe.

So, seine Frau hatte sich also verkrochen. Er rannte die vier Wände der leeren Stube ab, den kleinen Korridor, das Klosett, die Kammer. Nirgends war etwas, alles leer. In der Küche auch nichts. Da sprang er mit einem Satze auf den Kochherd.

Aber da war sie ja, da lief sie ja herum. Sie sah aus wie eine große graue Ratte. So also sah sie aus. Sie lief immer an der Küchenwand entlang, immer herum, und er riß eine eiserne Platte von dem Ofen und warf sie nach der Ratte. Aber die war viel flinker. Aber jetzt, jetzt wird er sie treffen. Und er warf noch einmal. Aber jetzt. Und das Bombardement der eisernen Herdringe krachte gegen die Wände, daß der Staub überall herunterrasselte.

Er fing an zu schreien. Er brüllte wie besessen: »Du Schlafburschenhure, du Sau, du...« Er brüllte, daß das ganze Haus zitterte.

Überall klapperten die Türen, überall entstand Lärm. Jetzt kam es schon die Treppe herauf.

Da standen schon zwei Männer in der Tür und dahinter ein Haufen von Frauen, die an ihren Schürzen ein ganzes Bataillon kleiner Kinder nachzogen.

Sie sahen den Tobenden oben auf seinem Herd. Die beiden Männer sprachen sich gegenseitig Mut zu. Da flog dem einen ein Feuerhaken gegen den Schädel, der andere wurde zu Boden geschmissen, und mit ein paar großen Sätzen sprang der Irrsinnige wie ein riesiger Orang-Utan mitten über das Volk hinweg. Er raste die Treppen hinauf, kam an die Bodenleiter, schwang sich auf das Dach, kroch über ein paar Mauern, um Schornsteine, verschwand in einer Luke, stürzte eine Treppe hinunter und befand sich plötzlich auf einem grünen Platz. Eine leere Bank stand vor ihm. Er ließ sich auf sie niederfallen, steckte das Gesicht in seine Hände und begann, leise vor sich hin zu weinen.

Er hatte das Bedürfnis, zu schlafen. Als er sich auf der Bank langlegen wollte, sah er aus einer Straße, geführt von ein paar Schutzleuten wie von Generälen, einen großen Haufen Menschen kommen.

»Die wollen mich wohl suchen, ich soll wieder raus nach der Anstalt. Sie denken wohl, ich weiß nicht allein, was ich zu tun habe«, dachte er.

Er verließ schnell den Park. Seine Mütze blieb auf der Bank liegen. Und von fern sah er noch, wie sie einer der Männer gleich einer Trophäe in der Luft herumschwenkte.

Er kam durch ein paar volle Straßen, über einen Platz, wieder durch Straßen. Ihm wurde unbehaglich in den Menschenmassen. Er fühlte sich beengt, er suchte nach einem stillen Winkel, wo er sich hinlegen konnte. In einem Hause war ein großes Hoftor. Davor stand ein Mann in einer braunen Livree mit goldenen Knöpfen. Sonst schien da aber niemand zu sein. Er ging an dem Diener vorbei, der ihn auch ruhig passieren ließ. Das wunderte ihn eigentlich. Kennt er mich denn nicht, fragte er sich. Und er fühlte sich eigentlich beleidigt.

Er kam an eine Tür, die sich fortwährend drehte. Auf einmal wurde er von einem Türflügel erfaßt, bekam einen Stoß und war plötzlich in einer weiten Halle.

Da waren unzählige Tische, voll Spitzen, Kleidern. Alles schwamm in einem goldigen Lichte, das sich durch hohe Fenster in der Dämmerung des riesigen Raumes verteilte. Von der Decke hing ein riesiger Kronleuchter, glitzerten zahllose Diamanten.

An der Seite der Halle führten große Freitreppen hinauf, über die einzelne Menschen hinauf- und herunterstiegen.

»Donnerwetter, ist das eine feine Kirche«, dachte er. An den Gängen standen Herren in schwarzen Anzügen, Mädchen in schwarzen Kleidern. Hinter dem Pulte saß eine Frau, vor ihr zählte jemand Geld auf. Ein Stück fiel hinunter und klapperte auf die Erde.

Er stieg die Treppe hinauf, kam durch viele große Gemächer voll allerhand Möbeln, Geräten, Bildern. In einem waren viele Uhren aufgestellt, die alle mit einem Male schlugen. Hinter einem großen Vorhang ertönte ein Harmonium, eine schwermütige Musik, die sich langsam in der Ferne zu verlieren schien. Er schlug den Vorhang verstohlen zurück, da sah er viele Menschen, die einer Spielerin zuhörten. Alle sahen ernst und andächtig aus, und ihm wurde ganz feierlich zu Mute. Aber er wagte sich nicht hinein.

Er kam an eine vergitterte Tür. Dahinter war ein großer Schacht, in dem einige Seile herauf und herunter zu laufen schienen. Ein großer Kasten kam von unten herauf, das Gitter wurde zurückgezogen. Jemand sagte: »Bitte aufwärts«, er war in dem Kasten und schwebte wie ein Vogel in die Höhe hinauf.

Oben begegnete er vielen Menschen, die um große Tische voll von Tellern, Vasen, Gläsern, Gefäßen herumstanden oder sich in den Gängen zwischen einer Reihe von Podien bewegten, auf denen wie ein Feld gläserner Blumen schlanke Kristalle, Leuchter oder bunte Lampen aus gemaltem Porzellan prangten. An der Wand, entlang an diesen Kostbarkeiten, lief, um eine kurze Treppe erhöht, eine schmale Galerie hin.

Er wand sich durch die Massen hindurch, er kam über die Treppe auf die Galerie. Er lehnte sich an das Geländer, unten sah er die Menschen hinströmen, die wie unzählige schwarze Fliegen mit ihren Köpfen, Beinen und Armen in ewiger Bewegung ein ewiges Summen hervorzubringen schienen. Und eingeschläfert von der Monotonie dieser Geräusche, betäubt von der Schwüle des Nachmittags, krank von den Exaltationen dieses Tages schloß er seine Augen.

Er war ein großer weißer Vogel über einem großen einsamen Meer, gewiegt von einer ewigen Helle, hoch im Blauen. Sein Haupt stieß an die weißen Wolken, er war Nachbar der Sonne, die über seinem Haupte den Himmel füllte, eine große goldene Schale, die gewaltig zu dröhnen begann.

Seine Schwingen, weißer als ein Schneemeer, stark, mit Achsen wie Baumstämme klafterten über den Horizont, unten tief in der Flut schienen purpurne Inseln zu schwimmen, großen rosigen Muscheln gleich. Ein unendlicher Friede, eine ewige Ruhe zitterte unter diesem ewigen Himmel.

Er wußte nicht, flog er so schnell, oder wurde das Meer unter ihm fortgezogen. Das war also das Meer.

Wenn er das den andern erzählen würde in der Anstalt, heute abend in den Schlafsälen, die würden schön neidisch sein. Darüber freute er sich eigentlich am meisten. Aber dem Doktor wollte er lieber gar nichts erzählen, der würde wieder sagen: »So, so.« Aber der glaubte doch nichts. Das war so ein Halunke. Wenn er auch immer sagte, er glaubte alles.

Unten im Meere schwamm ein großer weißer Kahn mit langsamen Segeln. »Wie einer aus dem Humboldthafen«, dachte er, »aber größer.«

Teufel, was war es doch schön, ein Vogel zu sein. Warum war er nicht schon lange ein Vogel geworden? Und er rollte seine Arme in der Luft herum.

Unter ihm wurden ein paar Frauen auf ihn aufmerksam. Sie lachten. Andere kamen, es entstand ein Gedränge. Ladenmädchen rannten nach dem Geschäftsführer.

Er stieg auf die Brüstung, richtete sich auf und schien oben über der Menge zu schweben.

Unter ihm in dem Ozean war ein riesiges Licht. Er mußte jetzt herabtauchen, jetzt war es Zeit, auf das Meer zu sinken.

Aber da war etwas Schwarzes, etwas Feindliches, das störte ihn, das wollte ihn nicht hinunterlassen. Aber er wird das schon kriegen, er ist ja so stark.

Und er holt aus und springt von der Balustrade mitten in die japanischen Gläser, in die chinesischen Lackmalereien, in die Kristalle von Tiffany. Da ist das Schwarze, da ist das, – und er reißt ein Ladenmädchen zu sich herauf, legt ihr die Hände um die Kehle und drückt zu.

Und die Menge flieht durch die Gänge, stürzt die Treppen übereinander herab, gellendes Geschrei erfüllt das ganze Haus. »Feuer, Feuer«, wird geschrien. In einem Augenblicke ist die ganze Etage leer. Nur ein paar kleine Kinder liegen vor der Treppentür, totgetreten oder erdrückt.

Er kniet auf seinem Opfer und drückt es langsam zu Tode.

Um ihn herum ist das große goldene Meer, das seine Wogen zu beiden Seiten wie gewaltige schimmernde Dächer türmt. Er reitet auf einem schwarzen Fisch, er umarmt seinen Kopf mit den Armen. Ist der aber dick, denkt er. Tief unter sich sieht er in der grünen Tiefe, verloren in ein paar zitternden Sonnenstrahlen, grüne

Schlösser, grüne Gärten in einer ewigen Tiefe. Wie weit mögen die sein? Wenn er doch einmal da hinunter könnte, dort unten.

Die Schlösser rücken immer tiefer, die Gärten scheinen immer tiefer zu sinken.

Er weint, er wird ja niemals dahinkommen. Er ist nur ein armes Aas. Und der Fisch unter ihm wird auch frech, der zappelt noch, dem Biest wird er es schon besorgen, und er drückt ihm den Hals ab.

Hinter der Tür erschien ein Mann, legte ein Gewehr an die Backe, zielt. Der Schuß traf den Wahnsinnigen in den Hinterkopf. Er schwankt ein paarmal hin und her, dann fiel er schwer über sein letztes Opfer, unter die klirrenden Gläser.

Und während das Blut aus der Wunde schoß, war es ihm, als sänke er nun in die Tiefe, immer tiefer, leise wie eine Flaumfeder. Eine ewige Musik stieg von unten herauf und sein sterbendes Herz tat sich auf, zitternd in einer unermeßlichen Seligkeit.

Sterben des Cinq-Mars

Es ist glaubwürdig überliefert, daß Ludwig der Dreizehnte in der Stunde, da Cinq-Mars, noch eben sein Günstling, das Schafott bestieg, um enthauptet zu werden, zu irgendwem sagte: »Ich möchte wohl wissen, was er jetzt für ein Gesicht macht!« Diese überaus königliche, unter Lächeln vorgebrachte Unanständigkeit sollte eine überraschende Antwort erfahren, obgleich sie keiner wert war, und auf seltsamem Umwege.

Am 14. Juni 1642 hatte ein Hauptmann der Großmusketiere den Marquis von Cinq-Mars, der durch die Gunst des Kardinal-Herzogs von Richelieu mit zweiundzwanzig Jahren Großstallmeister und Liebling des Königs geworden war, samt seinem Freunde Gaston de Thou und dem Herzog von Bouillon in Narbonne um Hochverrat verhaftet, begangen durch ein Bündnis mit Spanien zur Ermordung des Kardinals. Obgleich die Edelleute, ihre Haltung bewahrend, dem Gericht alles ableugneten, was man ihnen vorhielt, stand ihre Verurteilung doch außer Zweifel, denn sie hatten, ihre Partei zu stärken, unglücklicherweise Gaston von Orléans, den Bruder des Königs, in die Verschwörung gezogen, weil er den strengen Minister herzlich haßte. Gaston war jener große Herr, der eines Tages nach seinem Lever, das in Gegenwart vieler Edelleute des Gefolges und einiger Freunde vor sich ging, seine Taschenuhr vermißte – eine goldene und emaillierte Kostbarkeit, an der er sich beständig, und beim gestrigen Entkleiden noch, erfreute. Aufgefordert, die Türen schließen und jedermann sofort durchsuchen zu lassen, entgegnete er: »Ich wünsche vielmehr, daß jedermann sich sogleich entferne, damit sie nicht in irgendeiner Tasche zu schlagen komme und mit ihrem hübschen Geläute den verrate, dem sie so sehr gefallen hat.« Diese Denkart, human und vornehm, befähigte ihn nicht aber auch zu politischen Komplotten; und so gab er, verwirrt und eingeschüchtert von den Drohungen des von Spähern gewarnten Kardinals, schließlich alles zu Protokoll, was er wußte –

und man hatte ihm nichts verschwiegen –, um sein Leben zu retten, das übrigens nicht sehr bedroht war, weil er aus dem königlichen Blute stammte und Ludwig den allzu drückenden Minister durchaus nicht liebte. Obgleich der Spruch noch nicht gefällt war, umständlicher Gerichtsordnung wegen, erörterte man überall in Frankreich, wo Herren vom Adel einander trafen, doch nur, ob alle drei Gefangenen enthauptet werden würden oder ob Bouillon, als der am wenigsten Bloßgestellte, noch irgendwie loskommen könne. Denn seit der Hinrichtung des Letzten aus dem Hause Montmorency, einer Familie, adliger als die Könige Frankreichs selbst, kannte man den Kardinal als schonungslos und mutig genug, um mit Geist wie mit Gewalt die selbstherrlichen Feudalen unter die Botmäßigkeit der königlichen Macht zu zwingen. Die Trauer in der Familie des Hauptschuldigen galt daher einem fast schon Toten, obwohl der Vater des jungen Cinq-Mars, der Marschall d'Effiat, beim Könige selbst fast kniefällig um die Gnade der Verbannung für seinen Sohn gebeten hatte, aber Ludwig, verlegen und ganz aufrichtig, hatte achselzuckend versichert, der Kardinal bestehe auf der gerechten und entsprechenden Strafe, und es sei ihm unmöglich, einzugreifen. »Er redet vom Ansehen der Krone«, sagte der Monarch, indem er bekümmert mit dem Degen Figuren aufs Parkett schrieb, »und dann, sag selbst, kann niemand gegen ihn aufstehen – ich auch nicht . . . Ich hatte den Jungen gern«, schloß er die Audienz, »aber jener spielt meinen Sohn gegen den deinen aus . . .« Und kaum hatte man im Hause des Marschalls das Unabänderliche mit zusammengebissenen Zähnen hinzunehmen gelernt – denn damals, in der Zeit der Komplotte, entehrte der Tod auf dem Schafott einen französischen Edelmann durchaus nicht, weil es eine ganze Anzahl Familien von Uradel gab, die es sich als Recht zuschrieben, gegen den Kardinal, simplen Herrn von Duplessis, zu konspirieren, der mit haßloser Strenge und erfolgreich unternahm, ihre wirkliche Macht im Staate ganz auszutilgen –, als eine Nachricht einlief, geeignet, in die Familie des Gefangenen neues Entsetzen und endgültige Lähmung zu tragen: Henri sei durch die Trennung von seinem Freunde Gaston in unhemmbare Schwermut verfallen und weigere sich, genügend zu essen, da ihn nicht hungere; er sei blaß geworden und magere ab . . . Dies bedeutete, wie man erriet, daß die unterirdisch zehrende Todesfurcht den Vorwand dieser Trennung ergriffen hatte, um endlich Macht über den Gefangenen zu bekommen, und drohte der Familie mit Gefahr der Schande. Denn falls das Urteil, wie wahrscheinlich, erst im Herbst gesprochen wurde, hatte er bis dahin alle Kräfte des Körpers und der Seele eingebüßt, die ihn sonst den Tod in so jungen Jahren mit dem gehörigen Anstand hätten ertragen lassen; seine Gebrochenheit hätte bei jedermann für feige und schmähliche Angst vor dem Schwerte gegolten, und mit seinem Angedenken wäre Ehre und Ruf seiner Familie unerträglich besudelt, wenn nicht auf immer vernichtet worden. Das zu vermeiden, mußte jedes Mittel gelten, und nach drei Tagen voller Angst und verstörter Beratung ließ sich die Mutter Henris, die Marschallin Marquise d'Effiat, in ihrer Sänfte zum Kardinal tragen, der sie nach fünf Minuten Wartens sogleich empfing.

Er saß, ein sehr hagerer und martialischer Greis, fröstelnd in seinem großen Stuhle mitten im Gusse des Lichtes und der Hitze eines regenlosen Juli; das gelbliche und weißhaarige Haupt, das durch seinen Schnurr- und Knebelbart mehr einen Soldaten und noch viel mehr einen Staatsmann als einen Priester anzeigte, im Schatten eines blaugrünen Vorhanges von der damals neuen und sehr beliebten Farbe; er kränkelte, wie man wußte, und manche sprachen von langsamem Gifte in seinem von vielen Ritten und manchem Feldzuge gehärteten Körper. Er ließ sich von seinem Sekretär, dem er gerade aufgehört hatte zu diktieren, beim Aufstehen unterstützen und stand, bis die Marschallin saß; dann setzte auch er sich nieder, indem er den Schreiber fortschickte, und begann die Unterredung mit den Worten: Er hoffe, die Frau Marquise komme nicht, um das Leben eines Menschen zu bitten, der sich selbst getötet habe. Die Dame, erbleichend unter ihrer Schminke und dem modischen Puder – denn sie hatte im innersten Herzen von dem einst Befreundeten dennoch, trotz ihres Besserwissens, das zu erbitten gehofft, was ihrem Gatten der König nicht hatte gewähren können –, erklärte sofort mit kalter Stimme, sie sei davon fern; und sie berichtete schnell, hart, gefaßt und kurz, welche Nachricht sie erhalten hätten, was daraus folgere, und daß gegen diese Folgen unbedingt, ohne jede Einrede, etwas zu geschehen habe, und sie sei gekommen, alsbald anzugeben, was. »Ich bedarf Ihrer Einwilligung, Kardinal, und Sie werden sie geben; denn gesetzt, daß mein Sohn verdient hat zu sterben – wir alle haben nicht verdient, entehrt zu leben.« Richelieu hielt seine langen und gelben Hände ins Sonnenlicht, wendete sie einen Augenblick schweigend und nachdenklich um und um und antwortete dann, indem er damit begann, daß er völlig offen zu reden vorhabe: »Ich sollte daran denken, Madame, daß ich sehr bald nicht mehr dasein werde, Frankreich zu dienen, und also, um ins Kommende zu greifen, Ihrem Ersuchen nicht willfahren. Denn wenn sich an dem sichtbaren Beispiel Ihres Sohnes zeigen ließe, daß die Herren, die sehr wohl wissen, sich dem Landesfeinde zu verbünden, um die Krone zu schwächen, dafür ein starkes Sterben um so weniger verstehen, so wäre das Ansehen solcher Verschwörungen auf sehr dienliche Weise gemindert und alle meuterischen Edelleute in Ihrem Sohne von vornherein beschimpft als im Grunde feige. Ich würde es für ein sehr erwünschtes Ziel halten, das Ehrgefühl des Adels ein wenig zu unterhöhlen; auf eine unschuldige Familie dürfte es dabei niemandem ankommen.« Die Marquise, entsetzt von der ruhigen Klugheit dieser Räsonnements, die sie früher entzückt hatte, sagte: »Lassen wir die Theorie und gehen wir zu meinem Sohne über.« – »Ich bin bei ihm«, meinte der Kardinal angeregt und vertieft. »Wenn ich sicher wäre, noch lange Zeit, sagen wir noch zwei ganze Jahre, zu leben, wäre mir die Beschimpfung Ihres Sohnes willkommen und selbst Pflicht. Denn Ihr Sohn war meine Kreatur« – der Sprechende hielt einen Augenblick inne und ergriff eine schwarzgestielte große Lupe, um die Sonnenwärme über seiner Linken zu verdichten, während die Marquise nur mit Mühe ermöglichte, ihm nicht ins Wort zu fallen, außer sich vor Zorn und Schmerz –, »und Ihre Schande würde den Familien meiner Geschöpfe wertvolle Mahnung sein, straff zu mir zu halten. Aber«, sprach er weiter, und zwar schnell, weil er sah, auf welche Art die Finger der Marquise sich um die Armlehnen ihres Sessels schlossen: er habe nicht mehr zwei Jahre vor sich, er verzichte auf neue Kreaturen, und er gedenke allzusehr der Freundschaft und großen Zuneigung, die ihn dem Schuldigen und seinem Hause ehedem verbunden habe; daher willige er in alles, was man vorhabe, sofern dem Urteil seine Vollstreckung werde. »Daran wird es nicht fehlen«, sagte die Marquise mit vor Erlöstheit schwacher Stimme, »alles wird sich unter den Augen Eurer Eminenz abspielen«, und sie unterdrückte mit grimmiger Kraft die glücklichen Tränen, die ihren Augen entstürzen wollten, weil sie dem Feinde und Quäler nicht gönnte, zu sehen, wieviel er ihr schenkte.

Auf die Frage, was geschehen solle, erklärte sie, es müsse dem Gefangenen geheim mitgeteilt werden, er und sein Freund würden keinesfalls eine andere Strafe als Verbannung erleiden; und zwar müsse die Botschaft, um glaubhaft zu sein, den Anschein äußersten Geheimnisses aufzeigen. Ob es richtig sei, daß die Gefängnisse, in deren einem Henri sich befand, so kalt seien, daß sie auch noch im Sommer Feuer im Kamin bedürften, um nicht tödlich zu werden? »Ja«, sagte schaudernd der Kardinal und rückte seinen Stuhl der Sonne näher. Dann gedenke sie zu verfahren wie folgt; und sie eröffnete ihm ihre Absichten, der darauf versprach, den Gouverneur entsprechend zu unterrichten. Alsbald erhob sich die Marquise; und Richelieu unterließ es nicht, ihre Hand zu küssen und sie, einen Stock zu Hilfe nehmend, bis zur Tür zu begleiten. »Sie müssen mir das erlauben, Marquise, ich schulde das, wenn nicht der Marschallin d'Effiat, so gewiß der Mutter«, sagte er als letztes Wort dieser letzten Begegnung mit einer Freundin von einst.

Zwei Tage darauf übergab der Schließer Cinq-Mars zum Frühstück vier Eier in einem silbernen Korbe, der das Wappen seiner Familie trug: seine Mutter bitte ihn, diese Eier sich selbst zur Kurzweil zu rösten und sie um ihretwillen zu verzehren; sie werde ihm jeden Morgen aus der Meierei frische senden lassen. Der junge Mann nahm den Behälter mit der Aufwallung von Freude, die lange Eingesperrte von jeder Veränderung der Dinge um sie her empfangen, in seine vernachlässigten und leicht grauen Hände, erkannte ihn als den Brotkorb des mütterlichen Frühstücks und betastete seine Ornamente mit der großen Zärtlichkeit des Erinnerns; und gewohnt, zu gehorchen, näherte er sich dem Kamin, von dem aus große Buchenscheite mit der trägen Kälte kämpften, welche Wände und steinerner Fußboden von der Nacht her noch ausatmeten. Als er das oberste mit der Feuerzange behutsam über den Gluten drehte, bedeckte es sich schnell mit schwarzen Punkten und Strichen, die sich zu Schriftzügen verbanden und ordneten. Er erschrak so sehr, daß das kostbare Ei der zitternden Zange fast entfiel, und Schweiß stand ihm unter den Haaren: die Handschrift der Marquise, entstellt nur durch die ungewohnte Wölbung der beschriebenen weißen Schale! Er las: »Botschaft auf allen Eiern, großes Geheimnis.« Er ließ das Entzifferte liegen. Sie hat sich chemische Tinte verschafft, dachte er, während sein Herz und Puls den ganzen Körper erschütterten, so daß er sich erst eine Minute niedersetzen mußte, um seinen Händen die Ruhe des Handelns wiederzugeben; dann röstete er eins nach dem andern. »König Gnade versprochen, Verbannung«, sagte das eine, »morgen mehr Eier essen, sonst Verdacht«, das nächste und »R. krank, Prozeß zum Schein, guten Muts« das letzte. Darauf weinte er lange und wild, und noch in Tränen vollendete er das Rösten, aß alle vier Eier mit einem beinernen Löffel und dem Salz, in das die Eier gebettet lagen, und sah auf den erkalteten Schalen die Schrift verschwinden. R. heißt Richelieu, dachte er eine Stunde danach noch immer ohne Fassung, R. heißt Richelieu.

Er war ein Kranker gewesen, der an seinem kommenden Tode zugrunde ging; von diesem Tage an wurde er gesund und jung, er aß wie einst, lief, um sich geschmeidig zu machen, stundenlang durch seine beiden großen Räume; plötzlich – aber nicht überraschend, denn das Ei sagte es voraus – gewährte man ihm Stunden, in den Höfen des Schlosses umherzugehen. Er nahm es als ein Zeichen der Gewißheit alles dessen, was täglich in zerbrochenen Sätzen, als goldenes Frühgeschenk jedes neuen Sonnenaufganges, das zaubernde Feuer ihm weissagte. Zusammengefaßt lauteten die Botschaften der Mutter so: Der Prozeß werde zum Schein mit einem Todesurteil enden; aber ein Patent als Leutnant in den Regimentern, die nach Westindien gingen, sei schon ausgefertigt, und im Hafen von Lyon werde, wenn er auf dem Marktplatze dieser Stadt das Schafott besteige, schon die Brigantine liegen, die ihn zur Flotte und nach neuem Lande, neuem Frankreich tragen solle. Niemand zweifle, daß er sich auszeichnen werde, und dann sei, nach dem Tode des Kardinals, seine Rückkehr gewiß. Daß er sein Todesurteil hören und das Haupt auf den Block beugen müsse, ehe ihm die Gnade seines Königs gesagt werde, sei wie stets Bedingung; aber zwei Zeichen sollten ihm versichern, alles sei nur Schein: der Henker werde sein Haar nur zusammenbinden, nicht scheren, und ehe man ihm die Augen verhülle, werde er die Kutsche der Familie am Fuße des Gerüstes sehen, nicht in Trauer, sondern von den Stirnen der Pferde würden die Straußenfedern weiß-grün herabgrüßen wie an den Tagen großer Gala. De Thous Geschick sei dem seinen gleich; »danke deinen Richtern«, sagte das Ei. Und so erlebten die hohen Gerichtsbeamten, als sie, die beherrschten Antlitze umrahmt von den harten Locken der Perücken, die Todessentenz verkündeten, jenes Erstaunliche, daß einer der Verurteilten ihnen hellen Auges für den gnädigen Spruch dankte, der ihnen ermögliche, ihr Blut, wo auch immer, für Frankreichs Größe auszuschütten – »wo auch immer«.

Am Morgen des zwölften September stand er auf dem Schafott wie auf einem Schaugerüst; prangend in Gold und perlmutterner Weiße lag die Stadt unter ihm, sie schwang sich zauberische Hügel von Herbstwald hinauf, und draußen blau wie ein göttlicher Stein, stieß die Rhône strömend zum Horizont. Mit dem Winde drang ein erschütterndes Glück an sein Herz; grün-weiß nickten die Farben des Hauses von den Federn der Pferdestirnen. Leuchtenden Auges küßte er den Freund auf den starren Mund, ungeduldig schritt er zum Block, das weiße Stäbchen brach; der Strom, der Strom, dachte er, indes der Henker ihm das Haar zum Schopfe band, und meinte damit: Freiheit, Freiheit. Und ehe man ihm die Augen verhüllte, stieg, als er kniete, das Glück seines Herzens in seligem Lächeln auf sein Gesicht; dann fuhr das Schwert herab in einem sonneblitzenden Kreise. Als der Henker aber das Haupt, ohne Binde und triefend, an den langen Haaren den Zuschauern zeigte, grüßte von dem weißen Antlitz eine so strahlende und stolze Freude, daß ein Schrei des Bewunderns antwortend die Neugier des Volkes in Anbetung wandelte.

Das Gerücht dieses lachenden Sterbens langte eher in Paris an als die Kutsche, die, aber ohne Gala, die Leiche des Sohnes zu den Eltern brachte. Ganz Paris, der ganze große Adel der Provinz schrieb sich in diesen Tagen an der Tür der Familie ein, und die Marquise empfing alle, auch die fernsten Bekannten. Sie saß starr und schwach in ihrem großen, geschmückten Bette und ließ sich ehren; eine Woche danach starb sie, und nur der Kardinal wußte, worin sie all ihre Kraft so hastig verbrannt hatte: in dem Feuer, das jene Eier röstete. Und darum verbot er brüsk, daß zu ihrem Begängnis mit dem König auch Gaston von Orléans hinter der Bahre herfahre, hinter der, nächst der königlichen, auch seine Kutsche ging, in der er saß, nachdenklich, bewundernd und trotz schweren Pelzes fröstelnd.

PAUL ERNST

Der Straßenraub

Ein junger Engländer aus gutem Hause wurde wie viele seinesgleichen gegen Mitte des achtzehnten Jahrhunderts von seinem Vater nach Oxford geschickt, um Theologie zu studieren. Er war sehr fleißig in seinen Arbeiten, gehorchte seinen Vorgesetzten pünktlich; und als ein sehr jugendlich aussehender Jüngling mit großen blauen Augen und Wangen, die fast noch den kindlichen pfirsichartigen Hauch auf der Haut zu haben schienen, wurde er von seinen Genossen in mannigfaltiger Weise gehänselt, was er denn immer ernst und besonnen über sich ergehen ließ.

An einem Nachmittag, als eine größere Gesellschaft mit ihm zusammen in einem Zimmer war, machte einer der älteren Studenten den Vorschlag, sie wollten ein Glücksspiel unternehmen. Unser Jüngling – wir wollen ihn Harry nennen – erklärte errötend und stotternd, sein Vater habe ihn gewarnt, sich in solche Spiele einzulassen; einige von den anderen Studenten lachten; der, welcher den Vorschlag gemacht hatte, sagte ernst, er müsse endlich einmal ein selbständiger Mann werden; man wolle ihn natürlich nicht zwingen, aber er sehe doch wohl, wie auffällig er sich von seinen Genossen unterscheide; Harry wurde noch verlegener und erwiderte schüchtern, so wolle er sich denn beteiligen.

Alle setzten sich um den runden Tisch; der Führer nahm eine Roulette aus der Tasche, stellte sie vor sich; jeder zog seine Börse und schichtete ein Häufchen Geld vor seinem Platze auf; dann rief jeder einzelne und setzte seine Münze; das Rädchen schnurrte; der Bankhalter nannte das Gewinnende; die einen schoben ihre Einsätze ihm zu, andere erhielten den Gewinn von ihm.

Harry hatte seinen Nachbarn beobachtet und sich nach ihm gerichtet. Er hatte eine halbe Krone gesetzt und erhielt nun ein Fünfschillingstück. Der Nachbar setzte das Fünfschillingstück und rief; Harry schloß sich ihm wieder an und gewann einen halben Souvereign. Der Nachbar war in die Leidenschaft des Spiels geraten und machte eine mißliebige Bemerkung über den Nachahmer. Harry errötete; und als er sah, wie beim dritten Gang der Nachbar nur wieder seine halbe Krone setzte, warf er seinen halben Souvereign hin. Dieses Mal verlor er, und so fand er sich denn jetzt so reich, wie am Anfang des Spieles.

Nun aber begann er sich zu ärgern, daß das hübsche kleine Goldstück ihm so schnell wieder abhanden gekommen war; er nahm von seinem Geldhaufen einige Münzen und brachte so wieder zehn Schillinge zusammen, die er von neuem einsetzte; auch diese Summe wurde von dem Bankhalter gleichgültig eingestrichen. Harry bekam keine großen Geldsendungen von seinem Vater; der alte Herr hatte sich alles genau ausgerechnet, was sein Sohn verständlicherweise gebrauchen konnte, und gab ihm diesen Betrag, aber nicht mehr. So waren denn die zehn Schilling, die er eben verloren, eigentlich bestimmt gewesen für ein Paar neue Schuhe, deren Harry bedürftig war. Er wurde verdrießlich, daß er die Ausgabe nun nicht machen konnte; daß er nur borgen durfte, fiel ihm nicht bei; er malte sich die nassen Füße, den Schnupfen, die Unbequemlichkeiten aus, die er zu erdulden hatte, bis er wieder neues Geld vom Vater bekam; und mit unmutigem Gesichtsausdruck wollte er eben vom Stuhl aufstehen. Da traf ihn ein spöttischer Blick des Nachbarn; er biß sich auf die Lippe, blieb sitzen, und setzte wieder zehn Schilling.

Wir wollen nicht das ganze Spiel beschreiben. Es wird genügen, daß Harry immer weiter in eine blinde Wut geriet, seine Einsätze steigerte, sich gegen Ermahnungen verschloß, einmal von einem ungeheuerlichen Einsatz durch die Weigerung des Bankhalters zurückgehalten werden mußte; und am Schluß, nach etwa zwei Stunden, fünfzig Pfund verspielt hatte.

Die übrigen waren ja nicht bösartig und habgierig. Schon bald hatten sie einander zugenickt, daß das Spiel nicht mehr ernsthaft sein solle, daß der Bankhalter zwei oder drei Pfund von ihm nehmen dürfe, wie sonst wohl der größte Verlust eines Spielers war, und daß man ihm sagen müsse, man habe ihm nur eine Lehre gegeben, künftighin vorsichtig beim Spiel zu sein; wie ja denn junge Leute gern in ihrer Weise väterlich gesinnt sind gegen andere, die eine Kleinigkeit jünger sein mögen wie sie. Aber als nun das Spiel aufgehoben war und abgerechnet wurde – denn er hatte natürlich längst kein Geld mehr gesetzt, sondern Gutscheine geschrieben – da benahm er sich wider aller Erwarten so gefaßt und ruhig, daß wohl nicht die Absicht der Spieler sich änderte, aber doch ihre Stimmung eine andere wurde; man war nicht mehr bloß mitfühlend mit der Unerfahrenheit, sondern seine gefaßte Stimmung erzeugte eine widerwillige Achtung; und so wurde stillschweigend der Beschluß gefaßt, ihn noch eine Weile zu ängstigen. Der Bankhalter erklärte trocken, Spielschulden seien zwar Ehrenschulden, die am nächsten Morgen spätestens bezahlt werden müßten; da aber Harry in dieser kurzen Zeit kein Geld werde beschaffen können, so gebe er ihm acht Tage Zeit. Er erwartete, daß Harry zu ihm kommen und ihn anflehen werde, und dann wollte er ihm lachend mitteilen, wie eigentlich alles gemeint war.

Harry verabschiedete sich steif und trocken von den anderen, ging auf sein Zimmer und setzte einen Brief an seinen Vater auf. Er schilderte treu, wie alles gekommen war, verhehlte seine Schuld in nichts, bat den Vater, ihm die verspielte Summe zu schicken, da seine Ehre verpfändet sei, und versprach mit Worten, denen man wohl anmerken konnte, daß er sie halten werde, daß er nie wieder einer solchen Versuchung nachgeben wolle. Den Brief gab er gleich auf; er rechnete aus, daß er spätestens am fünften Tag Nachricht und Geld haben konnte; und wenn er auch betrübt war, daß er seinem Vater den Kummer machte, so erwartete er doch zuversichtlich, daß der ihm helfen werde, wie ihm auch ganz gewiß war, daß er das Gelöbnis späterer Vorsicht als ernst aufnehmen werde. So mischte er sich denn ruhig und mit fast heiterem Gesicht wieder unter die anderen, einen gewissen Ärger bei ihnen erweckend, weil er gar nicht, wie sie erwartet hatten, verzweifelt schien und sie so um ein, wenn auch nicht bösartiges, so doch boshaftes Vergnügen brachte.

Der Vater las den Brief in der Gesinnung, welche Harry erwartet hatte. Er bedachte, daß ein junger Mensch nicht nur durch seine Unerfahrenheit, sondern noch mehr durch seinen Mangel an Geschick und Leichtigkeit im Benehmen notwendig in solche Lage kommen muß, wie sein Sohn ihm beschrieb, daß das Erleben derartiger Dinge ein Teil der Erziehung ist, und daß jede Erziehung Lehrgeld kostet.

Aber eben um das Erlebnis für die Erziehung seines Sohnes um so fruchtbarer zu gestalten, beschloß er, weil ihm der Brief eine zu große Zuversicht in seine Güte zu verraten schien, den Sohn etwas länger warten zu lassen, als er annahm. Er schrieb seinen Brief, besorgte das Geld, suchte einen zuverlässigen Boten aus, und dann berechnete er, indem er einen großen Atlas vornahm, mit Zirkel und Maßstab, wie lange Zeit der Bote gebrauchen mochte; er wollte ihn erst an dem äußersten Zeitpunkt senden, wo er denn gerade noch vor der Beendigung der achttägigen Frist eintreffen konnte.

Indem dieses nun weit entfernt bei dem gutgesinnten und bedächtigen Vater geschah, ließ Harry ruhig die fünf Tage verstreichen; am Abend war er zwar etwas gedankenvoll, aber er tröstete sich, daß der Bote vielleicht nicht so spät auf der Straße sein wolle und die Nacht noch in einem Gasthaus unterwegs bleiben werde. Am andern Morgen, als der Bote nicht kam, wurde er besorgt; die anderen merkten die Veränderung bei ihm und dachten sich wohl, der Vater habe ihm eine Ablehnung zuteil werden lassen; nun wollten sie ihn mit seiner Sorge noch recht schrauben und ängstigen, sie sprachen davon, daß die Frist bald abgelaufen sei, daß man Ehrenschulden auf die Minute bezahlen müsse, sie bedauerten ihn anscheinend, fragten teilnahmsvoll, was der Vater ihm geantwortet habe, beklagten, daß sie selber nicht in der Lage seien ihm auszuhelfen. So geriet der junge unschuldige Mensch in eine ganz verzweifelte Verfassung, wurde endlich grob und wies die heuchlerisch Teilnehmenden aus dem Zimmer, die denn draußen auf dem Gange über seine Kümmernisse weidlich lachten.

Am Abend des sechsten Tages kam immer noch kein Bote. Da faßte der verstörte Jüngling einen Entschluß, wie er nur aus einem ganz unerfahrenen Gemüte kommen konnte.

Damals war die Zeit der Straßenräuberei in England. Männer, die nichts zu verlieren hatten, schnallten den Degen um, steckten den Karabiner in den Sattel, schwangen sich aufs Pferd, ritten vor die Stadt, banden da eine Maske vor das Gesicht und lauerten auf der Landstraße Reisenden auf, von denen sie annahmen, daß sie Geld und Geldeswert bei sich trugen. Das Gewerbe war verbrecherisch, aber nicht gemein, mancher verarmte Kavalier übte es aus; und wenn er auch den Galgen zu erwarten hatte, so war er doch des Mitgefühls seiner Standesgenossen gewiß. So wurde es denn auch mit einer gewissen Ritterlichkeit betrieben; der Überfallene durfte sicher sein, daß ihm kein weiteres Leid zugefügt wurde, wenn er seinen Überfluß hergab, und nicht selten sagte er sich denn wohl auch, daß ja seine eigene Torheit, Geld auf der unsicheren Straße bei sich zu tragen, ihm den Verlust zugezogen habe. So war denn der Einfall des jungen Mannes nicht ganz so phantastisch, wie er uns heute erscheint.

Nach dem Abendessen ging Harry nun auf sein Zimmer, versah sich mit seinen Waffen, steckte die schwarzseidene Maske in die Tasche; dann suchte er den Pferdeverleiher auf, der dem Studenten von manchem lustigen Ausflug wohl bekannt war, und entlieh sich ein Pferd für einen Mondscheinritt, wie er sagte; der Mann sattelte ihm den Gaul, indem er lachend fragte, ob Harry sich den Rittern von der Landstraße anschließen wollte; Harry antwortete ihm heftig, schwang sich auf und trabte los.

Er mochte etwa eine Stunde von der Stadt entfernt sein und befand sich im Mondschein auf der leeren Straße mitten in der einsamen Heide, als er von weitem einen Mann mit einem Wanderstab am letzten Ende seines langgezogenen Schattens ruhig daherwandern sah. Wie er näher kam, erkannte er eine Art Pächter mit rundem Hut und blauem Kittel, der eine Geldkatze umgeschnallt hatte. Aber der Mann hatte natürlich auch ihn gesehen und hatte erkannt, daß er sein Gesicht verdeckt hielt; er stellte sich breitbeinig mitten in den Weg, stampfte mit der linken Hand seinen Stock vor sich und hielt mit der Rechten eine zweiläufige Pistole schußbereit.

Harry fühlte sein Herz in ängstlicher Bewegung. Aber indem er an den renommistischen Ton seiner Genossen dachte, schien ihm das ein Zeichen verächtlicher Feigheit zu sein; er bezwang sich und fragte mit fester Stimme, indem er seinen Karabiner zog, wie der Bauer zu der Frechheit komme, einem Herrn zu drohen. Aber noch ehe er anlegen konnte, hatte der Mann einen Schuß abgefeuert; er hörte die Kugel neben sich pfeifen. Nun schoß er selber, mit bebender Hand zielend; der Bauer schrie: »Ich bin getroffen!« und stürzte vornüber.

Harry stieg vom Pferd und lief zu dem Menschen hin; er wälzte ihn um und sah, wie sein Gesicht sich dunkel färbte; er war ohne jede Bewegung. Das Pferd hinter ihm scharrte mit dem Vorderhuf; hastig zog er sein Messer, schnitt die Geldkatze ab, wickelte sie zusammen und stopfte sie in eine Rocktasche, dann stieg er schnell auf das Pferd und galoppierte, als sei der Tod hinter ihm, nach Oxford zurück. Beim Pferdeverleiher klopfte er nur an den Laden, durch dessen Ritzen Licht fiel, und warf dem Heraustretenden stumm die Zügel zu; der Mann knurrte über die Unhöflichkeit, Harry aber lief durch die Straßen nach seinem Kolleghaus, erstieg die Treppe, wischte in sein Zimmer, schloß die Tür hinter sich und warf sich über sein Bett.

Die Aufregung war so groß gewesen, daß er augenblicklich in Schlaf fiel. Erst gegen Morgen wachte er auf.

Mit bebenden Händen wickelte er die Geldtasche auseinander. Es war eine Tasche aus braunem Leder, auf welcher blaue und rote Lederstückchen zur Verzierung mit bunter Seide aufgenäht waren, so daß sie Muster von Sternen bildeten. Auf dem Baum vor dem Fenster saß eine Drossel und sang in den grauenden Morgen. Er hatte die Drossel oft gehört: sie war der erste Vogel, welcher den Morgen verkündete; und mit zufriedenem Sinn hatte er sich oft in seinem warmen Bett umgedreht, wenn er durch ihr Flöten erwacht war.

Die Tasche enthielt mehrere schwere Geldrollen. Er öffnete eine und fand Fünfschillingstücke. Nun überschlug er und berechnete, daß er gerade fünfzig Pfund vor sich liegen hatte. Der Angstschweiß brach ihm aus. Er faßte nochmals in die Tasche und fand noch einen Brief – einen Brief, adressiert an ihn selber, von der Hand seines Vaters.

Er riß ihn auf und überflog ihn. Da stand... »im letzten Augenblick, damit du dir die Lehre recht einprägst, wenn du dich genug beunruhigt hast. Denke nicht, daß dein Vater dich nicht liebt; ich habe keinen Gedanken in meinen schlaflosen Nächten wie dich, du bist ja auch alles, was das Schicksal mir gelassen... Keine Sorge, du bleibst gut, nicht wahr? Gott wird doch einen alten Mann nicht so strafen, daß er seinen einzigen Sohn... Und bis heute hast du mir ja auch doch immer nur Freude gemacht... Du wirst mir auch nie wieder Kummer machen«...

Harry verbrannte Brief und Tasche. Dann zählte er sorgfältig das Geld; die Summe stimmte.

Als die Klingel durch die Gänge ertönte, welche die Studenten aufweckt, ging er zu seinem Waschtisch, machte sich zurecht, kleidete sich um; dann verließ er sein Zimmer und ging zu seinem Gläubiger. Er fand ihn noch am Waschtisch beschäftigt.

»Die Zeit, die Sie mir gegeben haben, ist noch nicht abgelaufen«, sagte er; damit zählte er das Geld auf den Tisch.

»Sind Sie des Teufels?« fragte ihn der andere. »Denken Sie, ich bin ein Bauernfänger? Geben Sie mir zwei Souvereigns, die haben Sie verloren; das andere ist nur markiert gewesen.«

»Das war nur ein Scherz, das alles?« fragte Harry mit bebenden Lippen.

»Mensch, Sie sind doch kein Kind mehr!« sagte der andere. »Sie müssen sich ändern. Sie passen nicht in die Welt.«

»Ich passe nicht in die Welt«, erwiderte Harry; dann machte er eine Verbeugung und ging aus dem Zimmer.

Man soll nie um Geld spielen. Man soll nie
seiner ganzes Geld ausgeben.
Wir sollten von Angehörigen nie
beeinflüßt werden.
Am meistens werden unseren Eltern alles
für uns tun. Vielleicht machen sie es
langsam aber sie werden es machen.

Heidenstam

Mit zweiundvierzigtausend Mark Rente hatte Franzis Heidenstam sich über den Ereignissen geglaubt. Eine Welt von Kenntnissen und Voraussicht hatte bei des Kapitals Anlage Gevatter gestanden, Erfahrungen von Bankleuten, Maklern und eines Staatsmannes bessere Einsicht mitgewirkt. Jede Möglichkeit war vorbedacht, gekaufte Werte primissima, Risiko ausgeschlossen. Besonderen Fällen das Gleichgewicht gefunden, Hintertüren für Zusammenbrüche gelassen. Er besaß Staats- und Stadtanleihen, die bei Bedarf bar Geld bedeuteten, war mit Brauerei- und Schaumweinaktien an der Nation Lebensgenuß, mit Schuldverschreibungen von Automobil- oder Flugmotorenfabriken an rastlosem Fortschritt beteiligt, und daß er im Kriegsfall nicht Not litte, lag ein Drittel seines Besitzes in Pulver- und Dynamitbonds fest.

Stak er nachts schlaflos in seidener Decke, mochte er die Weltlage noch so drohend türmen: stets ergab sich seines Vermögens hübsches Gleichgewicht, und es war ihm Bedürfnis geworden, Einbildung zu spornen, vertrackte Lagen auszuklügeln, denen er allemal, ein gewandter Schlaukopf, entrann.

Auch seines Volkes Eigenschaften mußten ihm gefallen, da Aufschwung Gelassenheit Friedensliebe wie forscher Chauvinismus in seine Pläne paßten. Besitzes wegen mußte er sich auf kein Bekenntnis festlegen. Heute konnte er mit Egmont leben und leben lassen, morgen Zielstrebigkeit fordern. Frei wie der Vogel in der Luft war er.

Freude brachte jeder Tag. Bei allen Gesellschaften wuchsen die stillen Rücklagen, wurde immer eine Unzahl Kapital abgesetzt, seines Schatzes Substanz verdichtet. Billiges Bezugsrecht gab es allemal, da oder dort den profitlichen Auftrag. Direktoren und Angestellte sorgten durch Unterschlagungen für nervöse Zwischenfälle, doch hätte Heidenstam auf sie nicht verzichten mögen, weil sie ihm in seinen Augen den Schuß Wagemut gaben, ohne den der *homme d'affaires* nicht denkbar ist.

Er lebte der Überzeugung: der liebe Gott war ein bewunderns-
werter Präsident der Gesellschaft »Deutschland«, der bei billigen
Löhnen gutem Verdienst für seine, Heidenstams Bedürfnisse, die
Geschäfte gehen zu lassen, verstünde.

Im Hinblick auf den jahrelang günstigen Dividendenstand war er
mit jeder befohlenen Maßregel einverstanden. Manchmal wunderte ihn ein Gesetz, eine Polizeivorschrift kam ihm drollig vor.
Im ganzen ließ er es in der Gewißheit gehen, der Jahresabschluß
wird eher besser sein.

Schule und Kirche, so wenig er sie in der Kindheit gemocht hatte,
schienen ihm jetzt ein vernünftiges Stück. Auch sie führten das
Ganze ebendahin. Weniger begriff er der Künste Zweck, meinte,
mit ihnen möchte es Ähnliches wie mit Defraudation auf sich haben. Des Abgrundes Anblick sei geregelter Lebensführung Salz.

Er suchte, modern zu sein. Denn er hatte gefunden, es blieb die
billigste ungefährlichste Art, sich auszuzeichnen. Auf überkom-
mene Lehrsätze sei man schnell festgelegt; Neues aber ist, so
liegt's in der Sache Natur, schwebend, nicht begriffsbestimmt.
Man erlebt es just, ist, von ihm gepackt, zu keinem Schluß gelangt.

Rund aber war er und jedes Bedenkens bar, eine innere Blöße zeigen zu können, als der Begriff des Impressionismus an ihn kam.
Schon als er das Wort zuerst hörte, hatte es unvergleichlichen Eindruck auf ihn gemacht; ohne seinen Sinn zu kennen, war er, es für
sein Leben zu fordern, gewillt gewesen. Wie fröhlich aber ward
er, als in dem Wort die Tendenz sich bekannte, die seiner innersten, nicht auf des Ausdruckes Spitze gebrachten Anschauung ent-
sprach. Nicht nur bei kochenden zeitgenössischen Vorstellungen,
erst recht in sogenannter Historie war, wie bei allem menschlichen
Bewußtseinsinhalt, der persönliche Gesichtswinkel das Entscheidende, das Temperament, durch das ein Ding gesehen wurde, und
das ihm den heutigen Wert gab.

Das endlich verschaffte unbeschränkte individuelle Bedeutung,
die Heidenstam paßte. Was hatten ihn exakte Erkenntnisse zu
kümmern, hing, wie ein Geschlecht von Denkern und Künstlern
bewiesen hatte, aller Dinge Wert vom Eindruck ab, den jeder be-
liebige aus ihnen hatte. Er wie Manet oder Monet.

Erst jetzt erlaubte ihm seine Rente, den Tag zu pflücken, an das Konkrete freien Ermessens zu treten, ohne, wollte er, anderes von ihm, als den Preis zu fragen. Das war in des neunzehnten Jahrhunderts neunziger Jahren ein Leben! Für das Geld solcher Leute wie Heidenstam machten starke Gehirne in Deutschland Tag und Nacht Erfindungen, die bedeutsam, dann für die Teilhaber der sich unablässig gründenden Gesellschaften einbringlich waren. Man selbst tat nichts, als daß man, um den neuen Eindruck reicher, in ein besseres Speisehaus zu Tisch ging, ein fesches Frauenzimmer in bestimmter Voraussicht kommenden wirtschaftlichen Aufschwunges zu einmaligem Liebesgenuß mietete.

Und der Gipfel vor allem: Drohte die Sache im Moralischen Geistigen Geschäftlichen zu mißglücken, man bekam durch gute Verbindungen rechtzeitig Wind, machte man sich ohne Schonung los. Denn mitnichten hatte man sich ihr durch Kenntnis und Bekenntnis verpflichtet, sich nur im Eindruck, dem das rastlos Oberflächen absuchende Auge zum Opfer gefallen war, getäuscht, blieb frei genug, es zu bekennen. Kam die Frage, warum man nicht tiefer geschürft hätte, war die Antwort: Für ungeheure Mannigfaltigkeit der Schöpfung empfindlich zu sein, bleibt nichts, als das Gesicht auf der Erscheinungen Oberfläche zu beschränken.

Mit des neuen Jahrhunderts Beginn hoben andere Tendenzen schüttern das Haupt, verdichteten sich aber nicht zu Weltanschauungen, schienen Heidenstam nicht wie die gewohnte Lebensart vorteilhaft. Wie war überhaupt eine Methode erreichbar, die noch den ärmsten Teufel so einschloß und zur Geltung brachte? Man konnte sie dem Christentum vorziehen; denn zweifellos hatte der Impressionist mehr Rechte an die Welt als der Christ. Heidenstam fand sogar, er ginge darin dem Sozialisten vor, denn mit was sich eigentümlich auseinanderzusetzen, gegen wen persönlich sich zu behaupten, sei dem Impressionisten verwehrt?

Präzis das Maß Freiheit anzuzeigen, das Heidenstam in den Jahren 1890 bis 1914 besaß, ist unmöglich. In seiner Heimat war er souverän, doch schweifte auch sonst in der Welt frei. Denn anders als Urteile sind Eindrücke anpaßbar. Dazu gab ihm sein Vorname den Stempel weltmännischer Freizügigkeit.

Kriegserklärungen im August 1914 blieben ohne den zermalmenden Eindruck auf ihn, den er allenthalben sah. Überallhin lose beteiligt, sah er sich nirgends gefährdet. Mit Schnelligkeit nahm er notwendige Auswechselungen vor; Papiere verschwanden im Umtausch gegen andere aus seinem Portefeuille, und von heute auf morgen hieß er wieder Franz. Im Ausgleich für geringe Verluste, die sich nicht vermeiden ließen, stürmten Rüstungsaktien in die Höhe. Seines Daseins Querschnitt war neugierige, mit einem Quent Freude gesprenkelte Spannung. Keine Angst. Bei des großen Publikums Kopflosigkeit, das für ersparte Groschen zitterte, blieb ihm, mit aller Industrie seine Interessen umzulegen, Zeit, er fand, die veränderte Lage zu beklagen, erprobte Anschauungsweise umzugruppieren, keinen Anlaß.

Es erwies sich sogar erst jetzt ihr voller Sieg. Bei der Feldzüge wechselnden Chancen schwebten die auf Grundsätze Eingeschworenen, Liberale Alldeutsche Katholiken abwechselnd in Angst- und Jubelräuschen, schienen beklagenswert oder überspannt, während er von peinlichen Heeresberichten, bedenklichen Nachrichten, da er mit nichts in ihnen tiefer verknüpft war, leicht abrückte.

Er bekam von der eigenen Bedeutung noch höhere Meinung, sah er, wie Dinge, die den Stärksten schmissen, an ihm abliefen, distinguierte sich noch mehr. Schwatzte alles Krieg, blieb er in Wirtschaften Versammlungen durch Ruhe ausgezeichnet, lächelte besonders.

Oft war er drauf und dran, Bekannten, die sich unter dem Weltkrampf krümmten, den Rat zu geben: den Blick mit ihm von rauhen Ereignissen auf die noch reichlich vorhandenen reizvollen Dinge zu lenken. Sprach sich aber in dem Gefühl nicht aus: so schlicht er's meinte, so schwer möchte die Sache für den anderen auszuführen sein, dem die Voraussetzung, seine, Heidenstams geistige Beweglichkeit fehlte. Frauen deutete im Bett er manches an, klagten sie um den fernen Gatten, den Geliebten. »Du mußt«, sagte er, »nur das Auge ergriffen sein lassen. Das bleibt beweglich, während wir der anderen Organe Funktion weniger kennen.« Wobei er hoffte, die Betreffende werde ihn mehr bewundern als begreifen.

Noch fast zwei Jahre ließ sich für ihn alles an. Im Lande selbst kamen Jahreszeiten mit ihren Begleiterscheinungen noch immer prompt als Ausgangspunkt fesselnder Beobachtungen. Näher und nah der Front mochte es ja verteufelt zugehen. Doch sich damit auseinanderzusetzen, blieb Sache der Betroffenen.

Allmählich aber riß Struktur des in seine Netzhaut gespannten Weltbildes so merklich, daß Heidenstam stutzte. Wohin er sah, war ein Loch. Er fand die Erscheinung von gestern, als sei sie in einen Krater geschluckt, nicht mehr, Bekannte schienen sich ihrer überhaupt nicht zu erinnern. Kurz, er gestand sich, dem oberflächlichen Blick verbarg sich manches, das er ungern mißte, der einzige Eindruck, der von alledem blieb, war: es existiert nicht länger.

Da machten sich in Heidenstam zum erstenmal Schlüsse, die meinten, geltend: Was heute vom Öl feststeht, wird morgen vom Pfeffer gelten. Und er glaubte, sich seines Besitzes, der im geringsten mit so kurz befristeter Ware zusammenhing, entäußern zu sollen. Denn, bei des Rohstoffs Knappheit würden Brennereien und Brauereien auch Kautschuk-, Leder- und Zellstoffabriken bald stillstehen. Da sein Gewinn aber im hurtigen Gang der Maschinen lag, warf er solche Papiere auf den Markt, salvierte sich.

Er kaufte Rüstungswerte, weil er meinte, bis an sein Ende brauchte Waffen der Krieg. Doch kamen auch da Verwicklungen, als Mangel an Kohle und Arbeitskräften die Werke zu feiern zwangen, wodurch ihrer Aktien Kurs schneller, als man es sich eingebildet hatte, sank. Was er mit blankem Blick anfaßte, anders als im Frieden gab es Umstände, die sich aus Ursachen, die man hätte bedenken müssen, erklärten. Der Krieg hatte – Heidenstam faßte den denkerischen Zusammenhang – mit Eisen logischer Härte zu tun, ihm fiel das kalte Lautbild *dura necessitas* ein.

Vorläufig hing er sich um so zäher in sein altes System, als er Angst in seines Leibes Tiefen ahnte. Den Mund hat er tönender Worte voll, Schlagsahne, mit der er sich und andere betropfte, schäumte von seinen Lippen.

Nicht, ohne daß heftiger Unruhe pochte. Trug man morgens Zeitungen an sein Bett, las er, wollüstig gesammelte Greuel in fetten Lettern, geheizten Haß, fand in der Buchhändler Auslagen Kadaverstatistik und Aushungerungskalkül, hörte in Speisehäusern und auf Bahnen den allgemeinen Vernichtungswillen, ward ihm schwül, und wohin er mit gezwungener Munterkeit sah, fand er gleichen gläsernen Schleim, giftige Etikette auf allen Dingen.

Freiheit seiner Meinung begann zu schwinden. Er mochte sein an sich heiteres Temperament noch so stacheln, den leichtbeweglichen Gesichtswinkel weiten, große Teile der Welt hatten sich aus dem alten Verhältnis zu ihm gelöst. Den Beweis, er sei nicht krank, fand er bei Freunden, die, wie er ehedem leichtbeschwingt, jetzt auch mit sauren Grimassen schwankten. Nackt und unwichtig stand er außerhalb der Zusammenhänge, und mit Blitz erkannte er, notwendig sei, was er besaß, auch in dem lebendigen Rundlauf nicht mehr eingeschlossen. Das war eines Donnerstags. In krasser Furcht warf er sein gesamtes Vermögen in den Börsenrachen, und war, als der Erlös merklichen Verlust nicht zeigte, zu Tränen gerührt. Von allem fort, was Krieg bedeutete, war Losung. Schweizer Franken, holländische Gulden kaufte er. Doch lagen auch Holland und die Schweiz im Qualm der Katastrophen. Wieder verkaufte er, nahm brasilianische chilenische und Fonds von St. Domingo in den Geldschrank, widmete diesen Ländern Fleiß; las Literaturen über ihre Verfassung und Wirtschaftslage, erfreut, in keiner Zeitung der Republiken Namen zu finden. Zwei Quartale, die er, ein Maulwurf in seiner Klause blieb, schnitt er von pompös gedruckten Titeln Kupons ab, vermochte an Tee- und Reisernten tropische Gewächse und Diamantenwäschereien die fröhlichste Einbildung zu hängen. Mit Klapperschlangen Gazellen Walen Pottfischen, Valparaiso am Ozean voll Perlen und Korallen fand er alter Art brillant sich ab, war sorgfältig angezogen und frisiert, noch der alte Heidenstam.

Bis des verschärften U-Boot-Krieges Erklärung seitens Deutschland kam. Da tauchten die südamerikanischen Republiken im Blätterwald auf. Ihre schwellenden Proteste, wütenden Drohungen wurden gedruckt. Fachmänner rechneten ihrer Armeen Schlachtflotten Kampfwert, die Handelstonnage aus. Tausendfaches gehässiges Zeugnis echote wider sie, das zu des Jüngsten Gerichtes Posaunen schwoll, als eines Tages ein chilenischer Admiral behauptete, nicht länger verträge die chilenische Mentalität des preußischen Militarismusses Gespenst.

Der Bemerkung lähmenden Eindruck auf Heidenstam zu fassen, muß man wissen: schon zu Zeiten, als alle Welt von seiner Meinung abhing, war das Wort »Mentalität« eines der wenigen gewesen, mit denen er sich nicht auseinanderzusetzen vermochte, das ihn im Frieden beunruhigt hatte. Damals hatte er jedes geistige und seelische Fühlen in Deutschland, eine sogenannte Mentalität aber, von der andere Völker so viel hermachten, nicht festgestellt. Innerlich immer gehofft, es beschränkte sich die Eigenschaft auf alte Kulturnationen, romanische Rassen mit der Belgier Einschluß. Als aber die grauenhafte Vokabel in jenes Chilenen Maul aufkochte, war Heidenstam bis ins Mark erstarrt. Dazu hatte die Gewißheit, bis an der bewohnten Welt Grenzen spannte der Krieg seine Methode, jähen Absturz in ihm vorbereitet. Hier war Rhodus, auf dem auch er saß. Nasse Qual nach allen Seiten. Es gab keine Flucht. Er auch müßte auf neue Art springen, schoß es Heidenstam in den Sinn; und in freundlich erlösende Ohnmacht brach er auseinander.

Wieder folgten Angstverkäufe, brüsker Bruch mit den Südstaaten. Doch als er mit nichts als großem Bankguthaben, das sich schlecht verzinste, saß, war er entwurzelt. Denn da bei ihm nichts Kredit hatte, so vor allem er selbst nicht, seit er mit dreißigjährigem Kurs gestrandet war. Solchen Schwarzzorn verkörperte er, daß Umwelt von ihm abrückte, sein treuer Hund die Rute kniff, Pupillen schlitzte. Als Heidenstam ein weiches Ei köpfte, merkte er sich Molluske, machte sein Testament, lud den Revolver.

Strikt hätte er sich in die Schläfe geschossen, wäre die Haushälterin nicht gekommen, hätte den gleichen verhimmelnden Blick an ihn gehängt, den er seit Jahren von ihr empfing. Eine Pflaume, blau und voll Vertrauen, ward das Auge seine Rettung. In völlig Ungewisses hinein gab er sich, trotzdem leben zu wollen, einen Ruck.

Vor allem heiratete er die Haushälterin, im Nebel die Nadel zu haben. War er morgens der Pasta auf der Zahnbürste, der Fleischbrühe bei Tisch, in Kissen nachts der Wärmflasche sicher, ließ sich die auf die Dauer gewonnene Kraft noch einmal an ein Chaos wenden, es im nächsten Umkreis erhellen.

Vorläufig schiffte er im Zustand der Seekrankheit und Hysterie ohne Kompaß, Aussicht auf einen Hafen auf hohem Meer mit der Gewißheit von Riffen Minen Torpedos unter sich. Bei jedem Geläut an der Tür bebte er, Briefe mochte er nicht haben, das Grab war ihm der liebste Traum.

Zwei Wochen Einkehr und Reue stauten solche Tatlust in ihm, daß er eines Morgens alles Zögern mit dem Nachthemd von sich warf, entschlossen in den Tag voll der Gewißheit stieß: Welt mochte was immer darstellen; eine Million Mark war kein Traum, blieb auf alle Verhältnisse anwendbar. Es galt den Angelpunkt, aus dem jetzt das Leben kreiste, zu finden.

Schließlich hatte ihn der Impressionismus nicht gehindert, Schliche zu kennen, durch die Agenten Kommissionäre Banken und Unternehmer sich auf des Goldstromes Woge trocken ans Ufer tragen ließen. Eins der Manöver wäre wohl jetzt noch erfolgreich. Als aber aller Kniffe Ohnmacht feststand, wuchs Heidenstams Wille zur störrischer Wut. Er hatte keine Wahl mehr. War herausgefordert, und wollte er noch einen Tag von dieser Welt sein, mußte er auf neue Weise sich entfalten. Nun horchte er nach allen Seiten. Doch waren Schlagworte, die er fing, keine Börsentips. Was war auf dem Devisenmarkt mit »Eisernem Zeitalter« anzufangen? Broschüren Leitartikel Statistiken faßten den Krieg beim Ehrenpunkt. Vorsitzende von Konsumvereinen, Aufsichtsräte tobten wie gekränkte Regierungsreferendare, und telegraphierten Molkereibesitzer vereinigte Makler in *corpore* dem Kaiser, galt in den Depeschen nur ritterliches Wort: Harnisch, offenes Visier, gepanzerte Faust.

Obenhin war dieser schrecklichen Zeit nicht beizukommen. Man schien den Ereignissen persönlich nähertreten zu müssen.

Dieser Ahnung Tragweite in unserem Helden läßt sich neunzig vom Hundert der Leser nicht übersetzen. Alle sind von Jugend an Tätigkeit und Reibungen, die das Dasein fordert, gewöhnt. Heidenstam aber hatte bis zum heutigen Tag seines Körpers Kraft gebraucht, der Menschenmassen Brandung vor seiner Person verebben zu lassen, so daß höchstens seine Füße von ihren Ausstrahlungen genetzt wurden, Leib und Haupt aber frei im Äther blieben. Keine Ausgabe hatte er, gemeines Volk fernzuhalten, gespart. Des Engländers *splendid isolation* war sein Vorsatz, der Logenplatz im Theater, in Eisenbahnen der Sitz erster Klasse hatte ihn mit Auserwählten zusammengeführt, bei denen er gleiche Notdurft ängstlicher Zurückhaltung voraussetzen durfte. So robust er vor atmosphärischen Einflüssen war, Ausdünstung gemeinen Volkes machte ihn krank. Mit Angestellten Beamten Schneidern und Handschuhmachern hatte er eingezogenen Kopfes, gekniffener Nase gesprochen. Nicht einmal seiner Frau, die er aus bekannten Gründen geheiratet hatte, kam er über einen Abgrund, der eine Säule Luft und Respekt zwischen ihnen ließ, näher. Zudem war sie mit seinen Seifen und Wässern gewaschen.

Jetzt aber galt es, fort von Teppichen und Plüschbezügen, Orte aufzusuchen, an denen Zusammenkünfte ohne Rücksicht auf Bequemlichkeit und Entlüftung stattfinden. Nach wie vor wollte er etwas kaufen, das Kern und Aussicht hatte. Diese Eigenschaften waren ihm bisher durch äußere Merkmale, Taxen Bilanzen den Kursstand verbürgt worden. Voraussetzung für deren unbedingte Gültigkeit war aber geordnete Wirtschaft gewesen. Jetzt konnte keiner für den nächsten Tag versprechen, Wahnsinn wäre es, sich einer Ware Wert vom Verkäufer versichern zu lassen, gewesen. Landwirtschaft nicht einmal war des Bodens sicher, da Vieh fast keinen Dung warf, ohne Mist kein Korn wächst. Ohne Futter aber hält man kein Vieh. Wälder waren nicht zu holzen, wenn es keine Pferde zum Schleifen gab. Gruben aus Mangel an Belegschaft nicht zu fördern. Steckten die Mieter an Fronten, konnte man erst recht keine Häuser beleihen. Nein! Von Fall zu Fall mußte man selbst zusehen. Seife könnte man zum Beispiel kaufen, und –? Vor Heidenstams innerem Gesicht standen Trambahnfahrten mit schäbigen Agenten, Schnäpse mit Schiebern getrunken, ein Vertrag beim Advokaten. Atemloses Hin und Her zwischen Marktkundigen Kunden Zutreibern. Schmutzige Arbeit mit einem Wort.

Doch doppelt entschlossen putzte und gurgelte er eines Tages die Zähne, besprühte den Anzug mit Parfüm und ging zur Warenbörse.

Die tagte in den dem eigentlichen Börsenpalast vorgelagerten Cafés. Beim Eintritt in eines derselben fiel ihm der auf den Boden geleerte Auswurf der Besucher auf, riß ihn in hemmungslose Trauer, bis ein Gast auf ihn zutrat, fragte, ob er tausend Kisten Streichhölzer kaufen wollte, zu hundert Paketen die Kiste, das Paket zu zehn Schachteln. Garantiert fünfzig Hölzer in jeder.

Warum nicht Streichhölzer, dachte Heidenstam, und da der Agent ihm paßte, schlug die Absicht Wurzel. Vor allem galt es, die Lage beherrschend zu scheinen. Daher täuschte er Wunschlosigkeit vor, befahl zwei Schoppen Portwein. Innerlich aber stand für ihn fest: vier Wintermonate haben wir vor uns. Drei Streichhölzer braucht der erwachsene Deutsche für tägliche Notdurft. Knapp ist die Ware, des Artikels Notwendigkeit außer Frage. Beiläufig merkte er den Preis mit vierzig Mark die Kiste. Gab dem Unterhändler Auftrag, sich nach fünftausend Pfund Schmieröl umzusehen, machte den Treffpunkt für morgen aus und ging heim. Dort entspannte er das Problem und kam zu gleichem Schluß. Am Gelingen der kaufmännischen Handlung war nicht zu zweifeln. Über den Warenwert hinaus aber hatten Streichhölzer einen sauberen festlichen für den Spekulierenden. Es war ein Unterschied, ob man in Heringen Petroleum oder mit ihnen handelte. Und freundliche Bilder umschwebten ihn: zur Arbeit bereite Maschinen, des Proletariers tröstliche Pfeife, auf dem Schneegipfel des Schimborasso ein hervorgeholter Spirituskocher, alle mit einem Streichholz zum Leben geweckt. Im Lichterglanz brannte der Weihnachtsbaum, und mit fünfzig Millionen Lichtbringern sah er sich als eines beträchtlichen Menschheitsteiles Prometheus.

Wartete er mit dem Wiederverkauf einen Monat, mußte der Preis von vierzig auf fünfzig Mark steigen, was beim angelegten Kapital von vierzigtausend einen Gewinn von zehntausend Mark oder dreihundert Prozent ausmachte. Er war zum Geschäft entschlossen.

Der getätigte Kauf aber löste schwere Bedenken in ihm aus, und, ohne den Beweis zu haben, wußte er sich betrogen. Bestimmt waren die Schweden sein Eigentum, lagerten, gegen Feuer und Diebstahl versichert, zu seiner Verfügung. Doch war er gewiß, in etwas unterschieden sie sich zu seinem Nachteil von allen Hölzern der Welt. In der Überzeugung stopfte er Bettkissen, schlimmen Eindrücken nicht zu unterliegen, an sich heran. Wenn diese Zünder nicht zündeten, sie feucht, mit zu dünner Zündmasse bestrichen waren? Der Stil dem Streichdruck nicht standhielt, die Reibfläche sich unbrauchbar erwies? Zorn gegen den Verkäufer packte ihn, naß klebte das Hemd am Leib. Schlaflos starrte er dem Morgen entgegen, begierig aufs Lagerhaus zu stürzen, an Ort und Stelle den Frevel festzustellen.

Mit dem Inhaber betrat er den Speicher, ließ eine Kiste öffnen, riß ein Holz in Brand. Doch anstatt daß Feuer auffuhr, schwelte bläuliches Gefunzel, zu brennen sich allerdings zu entschließen, als man nur noch des Stieles Stumpf in Fingern hielt, sie zu verbrennen in Gefahr war.

»Schwefelhölzer«, meinte der Begleiter. Doch ohne Herzschlag stand Heidenstam. Für den Preis paraffinierter Ware hatte man ihm geschwefelte verkauft, deren Wert um fünfzehn Mark geringer war. Und doch konnte kein Betrug behauptet werden. Denn ihm waren laut Rechnung ausdrücklich Schwefelhölzer abgetreten. Er selbst trug in des Marktes Unkenntnis die Schuld am Verlust.

Nicht die eingebüßte Summe war es, die von heute auf morgen einen anderen Menschen aus ihm machte, die erlebte Gewißheit, er habe den alten Platz im Leben verloren, nichts zeichne ihn vor niemand mehr aus, Vermögen sei ohne weiteres, ihn vor Mangel zu schützen, nicht imstand. Scheckbuch und des Fernsprechers leichte Handhabung reichten, Gewinne einzustreichen, nicht hin, doch den Besitz einbringlich zu machen, müßte man ihn stofflich bewältigen. Und Welt mit ihm, da er mit Sichtbarem und Unsichtbarem verknüpft war.

Heidenstam sah ein: Über der Nationen sämtliche Kämpfe hinaus bedeutete das Ende des Impressionismus der Krieg.

Doch Anfang wovon? Das vor allem müßte er wissen, dann Entschlüsse fassen. Für die Zwischenzeit aber gelte das Prinzip, gegen das er sich gewehrt hatte: die Dinge außer ihm zu kennen. War ihm nicht schon auf der Schulbank Mathematik verhaßt gewesen, die, persönliche Meinung von ihr zu haben, nicht erlaubte, doch Form und Formeln auf den Tisch hieb? War nicht Trauer auf ihn gesunken, wo man nicht tausend, doch die besondere Eigenschaft wissen sollte, einer Sache Gewicht oder Größe auf einen Nenner gebracht, den man in das ausschließlich zu sich entschlossene Herz als ein Koexistierendes aufnehmen mußte?

In diesem Augenblick dürfte Welt für ihn nur den nirgend gleichen Stoff bedeuten, der, seine Besonderheit einzusehen, sich aufmerksam an ihn hinzugeben, forderte. Später –? Für später, fühlte er frohlockend vor, gab es zwischen Erkanntem und Anerkanntem vielleicht doch noch der Feiheit Ebene, zu seinen Gunsten könnte er aller Erfahrung ein Schnippchen schlagen. Das war ein genußreicher Morgen, da in ihm klar stand: jetzt, wo, an das Allgemeine sich zu werfen, nottat, könnte er es darum mit Inbrunst tun, weil ein Wille in ihm aufrechtblieb: wie das Exempel auch aufging, seine Lösung müßte trotzdem Heidenstam heißen.

So gab er sich entschlossener den Ereignissen hin, war, ihnen verschmolzen, keinen Augenblick seiner ledig. Immer machte der Hintergedanke den Sklaven schon zum Herrn, diente schwitzend der um Aufschluß. In der Schöpfung verschwindendem Bruchteil sah er ein Phänomen, von dessen Evidenz er sich durchdringen ließ. Wie man des Konkurrenten Geschäftsgeheimnisse, seine Hauptbuchseite hingerissen liest, und aus des nächsten Aktes Kulissen blenden die schon möglichen Unternehmungen.

Also ward Heidenstam Kenner auf dem Kriegsmarkt und verdiente. Die neue Methode nahm so vollständig von ihm Besitz, daß alle Umwelt sich als eigenes Subjekt vor ihm ausdrückte.

Des Alls gesamte Aufmachung wechselte. Nirgends und in nichts paßte das bisherige Bild zu den Selbsterscheinungen. Nach wenigen Monaten war ihm die Schöpfung wie einem Kind neu geschenkt.

Ein Lack, der das Ensemble mit fadem Ton zusammengefaßt hatte, war abgeschält, das Ganze gab sich bunt und grell. Natur blühte, da jede Butterblume klang, ausschweifend in diesem Frühling. Spatzen schmetterten unvergleichlich, jede Mädchenbrust war unter der Bluse speziell. Pißte ein Hund, bremste die Trambahn, war es historischer Akt.

Im Mai sprang Heidenstam mit der neuen Lebensart außer sich. Des Geldverdienens Absicht fand er albern. Kaufte Gold, errechnete eine Rente bis an sein neunzigstes Jahr und beschloß, nur noch Natur zu forschen.

Denn jetzt lohnte das Ding sich in anderem Maß als zu des seligen Impressionismus Zeiten, in denen er selbst die Anerkennung zu jedem Fremdkörper erst hatte herausarbeiten müssen, während umgekehrt nun alle Kreatur ihm Zeichen ihrer Eigenkraft zu geben, für ihn drauf los lebte. Er fand das so himmlisch, daß er im frühesten Entdeckerglück zusammenfuhr, fürchtete, er täuschte sich.

Wäre solcher Zustand erlaubt, sagte er sich – inmitten stehst du und läßt alles leben – machst es ebenso, schließest die Augen, sagst zu allem ja – wäre die Welt Paradies. Da das aber allem, was er gelesen und gehört hatte, widersprach, fürchtete er, er täuschte sich zu späterem Verderben, kehrte mit Aufwand der Willenskräfte zu früherer Unentschlossenheit, zum Impressionismus zurück.

Doch schon war des genossenen Glückes Verlockung zu mächtig in ihm. Seine Frau sogar, sah er sie vor sich leben, hatte eine unvergleichliche Art, Quadratmeter Zeug zu häkeln, von Zeit zu Zeit einen Blick tollen Jubels an ihn zu verschwenden. Er fand sie sehens- und erlebenswert. Seinen Hund sah er japanisch, paradox. Vielleicht, sagte sich Heidenstam, macht der Krieg alles mehr aus sich herausgehen, hat das meiste erst in kriegerischer Verfassung Mut zu sich. Darum, als der Welt Projektion in seine Sinne immer bedeutender wurde, begann er, den Krieg als Erwecker zu tätigem Leben zu lieben.

Nun war's um ihn wie auf einem Jahrmarkt bunt. Knospen schossen mit Knall ins All, Schollen Knollen platzten in Gemüsegärten, Kerzen der Kastanien strahlten, in Furchen hörte er das Trommelfeuer der Kartoffeln. Und auch die Menschen, unentrinnbarer Dumpfheit gleichbleibendem Tagwerk bisher verpflichtet, schienen außer Rand und Band.

Als er auf einen Hügel gegen ein Dorf gelagert lag und fühlte, nichts aus der Schöpfung könnte zu sehr zu sich gegipfelt kommen, keine Karte Gott, die nicht Trumpf sei, spielen, alles Seiende Gewesene Zukünftige könnte nicht hart weich jung alt grün oder blau genug sein – alles müßt man nur besondere Absicht im Ganzen behauptend sehen, daß wirklich das irdische Leben schon die jenseitige Verklärung sei, wuchs er über Menschen hinaus, spürte zu unbegrenztem Aufschwung Kraft.

Hatte ihn nur räumlich Erscheinendes selbständig gedünkt, ward ihm neue Überraschung, als ein Wort, hinter dem greifbare Form nicht stand, mit eigener Lebendigkeit auf ihn zu wirken begann. Den Ausdruck »Gebildetheit« hatte er gebraucht, nachdem er erst »Bildung« hatte sagen wollen. Und gleich begann »Gebildetheit« aus sich selbst zu zeugen, entwarf Reihen belehrender ergötzlicher Schilderungen gegen seine aufnehmende Hirnwand, die dichter als Gegenstände im Raum waren. Trunken der Entdeckung machte Heidenstam die Probe mit anderen Begriffen. Und jeder gab ihm gleiche Genugtuung. Ob er »Rache«, »Mitleid«, »Rausch«, »Faulheit« aussprach, gleich gab es aus jeder Vorstellung ein Gekribbel, als habe man an einen Ameisenhaufen gerührt. Mit Plastik in alle Dimensionen hinein bildete körperliche Welt sich nicht weniger übermütig selbstbewußt als die geformte.

In diesen Tagen, als an Fronten und auf Meeren Geschützdonner rollte, hätte man Heidenstam sehen sollen. Ein Schwimmer, in brausender Brandung sprudelnd und jauchzend, hüpfte er auf Schaumkämmen. Europa schien ihm zu seinem Vergnügen moussierend gequirlt. Schließlich brauchte er nicht mehr in die Ferne zu schweifen, Glück war immer nah. Anhängsel seiner Person gaben ihm für Tage Genuß. Mehr als fünfzig Jahr lang war er Katholik gewesen, und wozu hatte es gefrommt? Überhaupt keinen Gebrauch hatte er davon gemacht. Jetzt brummte er »katholisch« in den Kuchen und erfuhr nicht nur aus der eigenen Vergangenheit eine Menge bezüglicher Wahrnehmungen, doch konnte in Büchern das Spannendste über den Stoff hinzulesen. Da zum Beispiel übernahm er die Tatsache ins Bewußtsein: Seine Frau, von der schon der besondere Blick und Häkelraserei feststand, war zudem noch israelitischer Konfession. Wie apart von der alten Dame, raunte begeistert und zärtlich Heidenstam sich zu.

Mit Inbrunst sog er aus Zeitungen buntes Allerlei. Auf neuer Erkenntnis Höhe fand er, was er geraume Weile geahnt hatte, bewiesen: Alles Seiende, den Menschen zuerst, hatte der große Krieg bis in Eingeweide entknöpft.

Und wie tummelte sich »Verrat«, »Wucher«, »Denunziation« und vieles andere, zu welcher Kraft wuchs »Völkerrechtsbruch« auf, von Begriffen und Gefühlen abgesehen, die überhaupt neugeboren wurden, doch alle Merkmale des Elementaren trugen. Schloß Heidenstam, auch das Beliebte Erprobte bestand daneben weiter, daß Mutter- Gattenliebe Barmherzigkeit Aufopferung noch wahre Orgien feierten, inmitten der Granaten wohl gar das duftende Veilchen blühte, sah er, auch »Kontrast« war nie zu solcher Geltung gekommen.

Er wehte eine Fahne, begann, seinen Glücksüberschwang in die Welt zu posaunen. Tränenden Auges schwärmte er Bekannte an, seine Frau umhalste er. Bis in die Nacht ließ er den Phonographen die Nationalhymne spielen, trank Punsch dazu.

Die Freunde sahen seinen Taumel freundlich an, solange sie glauben konnten, er besäße ihn im Sinn großer Gruppen; nahmen ihn für einen Konservativen, Mann, dessen Geld in der Schwerindustrie stak, Alldeutschen. Schließlich für einen Chauvinisten, der alle Grenzen hinter sich gelassen hatte. Als man aber zu ahnen begann, es stünde kein Gemeinschaftswunsch hinter ihm, doch er treibe sein Wesen privat, fing man, von ihm abzurücken und zu grollen an.

Er aber tat nichts, das nicht alle Welt erkennen mußte: An einseitig kriegerischen Eigenschaften des Krieges lag ihm nichts, er baute keine besonderen Absichten auf ihn, war in ihm nicht zielstrebig. Gäbe sich ihm auch nicht als Teil des Ganzen in patriotischer Verzückung hin; finde im Krieg der Welt geeignete Verfassung, ihn Heidenstam am kräftigsten anzuregen, damit er, ursprünglich müde und begeisterungsschwach, jetzt klares Ja und Amen zu der Schöpfung sagen könnte. Das fand man bodenlos unverschämt.

Und als bei Vorkommnissen, die die schlimmsten Eisenfresser Exzesse schalten, Heidenstam sich nicht enthielt, die Entgleisungen unvergleichlich zu finden, man ihm schon warnend nahetrat, seiner Frau bedeutete, sie möchte Begeisterung in ihm dämpfen, war er an einen Punkt gelangt, wo ihm das in Europa Angerichtete nicht mehr genügte, er, das Geoffenbarte in Träumen zu höherer Intensität zu türmen, begann.

Er fand, so viel Lebstoff, den man früher ignorierte, festgestellt, müßte jedes Atom bis an die eigenen Grenzen drängen. Da es sich nicht mehr um Verstecken, doch Hervortreten, kein Verkennen aber Anerkennen handele, habe alles Ding die Pflicht, sich in Gänze zu bekennen. Wer wisse, wann wieder Gelegenheit komme. Jetzt seien Bremsen auf, es gelte, ans Ziel zu kommen.

Andere Kataklismen als die Tagesberichte brachten, wollte er. Von ihm aus mochte man Heere Gefangener in Latrinen ertränken; das auf England gestülpte Meer, ein in die Luft gesprengtes Frankreich waren ihm gängige Voraussetzungen, Staatsmänner und Marschälle wollte er mit Worten nicht, mit Melinit gefüllt. In jedem Buchstaben jeder Nerve Sprengkraft.

Nachts legte er sich Anreden zurecht, die das von ihm Aufgemunterte wie einen Pfeil von der Sehne an seine Bestimmung schwirren lassen mußte. Eines Morgens trat er, rollende Proklamation zu seiner Frau, die in Strümpfen und Hose stand, führte ihr solche Hochspannung aus sich zu, daß die Beklagenswerte, nicht wissend, um was es sich handelte, aus dem Fenster sprang und beide Beine brach.

Das fand er, wie er den Herbeilaufenden erklärte, »enorm«. Die redeten ihm zu, führten ihn zu einem Wagen, der ihn spazieren fahren sollte.

Vor ein weites Gebäude brachte man Heidenstam, bat ihn, auszusteigen. Hatte man gefürchtet, er werde sich sträuben, täuschte man sich gründlich. Von Neugier und Lebenslust besessen, konnte er keine Lage, die ihm nicht Genuß vermittelte, ausdenken, war vergnügt, als man ihm im fremden Haus unter lauter Unbekannten ein Zimmer anwies. Nur den Gedanken hatte er beim Eintritt: wie will ich sie sämtlich springen lassen!

Daß des Raumes Fenster vergittert waren, machte ihm Vergnügen. Es waren die ersten Fenster, denen er, da sie sich besonders zeigten, Beachtung schenkte. Als ein Herr in weißer Schürze abends Geschirr vom Waschtisch räumte, auf des Neulings Frage, warum das geschähe, antwortete, er habe, sich von Heidenstam den Schädel damit einschlagen zu lassen, nicht Lust, war auch der Bescheid, des Ankömmlings Hoffnung auf gehobenes Dasein, das ihn erwartete, zu stärken, geeignet.

Der Männer Anblick, die er am nächsten Morgen traf, enttäuschte ihn nicht. Ohne zu wissen, was jeder bedeutete, war er im ersten Blick gewiß, sie seien alle von etwas die größte ihm begegnete Steigerung. Überhaupt stellte er des gesamten Lebens Tonstärke am neuen Platz um das Doppelte der Gerade höher, als an sämtlichen Orten, wo er bisher Gemeinschaft kontrolliert hatte, fest.

Morgens, zur Zeit des ersten Frühstücks, wo überall sonst die kaum Wachen in zagen Lauten reden, hob sich hier aus allen Zimmern munteres Geschrei, das sich zu einem Lied, geschmetterter Arie verstärkte. So verlangte auch er den Kaffee beim zweitenmal mit anderem Nachdruck, ward inne, vom Wesen des Befehles habe er wenig gewußt. Er staunte, zu welch sicherer Mimik sich Mißfallen am Kommando steigerte, steckte der Angeredete dem Auftraggeber die Zunge bis zu den Wurzeln aus dem Hals heraus. In diesem

Haus gab es aus präzisen Umgangsformen die Mißverständnisse über Gewolltes nicht, die sonst den Verkehr mit dem Nächsten hemmen.

Je besser Heidenstam die um ihn geltenden Grundsätze einsah, um so mehr erkannte er, daß eine Anzahl Menschen sich von je aus eigener Kraft die Ausdrucksfreiheit gesichert hatte, die den Massen erst der große Krieg brachte. Hier gab es keine Hypokrisie, fatale Lügen nicht vor sich und anderen. Hier war kein Knick in der Geste, kein Umschweif im Wort, vorm Ziel kein Halt. Hier sprach, was Gott mit ihm speziell gewollt hatte, der Mensch, durch keine Einrede verschüchtert, furchtlos unerschüttert aus, setzte unter allen Umständen die eigene Nuance durch.

So der ältere Engländer, der in hundertjahrelangem faulen Frieden seiner Nation Schlagkraft in der Heimat nicht hatte fühlen können, die jedem Blutstropfen in ihm vor allem Irdischen teuer war. Über bewohnte Erde eilend, seines glühenden Verlangens wegen überall beunruhigt, hatte er hier, wo keiner mehr sich seiner Neigung sperrte, die Stätte gefunden. Aus des Bettes Federn trat er morgens vor die Anstalt, brüllte ihr zugewandt jauchzenden Tenors mit ausgebreiteten Armen einen Morgen wie den andern:

Old England expects,
that everyman
this day will do his duty!

Wobei auf »*his*« den Ton er dehnte. Dann kehrte er ins Haus zurück.

Für vierundzwanzig Stunden war Verlangen in ihm still, er für des Tages Rest ein sanfter Lebensgefährte, der aller Welt von seiner Frau, die vor zehn Jahren gestorben war, erzählte, die er als Heilige pries, vollkommenes Weib und im Himmel noch, wo dringend sie ihn erwartete, fanatische Engländerin vorweg. Wann aber komme der Tod?

Er war es auch, der Heidenstam der Irrenhäuser soziale Notwendigkeit bewies. Dem wirtschaftlich Schwachen sollten sie die Möglichkeit verschaffen, die der Reiche ohne sie besitzt. Denn wer würde den Nabob hindern, manifestierte der im eigenen, zwanzig Hektar großen Park, wie er? Oder wie im Nebenzimmer der preußische Hauptmann, der Stunden des Tages, Schritt vor Schritt rückwärts zu gehen, verbrachte?

Von dem Hauptmann unterscheide sich Herr Konrad, der Kaufmann, nur insofern, als er die in der Welt und Familie erlittene Unterdrückung schlichter zum Ausdruck brachte, stellte dieser Mann, sonst Muster bürgerlicher Tugenden, sich alten Bekannten alle fünf Minuten aufs neue vor: »Konrad, mein Name!« Auf daß man ihn nicht wie zu Haus vergesse. Prachtvoll fand Heidenstam solches Beharren auf sich, und sei es nur zum eigenen Namen.

Wie packend war es, nannte sich der ehemalige Schauspieler immer Hofmarschall von Kalb! Dieser, von den Eltern her zu eigener Person nicht begabt, hatte aus der höheren Welt dichterischen Scheins die besondere Geltung, die er, sich vor anderen zu erkennen, brauchte, geborgt.

Freudentränen vergoß Heidenstam, sprach der ihn an: »Sehen Sie, Präsident, da hatte Prinzessin Amalie in der Hitze des Tanzes ein Strumpfband verloren. Von Bock reißt mir das Strumpfband, das ich aufgehoben, aus den Händen, bringt's der Prinzessin und schnappt mir glücklich das Kompliment weg.« Und antwortete dem Schauspieler: »Impertinent.«

Worauf Kalb mit einem Schafsgesicht sagte: »Mein Verstand steht still.«

Worauf der andere ihn umarmte, Zufriedenheit auf beide sank, Heidenstam dachte: gingen fünfzig Millionen Streichhölzer in einem einzigen Brand auf, welche Dunkelheit vor so viel innerem Licht!

In einem Zimmer schrieb von früh bis spät ein rüstiger Fünfziger Eingaben, die sich mit seiner Person befaßten, an Behörden. Lob fordernd für geleistete Arbeit, das man nicht gespendet hatte, Auszeichnungen für Verdienst, das nur er kannte. Seit Jahren einen Tag wie den anderen auf Bogen in Folio, die die Anstaltsleitung in jeder gewünschten Menge zur Verfügung stellte. Kaum nahm er Zeit, ein paar Bissen zu schlingen, ruhte auch Sonntags nicht. Aus ihm erst erfuhr Heidenstam das ungeheure Maß der Beachtung, das der simpelste Mensch für sich zu fordern, stutzt Gemeinschaftsideal ihm nicht die Flügel, gewillt ist.

Nun machte er auf sich selbst den letzten Schritt zu. Keinen Laut wollte er verschwenden, der nicht Offenbarung an des Menschen Ohr orgelte. Sein Essen zu bestellen, Notdurft anzuzeigen, stieg er auf den Stuhl, tobte Worte als Orkan herunter. Bei jedem Schritt stieß er den Fuß auf, reckte den Leib vollkommen aus den Angeln. Atem dampfte er vor sich hin, und schrie er kreischend von Zeit zu Zeit in Selbstentzückung auf, sprangen hunderttausend herrliche Bilder ein Feuerwerk in ihm hoch. Die Tatsache »Heidenstam« wollte er der Umwelt gründlich einbläuen, und siehe! – keiner war, der sie nicht gefaßt hätte. Auch die Ärzte schienen überzeugt, und als ein junger Assistent ihn bat, leiser zu sprechen, schlug ihn Heidenstam glatt und platt um die Löffel.

Dazu sei nicht der Weltkrieg gekommen, daß nur ein Mensch noch länger Rücksicht nähme. Ausleben sollte nach des Schöpfers bewiesenem Willen sich alle Kreatur. Ihm wenigstens – Heidenstam – stünden ab neunzehnhundertachtzehn die Augen auf. Er bestimmt wollte nicht zu sogenannter Moral, geschminkten Vorbehalten zurückkehren. Für ihn sei jenseits von Gut und Böse Morgenrot!

Episode aus dem Dreißigjährigen Kriege

Als die frühe Dämmerung des Spätherbsttages hereinbrach, ging der Pfarrer mit raschen Schritten dem Bergwalde zu, an dessen Ausläufer sein Dorf hingebaut war. Etwa hundert Schritt ging er vom Wege waldeinwärts bis zu einer Birke, die wunderlich zwischen lauter Buchen und Eichen stand, in ihrem Wuchse nach oben gedrängt, so daß es schien, als recke sie die schlanken Arme aus unleidlich umklammernder Not gegen den Himmel. Unter der Birke kniete der Pfarrer nieder, schaute sich verstohlen um, ob er allein sei, untersuchte den Boden, stutzte und begann dann mit den Händen in der Erde zu wühlen. Nacheinander nahm er Steine und abgebrochene Äste zu Hilfe, die er von seinem Platz aus greifen konnte; aber nach minutenlanger Anstrengung hörte er auf und warf sich stöhnend über die aufgeschüttete Erde. Kein Zweifel: der goldene Abendmahlskelch, den er an dieser Stelle vergraben hatte, als sie vor zwei Monaten aus dem Dorf flüchteten, war nicht mehr da. Er hatte sofort bemerkt, daß der Fleck nicht so aussah wie damals, als sie ihn mit einem kreuzweis gebogenen Stäbchen bezeichnet hatten; aber er hatte sich zugeredet, daß Wind und Wetter oder etwa ein Fuchs, der sich so weit vorgewagt habe, daran Schuld trüge. Daß die Soldaten das Geheimnis erspäht hätten, war ausgeschlossen; sollten sie etwa Zoll für Zoll den Wald nach vergrabenen Schätzen durchwühlt haben? Nein, einer von denen mußte es getan haben, die dabeigewesen waren und ihm beigestanden hatten, der Schankwirt oder der Küster; dieser hatte ihm das Loch zu graben geholfen, der andere hatte inzwischen sein kleinstes Kind auf dem Arme gehalten, das bald darauf mit der Mutter gestorben war. Der Küster war eines Tages, während sie sich versteckt hielten, verschwunden, angeblich um aus irgendeiner Ansiedlung jenseits des Berges Brot herbeizuschaffen, und war nicht zurückgekehrt. Das war verdächtig; aber am Schankwirt fiel ihm auf, nun er darüber nachdachte, daß sein verwüstetes und leergeraubtes Haus ihn so wenig traurig stimmte. Freilich war er immer ein fröhlicher, zu Späßen aufgelegter Mann gewesen, ein Freund der Kinder und auch der seinigen, und eben darum war es ihm so schrecklich, daß er nun einen solchen Argwohn gegen ihn hegen mußte; indessen auch den Küster hatte er von jeher als guten und redlichen Mann hoch geschätzt, um wieviel mehr seit jenem Tage, wo er sich erboten hatte, den gefährlichen Gang zu wagen, und hatte ihn, da er nicht wiederkam, fast als einen Märtyrer beweint. Wie nun, wenn er damals an den bekannten Ort geschlichen wäre, den Becher ausgegraben, an einen reichen Offizier oder Händler verkauft und sich mit dem Erlös davongemacht hätte? Es schien ihm alles, alles aus und tot zu sein. Der Anblick des aus Trümmern rauchenden Dorfes und des Jammers seiner Gemeinde hatten ihn erschüttert; aber er hatte sich zusammennehmen können und mit dem goldenen Becher getröstet. Er hätte selbst nicht sagen können, ob deshalb, weil das heilige Gerät ihm wie eine Bürgschaft göttlicher Gnade vorkam oder weil es einen Wert vorstellte, der der ärgsten Not vielleicht steuern konnte; denn er glaubte, daß es vor Gott nicht als Entweihung gelten würde, wenn das heilige Gefäß das Leben des armen Volkes fristete. Sich dicht zusammenkrümmend, drückte er sich tief in die lockere Erde hinein, von der einzigen Sehnsucht durchdrungen, nie mehr aufstehen, niemanden mehr sehen zu müssen. Von den nassen Bäumen tropfte es kühl auf ihn herab, er fühlte es halb bewußt, als ob der Himmel ihn beweine. Plötzlich glaubte er vom Dorf her sich Schritte nähern zu hören, und ein unbeschreibliches Angstgefühl erfaßte ihn, sich wieder unter die armseligen Menschen mischen und die Last des Elends von einem Tage zum andern weiterwälzen zu sollen, und er griff unwillkürlich, indem er sich aufrichtete, nach seinem Halstuch, um zu prüfen, ob es als Strick zu gebrauchen sei. Schnell aber mußte es getan sein, eh' man ihn störte; indessen seine bebenden Finger hatten noch nichts zustande gebracht, als zwischen den Stämmen sein siebzehnjähriges Töchterchen hervortrat und ihn erschrocken aus hellen Kinderaugen ansah. Verwirrt sank er auf seinen Platz zurück, und nachdem eine Minute in bangem Schweigen verflossen war, fing er an von dem verschwundenen Becher zu sprechen, und daß das Herz ihm darüber gebrochen sei. »Als die Mutter und das Brüderchen starben«, sagte das Mädchen langsam, »brach es nicht, vielmehr verdoppelte es seine Liebe, damit ich aufhörte zu weinen.«

»Es ist leicht, um Tote zu trauern, denen wohler als uns ist«, sagte der Pfarrer, »wenn wir aber finden, daß diejenigen untreu und böse sind, denen wir zumeist vertrauten, das kehrt den Sinn um. Von grausamen Feinden, habgierigen Brüdern und schwachem Volke sind wir umringt; wohin wir auch wanderten in deutschen Landen, finden wir überall dasselbe Elend. Meine Brust ist so voll Asche wie mein unglückliches Vaterland; mir ekelt vor dem nächsten Tage.«
Das Mädchen preßte die mageren Hände auf die Brust und starrte befremdet und fast zitternd auf den Vater.

»Es steht ja geschrieben«, sagte sie, »daß wir uns nicht auf Menschen, sondern auf Gott verlassen sollen; und wenn unsere Heimat auf Erden wankt, sollen wir uns der höheren erinnern, die uns niemand entreißen kann. Das Reich Gottes steht nicht auf ehernen Füßen und marmornen Säulen, es schwimmt in ewigem Licht und ist ganz erfüllt vom hochheiligen Wort des Herrn, das wie Harfen, Flöten und Pauken tönt. Da ist keine Not, kein Geschrei, kein Verrat, da schwebt die Mutter wie eine Flamme mit dem Brüderchen auf dem Arm, und wer weiß, vielleicht trägt sie den goldenen Kelch in der Hand und reicht ihn dir, wenn du kommst, und läßt dich das Wasser des Lebens daraus trinken.« Er geht am vollen Tisch um, dachte der Pfarrer, und rohe Soldatenmäuler besaufen sich daraus; aber er sprach es nicht aus, sondern sagte zögernd: »Wäre es denn zu verwundern, wenn ich aus diesem Jammer den Weg dorthin suchte?«

»Vater«, rief das Kind aus, »du? und die andern? hast du vergessen, daß man das Reich Gottes nicht erobern kann wie ein Wallone oder Kroat, noch sich mit List einschleichen wie ein Dieb? Wer ausharrt bis in den Tod, auf den läßt es sich nieder unverhofft wie eine Taube und schwingt sich mit ihm in den gewaltigen Glanz zu den Füßen Gottes.«
Der Pfarrer schüttelte müde und trostlos den Kopf. Und wenn das alles, wollte er sagen, von Gott und Gottes Reich und Gottes Wort nur Geschwätz wäre, und es gäbe nichts als eitle, böse, falsche und alberne Menschen, die eine Weile sich aufblähen und umtreiben und dann hinfahren wie ein Dunst, der nichts Besseres wert ist?

Allein er brachte nur die ersten Worte hervor; denn es kam ihm plötzlich frevelhaft vor, zu diesem Kinde so heillose Zweifel zu äußern. Sie jedoch mit ihrem ahnenden Herzen fühlte seine Gedanken, und ein Schauer überlief sie. Die Sonne war im Rücken des Dorfes untergegangen, und ein graugelbes Licht zuckte durch den Wald, als sie sich umsah. Das zerstörte Dorf lag im Zwielicht wie eine Grabstätte um einen Galgen. »Laß uns fort von hier«, sagte sie dringend, »an dieser Stelle geht der böse Feind um. Er flüstert verbotene Gedanken; vielleicht hat er auch jenem armen Manne die Lust nach dem goldenen Becher eingeflößt.« – »Er wird ihm ein Leben im Überfluß und Freude versprochen haben«, warf der Pfarrer hin, »und der Teufel hält sein Wort.«

Die Kleine richtete sich stolz auf, und ihre Hände ballten sich zusammen. »Vater«, sagte sie, »hast du mich nicht selbst gelehrt, daß der Teufel ein Lügner und das Wort Gottes Wahrheit ist? Leugnetest du es aber jetzt auch ab, so ist es doch so, wie es geschrieben steht. Die Menschen wissen nichts, und was sollte ich armes Kind wissen? Die Rache ist mein, spricht der Herr, eben darum, weil wir nichts wissen können, hat er sie sich vorbehalten. Vielleicht hat der Mann, der den Becher gestohlen hat, sich weniger versündigt als du mit deinem Unglauben. Ist dir nicht deine Gemeinde von Gott anvertraut, ein ganzes Volks, das sich auf deinen Rat und deine Hilfe und dein Beispiel verläßt? Sie sitzen in ihren leeren Häusern, ringen die Hände, leiden Hunger und können vor Kummer nicht einmal Schlaf für die Nacht finden.«

»Ich ging hierher, um den Becher zu holen und ihnen morgen Trost im Abendmahl zu spenden«, entschuldigte sich der Pfarrer, »ich bin nicht Gott, daß ich aus nichts etwas schaffen könnte.«

»Aber Gott kann es und tut es«, erwiderte das Kind, »für die, welche an ihn glauben. Tut er es aber nicht, so weiß er allein warum und öffnet seine Arme denen, die gut gekämpft haben.« Dem Pfarrer wurden die Augen naß. Er blickte auf sein Kind. Ja, ein Engel mußte es sein, den Gott ihm zur Rettung wunderbar gesandt hatte. Hätte sein Mädchen sonst solche Worte gefunden und hätte es ihm so streng und liebevoll durchs Herz blicken können? Dennoch war es sein eigenes Kind, und im Bewußtsein, daß es weder für ihn noch für sie ziemlich wäre, wenn er vor ihr kniete, hielt er an sich, stand auf und sagte: »Laß uns heimgehen; du wirst müde sein, und wir wollen sehen, wie wir dir ein Bettlein herrichten.« Die Kleine ergriff die Hand des Vaters, küßte sie und zog ihn mit sich fort. »Ich habe schon für dich und mich ein Bett gemacht, daß du dich wundern wirst«, plauderte sie. »Und weißt du, was ich gefunden habe? Ein Nest voll Eier in dem Versteck, wo unser grauweißes Huhn zu legen pflegte. Glaubst du nicht, daß auch das eine oder andere von unsern Hühnern sich verborgen hat und wieder hervorkommt, wenn es merkt, daß die fremden Soldaten fort und wir wieder da sind? Vielleicht auch mein Kälbchen.« – »Wir hätten freilich jetzt kein Gras, um es zu weiden.« Rauchige Luft schlug ihnen entgegen, wie sie sich den Häusern näherten; kein Hund bellte, keine Kuh brüllte, Totenstille war weithin. Plötzlich wurde sie unterbrochen durch Gesang, der aus der kleinen, plumpen, mit spitzem Turm in die Nacht schimmernden Kirche drang.

Christ, der am Kreuz der Marter hängt,
Faß hohen Mut: der dich erkor,
Gott lebt, der Tod und Hölle sprengt,
Er hat noch Großes mit dir vor.

Obwohl die Töne holperten wie ein Karren, der über gefrorene Furchen ächzt, erkannte der Pfarrer doch seinen Lieblingschoral und blieb unwillkürlich stehen, indem er ein Schluchzen in der Kehle erstickte. »Komm, Vater«, flüsterte die Kleine, »sie treffens nicht ohne dich«, und lachte. Gleich einem befreiten Vöglein aus dem Käfig schwang sich das zwitschernde Gelächter selig in die Luft. Eilig gingen sie Hand in Hand auf die tönende Kirche zu.

Familienbande

Die Familienbande... also wir wollen höflich sein.

Was hält die Familie zusammen –? Die gemeinsame Abstammung? Die Stimme des Blutes? Das allein kanns nicht sein.

Wenn Onkel Edgar, der schon als junger Mann nach Madagaskar gegangen ist, weil er sich zu viel auf den Rennplätzen herumgetrieben hat, wieder zurückkommt, dann verkriechen sich die Kinder und sagen zu Mama: »Da ist ein fremder Herr im Salon –!« und auch in den vier Wochen, wo er in der Familie lebt, wird das nichts Rechtes. Da fehlt irgend etwas...

Es fehlt die Gemeinsamkeit der kleinen Hauserlebnisse. Und die sind es, die die Familie zu einer kompakten Einheit zusammenschweißen, mit Verlaub zu sagen. Familienmitglieder sind alte Kriegskameraden.

Denn die Vertraulichkeit zwischen den Angehörigen desselben Familienstammes, eine Vertraulichkeit, die dem andern noch die Haut abschält, um zu sehen, was darunter ist, stammt daher, daß alle Beteiligten, Schulter an Schulter und Unterhose an Unterhose den Stürmen des Lebens getrotzt haben.

Der Familienkalender hat seine eigene Einteilung und mit dem gregorianischen wenig zu tun. Das war im Jahre 1921? Nein: »Das war damals, als Tante Frida deine Stehlampe umgeworfen hat!« Vor zwei Jahren –? Nein: »Du weißt doch, Erich kam mit seiner Zensur, und da hat sich Papa noch so aufgeregt...« So war das.

Krach eint.

Der Gasometer läuft. Erst tropft er, niemand merkts, dann tropft er stärker, immer noch merkts keiner; dann drippelt er ganz rasch, ein kleiner See steht im Korridor – und nun laufen sie alle zusammen. Der Gasometer ist gar kein Gasometer mehr, sondern Prüfstein der Charaktere, Riff, an dem sich die Wogen der Temperamente brechen, Stein der Weisen und Stein der Dummen; Anlaß, Exposition und das Ding an sich. – »Hundertmal hab ich schon gesagt, ihr sollt besser auf den Gasometer aufpassen!« – »Vorhin, gnä' Frau, wie er noch nicht gelaufen hat, da hat er noch nicht gelaufen – und da hab ich noch nachgesehen – –« – »Bring mal ein Wischtuch her – nein, das nicht – Gott, ist das ein Ochse! – den Scheuerlappen!« – »Mama, wo ist denn mein Schrankschlüssel?« – »Mama, es hat geklingelt!« – »Ich bin kein Ochse!« – »Widersprich nicht immer –!« – »Aua, Edith kneift mich!« – »Gnädige Frau, die Gasrechnung!« – »Der Gasmann soll mal herkommen –!« – »Mama, wo ist denn mein Schrankschlüssel?« – »Hier sehn Sie mal: der Gasometer läuft!« – »Ick bin bloß für die Rechnung – det er looft, det jeht mir jahnischt an!« – »Mama, wo ist denn mein Schrankschlüssel?« – »Emma, wenn Sie noch ein einziges Mal . . .« Krach eint.

Die Einigung wird um so stärker empfunden, je mehr sich die Mitglieder dieses Indianerstammes von einander zu entfernen wünschen. Das machen sie so:

»Papa, guck mal – unser neuer Teppich –!« Papa: »Na, da habt ihr euch ja schön bekauft –!« (Ihr – er gehört nicht dazu.) »Arthur, Tante Rosa kommt heute abend zum Abendbrot – sei pünktlich!« – »Kinder, ihr müßt auch immer die ganze Verwandtschaft einladen. Das wird ja schön langweilig werden bei euch!« – Es ist der letzte schwache Versuch des Individuums, sich als solches zu behaupten – aber er mißlingt immer: denn der Mensch in der Familie ist gar kein Mensch, sondern nur Gruppenteil, Partikel einer Kollektivität und Glied in der Kette, die ihn sanft und unnachgiebig umschlingt. Und das eint.

Daher man denn nicht sagen sollte: Herr X. stammt aus der Familie der Henkeltopfs – sondern man sollte sagen: Er entstammt der Hausgemeinschaft Geisbergstraße 67, Maaßenstraße Nr. 11 und Haberlandstraße 5 – denn es sind nicht die Bande des Blutes, die einen – sondern die Bande des Krachs und der gemeinschaftlichen Erlebnisse.

Daher die grandiose Respektlosigkeit, die Familienmitglieder für einander haben. Kommt ein Fremder hinzu und bewundert die feingeschwungene Nase Gerties; den süßen Brustansatz Lieschens; das Pfeiftalent Fritzchens und den Witz Papas, dann gähnt die Familie und ist höchstens gelangweilt geschmeichelt. Eine Sensation ist das nicht mehr. Wegen des Geruchs im Korridor hat die feingeschwungene Nase Gerties zu oft sich selbst gerümpft; den süßen Brustansatz Lieschens haben sie bis da, Fritz pfeift und soll das nicht, und Papa macht immer dieselben Witze. Man ist kein Held in Unterhosen: Vor seinem Kammerdiener nicht und vor der Familie schon gar nicht.

Man liebt sich auseinander, aber man zankt sich zusammen.

Und weil sich gleichnamige Pole abstoßen, so stoßen sich die Pole der Familie so lange ab, bis sie ganz rund geschliffen sind, auseinander können sie nicht, und sie kennen sich viel zu genau, um sich lieben zu können, obgleich jeder von sich behauptet, er sei ein unverstandenes Kind, und die in der Familie hätten auch nicht den Schimmer einer Ahnung, wer da unter ihnen weile – und wenn die Familie nicht wäre, so wäre jeder schon längst Napoleon und Ford und Josephine Baker in einem. Denn wer ist an allem schuld –? Die Familie.

Man kann sich fremde, große Männer und Frauen nur sehr schwer in ihrer Familie vorstellen: für uns schweben sie ewiglich in einer Wolke des Ruhmes und der Gloriole ihrer Werke... In Wahrheit ist das aber ganz anders.

»Benito!« sagt Frau Mussolini zu Herrn Mussolini; »den Kragen kannst du nicht mehr umbinden – erstens ist er ausgefranst, und zweitens siehst du darin wirklich nicht gut aus. Ich habe mich neulich so über die Fotografie im ›New York Herald‹ geärgert, ausgerechnet an dem Tag mußt du diesen alten Kragen tragen!« – »Mach mich nicht nervös«, sagt der Diktator. »Das ist ein schöner Kragen – eine gute italienische Marke, und das englische Zeug mag ich nicht, das du mir da gekauft hast... Himmelherrgottdonnerwetter – jetzt ist das Knopfloch geplatzt –!« – »Beenchen...« – »Porco dio!« sagt Italien und wirft den Kragen wütend auf den Boden; »Madonna! Verfl – –«

Ein guter Familienvater braucht den Krach; es ist wie mit dem Druck der Atmosphäre: ohne den zerplatzte er. Daher sich denn auch Junggesellen mit einer Geliebten zu umgeben pflegen, die ihnen tagtäglich denselben Zimt aufführt. Denn was eint die Familie –?

Blut ist dicker als Wasser; Krach ist dicker als Blut, und stärker als alle drei beide ist die Gewöhnung.

Die Unpolitische

»Ist Frau Zinschmann zu Hause –?« fragte der Mann, der geklingelt hatte. Das kleine, runde Kind stand da und steckte die Faust in den Mund. »Aaaoobah –«

»Hier hängt se. Wat jibbs 'n?« sagte die Frau des Hauses. Der Mann an der Tür machte eine Art Verbeugung. »Komm Se man rin«, sagte die Frau. »Es is woll weejn den Jas. Ja, bester Herr...!«

»Es ist nicht des Gases wegen«, sagte der Mann und ließ das Hochdeutsch auf der Zunge zergehen. »Ich komme vom Kriegerverein aus – von Vereins wegen, sozusagen. Sie wissen ja, Frau Zinschmann, der Kriegerverein, dem Ihr Mann angehört. Ja. Es ist wegen... Wir haben beschlossen, daß wir eine Umfrage machen, wie die Frauen unsrer alten Kameraden über die Lage denken... Und auch etwaige Beschwerden zu sammeln. In betreffs der politischen Lage. So ist das.«

»Ja, also was diß anjeht«, sagte Frau Zinschmann und jagte die Katze von der Kommode, »mit Polletik befaß ick mir ja nun jahnich. In keine Weise. So leid es mir tut. Nehm Se Platz.«

»Unrecht von Ihnen, sehr unrecht von Ihnen, liebste Frau Zinschmann. Die Politik greift auch in das Leben der Frau tief hinein.«

»Entschuldjn Se man, det ick Ihnen unterbrechen due – aber wat hier so anjebrannt riecht, det is man bloß die Milch. Es is Magermilch, aba stinken dut se...! Aber wat wollten Sie sahrn –?«

»Ich meinte: sie greift hinein. Und seit unser ehrwürdiger Präsident Hindenburg an der Spitze dieses Staatswesens steht, ists besser um uns bestellt.«

»Na ja«, sagte Frau Zinschmann. »Er ist ja auch man erscht kurze Zeit da. Der ewige Wechsel – det is ja ooch nischt. Wissen Se, da, wo ick frieha reinejemacht habe, bei Hackekleins, Drekta Hackeklein, Se wern valleicht von den Mann jeheert ham – da hatten se 'n Meechen, mit der wahn se ja nu jahnich zefriedn. Erst jingt ja: Emma hinten und Emma vorn, aber dann waht doch nischt. Nu ham se doch die Lina jemiet, die, die de da bei Rejierungsrat jedient hatte. Fuffzehn Jahr wah se da – keen Mensch im Hause hätte jedacht, det se da ma wechmachen täte. Denn hatte der Olle Pech, er fiel de Treppe runta und wurde pennsioniert, da jing se, Knall und Fall jing se bei Hackekleins. Se saachte: wen se bekochte, sacht se, det wär se janz eejal. Ja, det is nu die Neie. Aber wissen Se: besser kochn dut se ooch nich.«

»Gewiß sind diese Hausangestellten in ihren Dienstobliegenheiten oft nicht recht zufriedenstellend«, sagte der Mann. »Wenngleich... immerhin ist ein Mensch wie unser Außenminister Strese-mann...«

»Otto!« schrie Frau Zinschmann durch das offene Fenster. »Wißte runta von de Schaukel! Der Limmel sitzt den janzen Tach nischt wie uff de Schaukel!« Und, zum Gast gewendet: »Un dabei kann er nich mal richtich schaukeln –! Aba ick habe Ihn untabrochn!«

»Ich wollte sagen: die Richtlinien unsrer äußern Politik passen sich nur schwer den wirtschaftlichen Belangen an. Der Feindbund... Aber da haben wir ja unsre herrliche Reichswehr mit einem doch recht tatkräftigen Minister und einem Manne, der ihm zur Seite steht...«

Zwei brüllende Kinder brachen in das Zimmer ein. »Mutta! Mutta!« schrie der größere Junge. »Orje haut ma imma! Er sacht, ick soll mir in Mülleima setzen un die Wacht am Rhein blasn! Wir spieln Soldatn. Ick will aba nich in Mülleima sitzn, Mutta!« – »Woso laßt du dirn det jefalln, du oller Dösknochen! Oller Schlapp-schwanz – do!« Der Junge zog ein kräftiges Licht hoch und sagte: »Wo er doch mein Vorjesetzta is –«

»Entschuldjen Se man«, sagte Frau Zinschmann und warf die Jören wieder heraus. »Son langer Lulatsch und noch so dammlich. Herr-jott –! Wie meintn Se soehmt?«

»Ja, sehen Sie, Frau Zinschmann, es ist ja vieles faul in dieser – ehimm – Republik. Aber, Gott sei Dank, unser altes preußisches Richtertum, das hält doch noch stand. Das hält stand.«

»Ach, hörn Se mal«, sagte Frau Zinschmann, »wo Se nu doch vom Vaein sind – könn Se ma da valleicht 'n Rat jehm...? Also – da is doch det Frollein Hauschke, die von dritten Stock, newa –? Wissen Se, wat die is? Wo wir hier alleene sind, kann icks Ihnen ja sahrn:

also eine janz jeweehnliche, also det is eene, die, wissen Se, wenn da eena kommt und – also so eene is det. Und nu, seit eine ßwei, drei Jahre... da tut sie so fein und tritt uff int Haus und hat sich feine Pelze anjeschafft, ick weeß nich, wovon. Na, neilich, wie se hier langjemacht kam, da haak se nachjerufn: Ham Se sich man nich so, Sie olle Vohrelscheuche! Ohm 'n Pelz und 'n Ding uffn Kopp – aber unten die alten Beene kucken doch raus! Sahrn Se mal: is det strafbar –? Newa, det is doch nich strafbar? Wa? Na, wollt 'ck meen...!«

»Ihr Mann hat doch gar keine Verbindung mehr mit den Sozialdemokraten?« nahm der Vereinsabgesandte das Gespräch wieder auf. »Diese verdammten Roten...«

»Na allemal. Nee – Hujo jeht da nich mehr hin, er saacht, et lohnt nich. Neilich, in die kleene Kneipe, wo se imma ham ihrn Zahlahmt, da ham se zwei mächtig vahaun – det wahrn sonst anständche Jeste. Un vatobackt ham sie die! A richtich! 'n nächsten Morjen ham se noch uff'n Hof jelejn. Der Wirt wollt se nich so uff de Straße raustrahrn – bei den Hundewetter... Det is 'n Jemiet, is der Mann. Ja, un wissen Se: 'n nächsten Morjn – da ham die beedn doch von jahnischt jewußt! I! die kam ausn Mustopp. So war det.«

»Ja«, sagte der Mann und trocknete sich mit einem Taschentuch die Stirn. »Die sozialdemokratische Bewegung – das ist so eine Sache. Nur gut, daß wir den ehernen Wall der Gutsbesitzer haben! Das Land, Frau Zinschmann! Die preußische, die deutsche Erde –!«

»Entschuldjn Se 'n kleen Momang!« sagte Frau Zinschmann. »Ick heer die Katze wirjn; det Aas hat sich wieda ibafressn. Wissen Se: die frißt, bis se platzt – un denn schreit se vor Hunger! Wißtu! Husch, husch! Pusch! Wat sagten Sie doch jleich –?«

»Ja, ich meine: wir wollen zusammenhalten, bis wieder einst bessere Zeiten herankommen, herrliche Zeiten, Frau Zinschmann! Frontgeist wirds schaffen!«

»Na jewiß doch. Na allemal. Da draußen nach den Rummel missn Se jahnich nach hinheern – des sind Meßackers ihre, ne dolle Bande! Siehm Jungs. Aber ick kenn se: jroße Schnauze, un nischt dahinter.«

»Nun, Gott befohlen, Frau Zinschmann! Eine schwarz-weiß-rote Fahne haben Sie doch im Hause?« fragte der Mann, der schon auf der Treppe stand.

»Ja, Hujo hat eene«, sagte Frau Zinschmann. »Sehn Se sich da draußen vor – det Jeländer is frisch jestrichn, un die alte Farbe kommt imma wida durch. Die neue doocht nischt – et müßte mal ibajestrichn wern! Und nischt fir unjut, Herr Sekatär, nischt für unjut –! Denn sehn Se mal, also mit Polletik – da befasse ick mir nu jahnich –!«

ÖDÖN VON HORVÁTH

Das Märchen vom Fräulein Pollinger

Es war einmal ein Fräulein, das hieß Anna Pollinger und fiel bei den besseren Herren nirgends besonders auf, denn es verdiente monatlich nur hundertundzehn RM und hatte nur eine Durchschnittsfigur und ein Durchschnittsgesicht, nicht unangenehm, aber auch nicht hübsch, nur nett. Sie arbeitete im Kontor einer Autoreparaturwerkstätte, doch konnte sie sich höchstens ein Fahrrad auf Abzahlung leisten. Hingegen durfte sie ab und zu auf einem Motorrad hinten mitfahren, aber dafür erwartete man auch meistens was von ihr. Sie war auch trotz allem sehr gutmütig und verschloß sich den Herren nicht. Oft liebte sie zwar gerade ihren einen nicht, aber es ruhte sie aus, wenn sie neben einem Herrn sitzen konnte, im Schellingsalon oder anderswo. Sie wollte sich nicht sehnen und wenn sie dies trotzdem tat, wurde ihr alles fad. Sie sprach auch selten, sie hörte immer nur zu, was die Herren untereinander sprachen. Dann machte sie sich heimlich lustig, denn die Herren hatten ja auch nichts zu sagen. Mit ihr sprachen die Herren nur wenig, meistens nur dann, wenn sie gerade mal mußten. Oft wurde sie dann in den Anfangssätzen boshaft und tückisch, aber bald ließ sie sich wieder gehen. Es war ihr fast alles in ihrem Leben einerlei, denn das mußte es ja sein. Nur wenn sie unpäßlich war, dachte sie intensiver an sich.

Einmal ging sie mit einem Herrn beinahe über das Jahr, der hieß Fritz. Ende Oktober sagte sie: »Wenn ich ein Kind bekommen tät, das wär das größte Unglück.« Dann erschrak sie über ihre Worte. »Warum weinst du?« fragte Fritz. »Ich hab es nicht gern, wenn du weinst! Heuer fällt Allerheiligen auf einen Samstag, das gibt einen Doppelfeiertag und wir machen eine Bergtour.« Und er setzte ihr auseinander, daß bekanntlich die Erschütterungen beim Abwärtssteigen sehr gut dafür wären, daß sie kein Kind kriegt.

Sie stieg dann mit Fritz auf die Westliche Wasserkarspitze, 2037 Meter hoch über dem fernen Meer. Als sie auf dem Gipfel standen, war es schon ganz Nacht, aber droben hingen die Sterne. Unten im Tal lag der Nebel und stieg langsam zu ihnen empor. Es war sehr still auf der Welt und Anna sagte: »Der Nebel schaut aus, als würden da drinnen die ungeborenen Seelen herumfliegen.« Aber Fritz ging auf diese Tonart nicht ein.

Seit dieser Bergtour hatte sie oft eine kränkliche Farbe. Sie wurde auch nie wieder ganz gesund und ab und zu tat ihrs im Unterleib schon sehr verrückt weh. Aber sie trug das keinem Herrn nach, sie war eben eine starke Natur. Es gibt so Leut, die man nicht umbringen kann. Wenn sie nicht gestorben ist, so lebt sie heute noch.

Ironie

STEFAN ZWEIG

Die Legende der dritten Taube

In dem Buche vom Anfang der Zeit ist die Geschichte der ersten Taube erzählt und die der zweiten, die Urvater Noah aus der Arche um Botschaft sandte, als die Schleusen des Himmels sich schlossen und die Gewässer der Tiefe versiegten. Doch die Reise und das Schicksal der dritten Taube, wer hat sie gekündet? Auf dem Gipfel des Berges Ararat war das rettende Schiff gestrandet, das in seinem Schoß alles von der Sintflut verschonte Leben barg, und als des Urvaters Blick vom Maste nur Woge und Welle sah, unendliches Gewässer, da sandte er eine Taube, die erste, aus, daß sie ihm Botschaft bringe, ob irgendwo schon Land zu schauen sei unter dem entwölkten Himmel.

Die erste Taube, so wird dort erzählt, hob sich auf und spannte die Schwingen. Sie flog gen Osten und gen Westen, aber Wasser war überall. Nirgends fand sie Rast für ihren Flug, und allmählich begannen ihr die Flügel zu lahmen. So kehrte sie zurück zum einzigen Festen der Welt, zur Arche, und flatterte um das ruhende Schiff auf dem Berggipfel, bis Noah die Hand ausstreckte und sie heim zu sich in die Arche nahm.

Sieben Tage wartete er nun, sieben Tage, in denen kein Regen fiel und die Gewässer sanken, dann nahm er neuerlich eine Taube, die zweite, und sandte sie um Kunde. Die Taube flog aus des Morgens, und als sie wiederkam zur Vesperzeit, da trug sie als erstes Zeichen der befreiten Erde ein Ölblatt im Schnabel. So vernahm Noah, daß die Wipfel der Bäume schon über Wasser ragten und die Prüfung bestanden sei.

Nach abermals sieben Tagen sandte er wiederum eine Taube, die dritte, auf Kunde, und sie flog in die Welt. Morgens flog sie aus und kehrte doch des Abends nicht zurück, Tag um Tag harrte Noah, doch sie kam nicht wieder. Da wußte der Urvater, daß die Erde frei sei und die Wasser gesunken. Von der Taube aber, der dritten, hat er niemals wieder vernommen und auch die Menschheit nicht, nie ward ihre Legende gekündet bis in unsere Tage.

Dies aber war der dritten Taube Reise und Geschick. Des Morgens war sie von der dumpfen Kammer des Schiffes ausgeflogen, darin im Dunkel die gepreßten Tiere murrten vor Ungeduld und ein Gedränge war von Hufen und Klauen, ein wüstes Getön von Brüllen und Pfeifen und Zischen und Bellen, sie war ausgeflogen aus der Enge in die unendliche Weite, aus dem Dunkel in das Licht. Da sie aber die Schwinge nun hob in die lichtklare, vom Regen süß gewürzte Luft, wogte mit einemmal Freiheit um sie und die Gnade des Unbegrenzten. Von der Tiefe schimmerten die Wasser, wie feuchtes Moos leuchteten grün die Wälder, von den Wiesen stieg weiß der Brodem der Frühe, und das duftende Gären der Pflanzen durchsüßte die Wiesen. Glanz fiel von den metallenen Himmeln spiegelnd herab, an den Zinnen der Berge brach die steigende Sonne sich in unendlichen Morgenröten, wie rotes Blut schimmerte davon das Meer, wie heißes Blut dampfte davon die blühende Erde. Göttlich war es, dies Erwachen zu schauen, und seligen Blicks wiegte die Taube sich mit flachen Schwingen über der purpurnen Welt, über Länder und Meere flog sie dahin und ward im Träumen allmählich selber ein schwingender Traum. Wie Gott selbst sah sie als erste nun die befreite Erde, und ihres Schauens war kein Ende. Längst hatte sie Noah, den Weißbart der Arche, vergessen und seinen Auftrag, längst vergessen die Wiederkehr. Denn die Welt war ihr nun Heimat geworden und der Himmel ihr eigenstes Haus.

So flog die dritte Taube, der ungetreue Bote des Urvaters, über die leere Welt, weiter, immer weiter, vom Sturm ihres Glückes getragen, vom Wind ihrer seligen Unrast, weiter flog sie, immer weiter, bis die Schwingen ihr schwer wurden und bleiern das Gefieder. Die Erde zog sie nieder zu sich mit wuchtigem Zwang, immer tiefer senkten sich die matten Flügel, daß sie der feuchten Bäume Wipfel schon streiften, und am Abend des zweiten Tages ließ sie sich endlich sinken in die Tiefe eines Waldes, der noch namenlos war wie alles in jenem Anfang der Zeit. Im Dickicht des Gezweigs barg sie sich und ruhte von der luftigen Fahrt. Reisig deckte sie zu, Wind schläferte sie ein, kühl war es im Gezweige des Tags und warm in der waldigen Wohnung des Nachts. Bald vergaß sie die windigen Himmel und die Lockung der Ferne, die grüne Wölbung schloß sie ein und die Zeit wuchs ungezählt über sie.

Es war ein Wald unserer nahen Welt, den die verirrte Taube sich zur Hausung erkoren, aber noch weilten keine Menschen darin, und in dieser Einsamkeit ward sie allmählich selber zum Traum. Im Dunkel, im nachtgrünen, nistete sie und die Jahre gingen an ihr vorüber und es vergaß sie der Tod, denn alle jene Tiere, jeder Gattung das eine, das noch die erste Welt vor der Sintflut gesehen, sie können nicht sterben, und kein Jäger vermag etwas wider sie. Unsichtbar nisten sie in den unerforschten Falten des Erdkleids und so diese Taube auch in der Tiefe des Waldes. Manchmal freilich kam Ahnen über sie von der Menschen Gegenwart, ein Schuß knallte und sprang hundertfach wider von den grünen Wänden, Holzfäller schlugen gegen die Stämme, daß rings das Dunkel dröhnte, das leise Lachen der Verliebten, die verschlungen ins Abseits gingen, gurrte heimlich im Gezweige, und das Singen der Kinder, die Beeren suchten, tönte dünn und fern. Die versunkene Taube, versponnen in Laub und Traum, hörte manchmal diese Stimmen der Welt, aber sie lauschte ihnen ohne Ängste und blieb in ihrem Dunkel.

Einmal aber in diesen Tagen hub der ganze Wald an zu dröhnen, und es donnerte, als bräche die Erde entzwei. Durch die Luft sausten pfeifend schwarze, metallene Massen, und wo sie fielen, sprang die Erde entsetzt empor, und die Bäume brachen wie Halme. Menschen in farbigen Gewändern warfen den Tod einander zu, und die furchtbaren Maschinen schleuderten Feuer und Brand. Blitze fuhren von der Erde in die Wolken und Donner ihnen nach; es war, als wolle das Land in den Himmel springen oder der Himmel niederfallen über das Land. Die Taube fuhr auf aus ihrem Traum. Tod war über ihr und Vernichtung; wie einst die Wasser, so schwoll nun das Feuer über die Welt. Jäh spannte sie die Flügel und schwirrte empor, sich andere Heimstatt zu suchen, als den stürzenden Wald: eine Stätte des Friedens.

Sie schwirrte auf und flog über unsere Welt, um Frieden zu finden, aber wohin sie flog, überall waren diese Blitze, diese Donner der Menschen, überall Krieg. Ein Meer von Feuer und Blut überschwemmte wie einstens die Erde, eine Sintflut war wieder gekommen, und hastig flügelte sie durch unsere Länder, eine Stätte der Rast zu erspähn und dann aufzuschweben zum Urvater, ihm das Ölblatt der Verheißung zu bringen. Aber nirgends war es zu finden in diesen Tagen, immer höher schwoll die Flut des Verderbens über die Menschheit, immer weiter fraß sich der Brand durch unsere Welt. Noch hat sie die Rast nicht gefunden, noch die Menschheit den Frieden nicht, und eher darf sie nicht heimkehren, nicht ruhen für alle Zeit.

Keiner hat sie gesehen, die verirrte mythische Taube, die friedensuchende, in unseren Tagen, aber doch flattert sie über unsern Häuptern, ängstlich und schon flügelmatt. Manchmal, des Nachts nur, wenn man aufschreckt aus dem Schlaf, hört man ein Rauschen oben in der Luft, ein hastiges Jagen im Dunkel, verstörten Flug und ratlose Flucht. Auf ihren Schwingen schweben all unsere schwarzen Gedanken, in ihrer Angst wogen all unsere Wünsche, und die da zwischen Himmel und Erde zitternd schwebt, die verirrte Taube, unser eigenes Schicksal kündet sie nun, der ungetreue Bote von einst, an den Urvater der Menschheit. Und wieder harrt wie vor Tausenden Jahren eine Welt, daß einer die Hand ihr entgegenbreite und erkenne, es sei genug nun der Prüfung.

Clemens

Ein Fragment

Für René Janin

»Clemens, noch eine Station, dann sind wir da. Wenn ich bei deinem Vater ein Wort für dich einlegen soll, mußt du mir jetzt die Wahrheit sagen.«

»Glauben Sie mir doch endlich, Herr Wachtmeister! Es ist so, wie ich es Ihnen erzählt habe!«

Der Gendarm sah ihn noch immer ungläubig an. Clemens schlug die Hände klatschend auf die Knie: »Wie oft soll ich es Ihnen denn sagen! Ich hab' nichts gestohlen daheim. Einzig und allein wegen der frommen Luft bei uns bin ich durchgebrannt, und weil mein Vater gerade in dem Punkt so streng gegen mich war.« Mit einem Ruck des Kopfs warf er das Haar zurück, das ihm schon wieder über Stirn und Ohren gefallen war. »Achtzehn werde ich bald! Aber sonntags mußte ich noch immer den Meßdiener machen, in dem lächerlichen Engelskittel, und bei den Prozessionen das große Kruzifix durch die Stadt tragen! Überhaupt, wie einen Schuljungen hat er mich behandelt! Das war nicht zum Aushalten. Hat der Wärter, der mich Ihnen übergeben hat, denn etwas anderes gesagt?«

»Der hat deine Akten sowenig gesehen wie ich; ich habe nur deinen Transport und deine Ablieferung auszuführen. Du kostest den Staat einen Haufen Geld.«

»Der Staat! Ungefragt hat der sich um mich gekümmert, aber zum Friseur läßt er mich nicht gehen! Und daß ich mit dieser Künstlermähne und in diesen Lumpen reisen muß, das schert ihn nicht. Schauen Sie sich meine Hose an und diese Jacke! Der Dickwanst, der die dem Wohlfahrtsamt geschenkt hat! Die haben sie mir bei der Entlassung gestern gegeben; ich bin der beste Turner bei uns, aber in dem Zeug da, alles ist doch zu weit und zu lang für mich, wie sehe

ich darin aus? Wie einer, der nicht einmal einen Klimmzug fertig-
bringt! Und Sie, für Sie ist das doch auch nicht angenehm, mit
einem zu fahren, der wie ein Clown daherkommt. Nur die
Schminke fehlt!«
»Deswegen bin ich auch in Uniform, kein Vergnügen bei der
Hitze! Wärst du besser in Kluft, hätte ich Zivil angelegt, und alles
wäre unauffälliger vonstatten gegangen.«
»Unauffällig!« stieß Clemens aus. Wie war er auf dem Mainzer
Bahnhof, wo sie hatten umsteigen müssen, von den Reisenden, die
mit ihnen auf den Bummelzug warteten, begafft worden. Gewiß
hatten all diese Leute gedacht, er werde ins Gefängnis gebracht.
»Wenn ich den Empfang zu Hause nur schon hinter mir hätte«,
sagte er und sah zum Fenster hinaus, wo das Flußtal vorbeiflog.
»Es geht alles vorüber, Junge, und es wird gewiß nicht so schlimm
werden. Dein Vater ist doch ein frommer Mann. So ein Küster, ist
das nicht ein halber Pfarrer? Da wird er christlich und nachsichtig
sein, und gerade, weil du ihm einen so großen Schrecken eingejagt
hast. So etwas macht die Menschen milde!«
»Der und mild!«
Der Gendarm klopfte ihm auf die Knie. »Jetzt sind wir gleich da.
Kopf hoch, Clemens!«
Schon knirschten die Bremsen der Lokomotive, die Häuser von
Bantolf erschienen, der Wachtmeister schnallte den Gürtel um,
holte die Schirmmütze aus dem Gepäcknetz und stieg, als der Zug
hielt, als erster aus. »Mein Gott, bist du blaß«, sagte er.
Clemens hatte zwischen den lärmenden Sommerfrischlern und
Marktleuten, die aus- und einstiegen, den Vater erblickt. »Dort,
der Große, der Hüne mit dem roten Bart, das ist er«; er berührte des
Gendarmen Arm. »Dort an der Treppe, der Mann im schwarzen
Hut und schwarzen Anzug.« Er bat den Wachtmeister, vor dem
Abteil zu warten, er wolle keine Bekannten auf dem Bahnsteig treffen.
Als der Schwarm der Ausgestiegenen sich verlaufen hatte, ging er,
aus den Fenstern des noch haltenden Zuges neugierig betrachtet,
hinter dem Gendarmen auf den Vater zu, der ihnen unbewegt ent-
gegensah. Der Wachtmeister führte die Hand an die Mütze. »Herr
Wirg?«

»Der bin ich.«

»Ich bringe Ihnen also Ihren Jungen zurück, er hat sich gut aufgeführt und mir keinen Anlaß zu Klagen gegeben.«

»Herr Wachtmeister, Sie haben Befehl, mir den Kerl ins Haus zu bringen. Er soll Ihnen den Weg zeigen.«

Oh, die Gemeinheit vom Herrn Küster, dachte Clemens voll Zorn. Er wollte etwas sagen, aber schon war der Vater auf der Treppe, die vom Bahnsteig zu dem tiefer gelegenen Stationsgebäude hinabführte.

»Donnerwetter!« stieß der Gendarm aus. »Allerdings, mit dem ist nicht gut Kirschen essen. Und diese Stimme. So einen rauhen Baß habe ich doch noch nie gehört. Und wie er dich übersehen hat! Luft warst du für ihn, Luft!«

»Ich habe es Ihnen ja gesagt! Er will nur, daß die Leute sehen, in welchem Zustand ich zurückkomme. Ich weiß aber jetzt, was mir blüht.«

»Wohnt ihr mitten in der Stadt?«

»Nein, oben auf dem Kirchberg, da ist nur das Pfarrhaus und unseres, aber wir müssen ein gutes Stück durch die Stadt gehen.«

»Hm! Hast du Geld im Sack?«

Clemens sah ihn nur an.

»Also keins. Da kann nun nichts helfen, du mußt in den sauren Apfel beißen. Ich hätt' dir sonst vorgeschlagen, eine Taxe zu nehmen. Jetzt in der Fremdensaison wird es wohl welche geben in eurem Nest.«

»Es stehen immer zwei vor dem Bahnhof, ich könnte Ihnen das Geld später zurückschicken, wenn Sie es für mich auslegen wollten.«

Der Gendarm hörte jedoch nicht auf diesem Ohr, und Clemens sah voll Mißmut den Zug entlang, dessen Fenster noch immer von Neugierigen besetzt waren. Wenn schon diese Reisenden ihn so lästig musterten, wie erst würde es nachher in den Straßen sein, wo ihn alle Leute kannten! »Ich verspreche Ihnen hoch und heilig, Sie bekommen Ihr Geld zurück.«

»Kennst du den Bahnmeister? Vielleicht streckt der dir etwas vor. Da oben steht er.«

Clemens wandte sich um. Im nächsten Augenblick pfiff und winkte er in der Richtung des Packwagens. Er war gerettet! Dort drüben am Ende des Bahnsteigs stand der Lorenz mit dem Herrn Kalter bei dem Bahnmeister. Schon winkte Lorenz zurück.

»Das ist ein Kamerad vom Sportverein, der kann mir sicher borgen«, erklärte er. »Schauen Sie, er kommt auch.«

»Ich hab' dich schon die ganze Zeit gesehen, Clem«, sagte Lorenz. »Na, da bist du ja wieder...«

Lorenz hatte kein Geld bei sich. »Ich pump' den Herrn Kalter an«, sagte er, »wir wollten einen Eisschrank holen, der als Passagiergut aufgegeben war, aber die Kiste war nicht im Packwagen. Deswegen hat der Zug so lang gehalten. Ich bin gleich wieder da.«

Clemens sah Lorenz nach und beobachtete, wie er mit Kalter sprach. »Der Herr, den mein Kamerad anpumpt«, erklärte er dem Gendarm, »besitzt die besten Weinberge und den ersten Gasthof im Ort, der ist der spendabelste Gönner des Sportvereins – da... Gott sei Dank.« Er sah, wie der Wirt in die Hose langte und dem Lorenz etwas gab, der gleich darauf mit einem Geldschein winkend im Laufschritt zurückkam. »Erledigt«, sagte Lorenz strahlend und reichte ihm das Geld. »Ich muß noch auf dem Bahnhof bleiben und wegen dem Eisschrank telefonieren. Ich pfeife heute abend bei euch im Garten. Wenn du nicht fortgehen darfst, komm an die Mauer...«

»Jetzt keine langen Geschichten«, fuhr der Gendarm dazwischen und drängte zum Aufbruch.

Im Hinabgehen sah Clemens von der Treppe zu Lorenz hinauf, der ihm über das Geländer gebeugt nachblickte. Beim Einbiegen in die Unterführung zog der Wachtmeister die Fahrkarten aus der Manschette seines Rocks und wies auf die Sperre. »Gib dein Billett selber ab, fällt weniger auf.«

Clemens sah dem Beamten, der die Karten entgegennahm, nicht ins Gesicht und hob den Kopf erst, als sie aus dem Bahnhof traten. Zu seiner Enttäuschung war keine Droschke da, der kleine Platz lag verlassen in der Sonne.

»Fünf Minuten gebe ich dir, bis eine kommt, aber nicht mehr«, erklärte der Gendarm.

Clemens sah zur Bahnhofsuhr. Es ging gegen Mittag. Nun verstand er, warum die beiden Mietwagen, wenn sie eben Fahrgäste gehabt, nicht zurückgekommen waren. Sie warteten unten am Rhein auf den Dampfer, der um diese Stunde von Koblenz her eintraf. Es konnte dauern, bis sie wieder an ihren Standplatz kämen.

»Euer Bahnhof liegt aber schwer abseits der Stadt«, bemerkte der Gendarm, »kein Vergnügen bei der Hitze, wenn wir zu Fuß gehen müssen.«

»Es kann nicht mehr lange dauern. Die Taxen kommen an jeden Zug.«

»Geh hinein und frag, wann der nächste fällig ist.«

»Gucken Sie doch.« Clemens wies auf seine zerfranste Hose und die übergroße Jacke. »Und dann, Ihnen gibt der Beamte doch besser Auskunft als mir!«

»Damit du mir indessen über alle Berge gehst!« Aber der Wachtmeister fügte versöhnlich hinzu: »Ist ja verständlich.« Eben wollte er sich fügen und hineingehen, da kam Kalter aus dem Gebäude.

Clemens wandte sich rasch um und kehrte dem Wirt den Rücken zu. Zu spät. Kalter trat vor ihn und streckte ihm die Hand entgegen.

»Na, Clemens, kennst du die Leute nicht mehr? Wer wird sich denn so genieren! Kannst mir ruhig guten Tag sagen.«

Clemens stotterte sogleich ein paar Worte des Danks für das Geld.

»Jetzt muß nur aber eine Taxe kommen.«

Da sprach Kalter den Gendarmen an. »Sie finden jetzt keine Taxe, Herr Wachtmeister. Wenn Ihnen mein Lieferwagen recht ist, er steht dort drüben an der Güterrampe. Ich muß sowieso leer heimfahren.«

Clemens zog sogleich das Geld aus der Tasche. »Dann brauche ich es ja nicht.«

»Wie wäre es, wenn du es behieltest, kannst es mir ja später zurückgeben«, versetzte der Wirt mit einem prüfenden Blick.

»Na, die paar Wochen in der anderen Welt scheinen dir gar nicht so schlecht bekommen zu sein, nur im Gesicht bist du ein bißchen hager, und dann dein Haar! Aber sonst…! Also, dann fahren wir am besten gleich.«

Der Gendarm nahm vorn auf der Steuerbank Platz neben dem Wirt. Clemens bat, sich in den Kasten des Wagens setzen zu dürfen. Das Plantuch würde ihn vor der Neugier der Leute schützen. Wie er es erwartet hatte, flüsterten Kalter und der Wachtmeister miteinander, sobald sie fuhren. Er horchte nicht hin. Über wen sie redeten, konnte er sich nur zu gut denken.

Schon waren sie an den ersten Häusern, schon war der Markt überquert, schon ratterte der Wagen das steile Gäßchen hinauf, an dessen Ende sie aussteigen mußten. Dort begann der Fußweg, der zum Kirchberg führte und ihn mit jedem Schritt dem Vater nähern würde.

Als sie hielten, sagte Kalter dem Wachtmeister: »Bringen Sie den Jungen heim, ich warte hier auf Sie. Sie sollen ein gutes Mittagessen bei mir bekommen, weil Sie menschlich mit ihm umgegangen sind.«

Clemens dankte dem Wirt.

»Soll ich mitgehen?« fragte Kalter. »Hast du Angst?«

»Die Schläge kriege ich, auch wenn die ganze Stadt mitkommt; ich hätte nur eine Bitte: Sagen Sie niemandem, daß mich die Polizei heimgebracht hat.«

Kalter versprach zu schweigen. »Ich habe das auch schon dem Lorenz gesagt. Er erzählt keinem, mit wem du zurückgekommen bist.«

Dann stieg Clemens mit dem Gendarmen zur Küsterei hinauf. Dort fand er die Tür verschlossen. Er läutete. Niemand öffnete.

»Dein Vater ist noch nicht von der Bahn zurück«, sagte der Gendarm, »ist denn sonst niemand bei euch im Hause? Deine Mutter?«

»Die ist vor zwei Jahren gestorben. Aber die Schwester meines Vaters, die Tante Bebbi, muß doch da sein und die anderen, meine Geschwister, wir sind sieben.« Und da der Gendarm auf die geschlossenen Fensterläden wies, fügte er hinzu: »Nein, das ist wegen der Hitze.« Er zog noch einmal an der Glocke, aber nichts rührte sich. »Sie sind vielleicht im Garten hinter dem Haus, der geht weit in den Berg. Da hören sie das Bimmeln nicht.«

»Ja, dann ruf doch! Oder soll ich den Wirt, wo der so freundlich mit dir war, unnötig warten lassen?«

Clemens zeigte auf das Pfarrhaus. »Sollen die alle ans Fenster kommen, wo ich eh nicht der Liebling des Hochwürdigen bin?«

Da zog der Gendarm selber ein paarmal die Glocke.

Clemens hatte sich auf die Stufen vor der Tür gesetzt; die anderen

waren gewiß nicht zu Hause. Warum? Hatte der Vater sie fortge-
schickt, um ihn ungestört prügeln zu können? Denn Prügel, furchtbare Prügel standen ihm bevor, und vielleicht noch Schlimmeres.

»Es scheint niemand da zu sein.« Der Wachtmeister öffnete den
Haken des Kragens. »Steh auf, ich habe keine Lust, hier in der
Sonne zu braten, wir gehen auf die Bank da drüben unter den Aka-
zien.«

Vor der Bank blieb er stehen und bewunderte die Aussicht. Er sagte
das gleiche, was Clemens schon hundertemal gehört hatte, wenn
die Ausflügler hier standen und über die Dächer und Gäßchen der
Stadt hinweg zum Rhein und dem Flußtal blickten. »So schön wie
ihr möchte ich auch einmal wohnen«, erklärte er am Schluß und
setzte sich.

»Ja, ja«, brummte Clemens. Wärst du in meiner Haut, wär dir nicht
nach schöner Aussicht zumute, dachte er.

Der Wachtmeister hatte sich erhoben und schaute sich auf dem
Platz um. »Also nur die Kirche, das Pfarrhaus und eures! Da merkt
ihr hier oben über der Stadt nichts von den lausigen Autos mit ih-
rem Gestank und Gehupe. Aber niedrig sind eure Berge, in meiner
Heimat, da haben wir ganz andere, Tausende Meter hoch, mit
Schnee auf der Spitze.«

Meinetwegen, ich schenke sie dir mitsamt dem Schnee, dachte Clemens. Er war froh, daß der Gendarm über die kleine Mauer, die den
Platz gegen den Abhang schloß, auf die Häuser und Höfe schaute,
aus denen das Klappern von Deckeln und Löffeln und andere Kü-
chengeräusche heraufdrangen.

Aber schon fragte der lästige Mann von neuem: »Ist da unten eine
zweite Kirche?«

»Ach wo«, warf Clemens gereizt hin. Er spürte plötzlich Hunger.

»Komm her, was ist denn das da unten, direkt unter uns?«

Clemens erhob sich. Kaum daß er hinuntergeblickt, fuhr er zurück.

»Die Kirchenbänke da in dem Hof? Das ist die Werkstatt des
Schreiners Klopp. Bei dem war ich in der Lehre. Er arbeitet fast nur
für Klöster und Kirchen.«

»Das muß ihm viel einbringen. Wie die futtern, und Wein dazu!«

Clemens setzte sich auf die Bank zurück. Er wollte von den Klopps nicht gesehen werden.

»Warst du in Kost bei denen?«

Clemens antwortete nicht.

»Wieviel Gesellen der hat!« Der Gendarm zählte: »Eins, zwei, drei, und der Jüngere ist wohl ein Lehrling?«

Da sprang Clemens auf. »Hat er also einen neuen eingestellt!« Er äugte, nun äußerst neugierig, in Klopps Hof hinunter. »Der? Das ist nur sein Sohn. Der Alte hat ihn wohl heimgeholt, weil ich fort war.« Alle in Hemdsärmeln, saßen der Schreinermeister und seine Leute, von der Hauswand beschattet, im Hofe beim Mittagessen. An der Küchentür stand Frau Klopp, ein Kätzchen auf dem Arm, und sah, wie immer, den Essenden zu.

»Die Miez, die habe ich der Meisterin geschenkt«, erklärte er, »die ist in den zwei Monaten gehörig gewachsen.«

»Trinken die nun alle Tage Wein?« fragte der Wachtmeister.

»Wein! Der wächst doch hier. Das ist nichts Besonderes. Bei euch trinkt man Bier, weil ihr keine Weinberge habt.«

»Dann wird mir dieser Wirt nachher einen guten Schoppen spendieren?«

»Sehen Sie, das haben Sie mir zu verdanken. Sie werden fein essen und trinken, während ich die Prügelsuppe löffeln muß.« Er berührte den Gendarmen am Arm: »Hand aufs Herz, Herr Wachtmeister, Sie sind froh, wenn Sie mich los sind...« Er schwieg plötzlich, er hatte den Vater erblickt. »Da kommt er. Machen Sie es kurz.«

»Mein armer Jung, jetzt ist es soweit. Ja, ich will keine Unterhaltung mit dem Mann«, sagte der Gendarm und drückte ihm die Hand. »Leb denn wohl, und denk daran: alles geht vorüber.« Dann führte er ihn dem sich Nähernden entgegen. »Sind Sie jetzt zufrieden, Herr Wirg? Oder muß die Übergabe in Ihrem Haus stattfinden?«

»Bin ich Ihnen etwas schuldig? Fahrgeld?« erhielt er zur Antwort.

»Die Unkostenrechnung schicken Ihnen die Behörden schon. Ich übergebe Ihnen hiermit also Ihren Sohn. Seien Sie nicht zu streng mit ihm. Es war ja nur ein Jugendstreich. Ich habe schon manchen heimtransportiert und habe ein Auge dafür, wer wirklich schlecht ist; der hier nicht!« Er hob die Hand an die Mütze und entfernte sich eilig.

Clemens erwartete jetzt die erste Ohrfeige. Aber warum rührte der Mann sich nicht und starrte zu Boden? »Vater«, sagte er, »ich weiß, du kannst mir nicht verzeihen. Laß mich fortgehen. Wir werden uns ja nie vertragen...«

»Ins Haus!« Mehr sagte der Küster nicht, ging, ohne ihn angesehen zu haben, dem Hause zu, schloß auf, hieß ihn in den Flur treten, riegelte ab und verschwand in die Küche.

Clemens wußte nicht, wie sich verhalten, und blieb stehen. Da gewahrte er etwas, das ihn aufs höchste verwunderte: Am Ende des Ganges stand auf der Treppe eines der Pulte, die beim Dreiherrenamt für die Lesung der Liturgie benutzt werden, und... darauf angenagelt ein großes buntes Papier mit dem Aufdruck »Willkommen«. Was bedeutete dies? Willkommen! Warum aber hatte der Vater ihm nicht einmal einen Blick gegönnt? Kannte er das Schild oder hatte er es nur nicht bemerkt, als er so schnell in die Küche gegangen war? Clemens hörte jetzt, wie er dort ein Schlüsselbund vom Nagel nahm. Doch im nächsten Augenblick verriet ein Rasseln und Krachen, daß er die Schlüssel auf den Tisch geworfen hatte. »Bebbi!« hallte es gleichzeitig, zornig gerufen, auf den Flur; in der Küche ward die Tür zum Garten aufgerissen, und als Clemens sich vorwagte, sah er den Vater schon draußen bei den Kaninchenställen. »Bebbi, Bebbi!« Gleich darauf begriff er den Grund dieses Zorns: der Küchentisch war mit einem Strauß Nelken geschmückt, es war für zwei Personen gedeckt, ein goldkrustiger Braten, Kartoffelsalat und eine Flasche Wein standen zwischen den Tellern, und von der Anrichte duftete ein Kuchen, der den Ofen noch nicht lange verlassen haben konnte. Über einem Stuhl aber hing sein Anzug, jener Anzug...! Er fuhr sich mit der Hand über die Stirn. Hatte sie also seine Kleider aufgehoben, die Tante Bebbi! Das Essen, für ihn hatte sie es bereitet, und die Blumen und das Schild im Flur! Gewiß war der Vater zur Bahn gegangen, ohne diese Vorbereitungen zu ahnen, nur deshalb rief der Mann so zornig im Garten nach der Tante. Sah es nicht so aus, als sei sie mit den anderen aus dem Hause gegangen, damit der Vater und er sich unter vier Augen versöhnten? Der gedeckte Tisch sollte zeigen, daß sie selber alles verziehen hatte. – Damit hat sie nun was Schönes angestellt, überlegte er, der Mann wird jetzt um so wütender sein, und auf das Schlimmste gefaßt, zog er sich in den Flur zurück.

Das Herz klopfte ihm, als er Schritte im Garten und den Vater die Schlüssel vom Küchentisch nehmen hörte und jetzt auf den Gang kommen sah. Wenn der Mann nur nicht das Willkommen-Schild entdeckt, dachte er mit steigender Angst, aber der Vater schritt daran vorbei und schloß den Palmensaal auf. Jetzt wird dort die Bank zurechtgerückt, sagte er sich, die Bank, auf die er so oft befohlen worden war, um Schläge, erbarmungslose, zu empfangen: in dem Saal, wo doch nicht nur die Palmen und Fahnen für die Kirchenfeste aufbewahrt wurden, sondern auch geweihte Gegenstände wie das große Kruzifix für die Prozessionen, Kelche und eine Monstranz. Die hatten den frommen Herrn Küster nie gestört, wenn der ihn über die Bank legte und auf das nackte Fleisch schlug, dieses Fleisch, dessen Anblick doch schon eine Sünde sein sollte. Was bereitete sich da drinnen vor? Es war dort so still, so unheimlich still!

Endlich kam der Vater heraus. Jetzt! dachte Clemens, jetzt kommt die Abrechnung...

Der Vater ging jedoch wiederum an ihm vorbei, dieses Mal erblickte er aber das Willkommen-Schild. »Was!« rief er, stürzte an das Pult und riß das Papier herunter. Fetzen davon blieben unter den Reißnägeln am Holz haften. »Dreh dich zur Wand, Lump!« schrie er.

Clemens hörte, wie er mit den Fingern die Nägel herauszog und dann in die Küche ging. Offenbar suchte er etwas, Schubladen flogen auf und zu; schließlich erschien er wieder im Flur und verschwand von neuem in den Palmensaal. Gleich darauf war von dort ein Klopfen zu hören, als würden Nägel eingeschlagen. Clemens zuckte bei jedem Hammerschlag zusammen. Diese Vorbereitungen, ihm, nur ihm konnten sie gelten! Was hatte der Mann sich ausgedacht? Sollte er als Strafe auf einem mit Nägeln gespickten Brett sitzen? In einem Abenteuerbuch hatte er einmal gelesen, daß die Mexikaner ihre Gefangenen auf solche Bretter setzen, um ihnen Geständnisse abzupressen. Aber er, was hatte er denn zu gestehen! Alles, alles war dem Vater bekannt, wenigstens das Wichtigste, und fiebrig bedachte er zum nicht mehr zu zählenden Male den Umfang seiner Missetat. Als man ihn zu München nach dem Steckbrief erkannt und festgenommen, hatte er sich in sein Geschick gefunden. Die schmachvolle Heimkehr, die Vorwürfe Martins und der Tante, der Zorn des Vaters und nie erlebte Schläge, er würde es aushalten und später von neuem davonlaufen und Martin mitnehmen, so hatte er sich gesagt. Aber jetzt, dieses Hämmern war zu unheimlich, und auch das verbissene Schweigen des Mannes war ein Zeichen, daß er etwas Schlimmeres vorhatte als ihn zu schlagen.

Endlich ward es still im Palmensaal. Der Vater kam heraus, mit leeren Händen, ging an ihm vorbei in die Küche zurück. Und jetzt lief dort das Wasser. Er hat ein Gefäß gefüllt, erriet Clemens. Und jetzt? Jetzt war er am Brotschrank, jetzt an der Schublade, wo das Brotmesser lag. Dann das Rücken eines Stuhls, Clemens fühlte es so deutlich, als sähe er es: Der Mann saß am Tisch und fing an zu essen!

Soll dir der Braten im Halse steckenbleiben, dachte er. Missetat hin, Missetat her, und wenn er dem Mann hundertmal Kummer bereitet, das, dieses Essen jetzt, das war die reine Niedertracht! Der freundliche Polizeirat hatte ihm bei der Entlassung Vorwürfe gemacht und eingeredet, der Vater sei ein gebrochener Mann von all der erlittenen Aufregung. Und er, er war so dumm gewesen, hatte es geglaubt und Reue empfunden. Aber der ein gebrochener Mann? Das war zum Lachen! Schlag dir nur den Bauch voll, du gebrochener Mann, dachte er, und wenn ich dir ein Kreuz gewesen bin, seit eh und je, dann hast du es verdient, und rückgängig machen kannst du deinen Kummer nicht, auch wenn du mich auf ein Nagelbrett setzt. Und schon entfuhr es ihm, schon rief er: »Guten Appetit auch!«

Ein Stöhnen und ein schweres Seufzen kam aus der Küche und dann… hörte er recht? Diese zittrige, verschleierte Stimme, war es die des Vaters? »Clemens, komm her, komm essen.«

Und was, was sah er? Was tat der Mann am Tisch? Nur ein Glas Wasser stand vor ihm, und auf seinem Teller lag nichts als ein Stück trockenes Brot, angebissen. Der Braten, die Kartoffeln, der Wein waren an das Ende des Tisches geschoben.

»Setz dich, Clemens, zu essen gibt es nur Brot und Wasser, drei Tage lang«, sagte er ruhig, »für uns beide.«
Für uns beide? Für uns beide? Was sollte das heißen?
»Hol dir Wasser.«
Clemens rührte sich nicht von der Schwelle.
»Wenn du Angst hast? Ich schlage dich nicht.«
Er blieb an der Tür stehen. Wasser und Brot für uns beide? Fastete der wieder einmal, um dem lieben Gott zu gefallen, und verlangte das gleiche von ihm? Ausgerechnet wo er so hungrig war!
»Setz dich und iß. Wir beide bekommen nichts anderes bis heute abend.«
Er fastet ja nur aus Wut gegen die Tante, dachte Clemens, und das will ein frommer Mann sein! Der Vater des Verlorenen Sohns, ein Kalb hat er geschlachtet, als sein Junge heimkam, und der da gönnt mir nicht einmal den Braten und den Kuchen! »Ich habe keinen Hunger«, sagte er und lehnte sich, die Beine überkreuzt, an den Pfosten der Tür. Er blickte sich in der Küche um; es war noch alles beim alten. Über dem Herd summten wie immer die Fliegen. Die Pfannen und Töpfe glänzten vom Gestell, kein Möbel war verrückt. Die Uhr tickte und tackte zwischen den Bildern der Mutter Gottes und des Herzens Jesu, auf der Kommode lagen die Gesang- und Gebetbücher unter dem Kruzifix, und gleich in Höhe seines Kopfes steckte der bereits vergilbte Palmzweig hinter dem kleinen Weihwasserkessel. Wo man hinguckt: Frömmigkeit. Gotteskram, dachte er angewidert und sah durch die offenen Fenster nach dem Garten hinüber, wo die Kästen von Martins Kaninchen standen. Wie? Die Drahtgitter alle geöffnet? Und nun sah er auch, daß die Ställe ohne Streu waren, also leer! Hatte man Martin die Tiere, an denen der Junge doch so hing, weggenommen? Als Strafe für schlechte Noten im Katechismus? Das war kaum möglich, denn die Kaninchenzucht ersparte ihnen viel Geld, das sonst zum Metzger gegangen wäre. Wo war denn Martin? Er mußte um diese Zeit doch heimkommen aus der Schule, und mit welchem Hunger! Unwillkürlich sah er fragend zu dem Vater hinüber – aber da, im glei-

chen Augenblick entdeckte er etwas, das ihm das Blut erstarren ließ. Er täuschte sich nicht, es war kein Zweifel: Der Vater trug einen Trauerflor am Ärmel! Und dort – was war das für ein Frauenhut dort auf dem Kleiderhaken, ein Hut aus schwarzem Krepp, die Tante und Christine durften doch nur dunkelblaue tragen?

»Vater!« schrie er, »wer ist bei uns gestorben?«

»Hättest du uns Nachricht von dir gegeben, dann wüßtest du es.«

Da sank er auf einen Stuhl und bedeckte sich das Gesicht. »Es ist unser Martin«, rief er schluchzend, »die Kaninchen sind ja nicht mehr da!«

»Nein, nicht Martin.« Der Vater stand neben ihm und zog ihm die Hände vom Gesicht. »Steh auf und komm mit, der Sarg ist noch nicht in der Erde, du kannst ihn sehen.«

Clemens ließ sich führen. Die Gedanken jagten sich in seinem Kopf. Wer ist es, wer? Der Andres? Im Flur klammerte er sich an den Arm des Vaters. »Im Palmensaal?«

Dort stand der Sarg. »Unsere Tina!« Er blieb schaudernd an der Tür. Es konnte ja nur Christine sein, für jedes andere der Geschwister wäre der Sarg zu groß gewesen.

Der Vater zog ihn in den Saal und stieß ihn roh in den Rücken. »Marsch, und den Totenzettel gelesen!«

Clemens schrie auf: »Vater!«

Vorn am Fußende des Sarges war der Totenzettel befestigt. Clemens blickte sich nach dem Vater um, aber der streckte den Arm gegen ihn aus. »Willst du wohl den Totenzettel lesen!« Jetzt erst fiel es ihm auf, daß der Sarg auf dem bloßen Boden stand und daß ein Hammer daneben lag und nicht weit davon eine Schachtel voll Nägel. Auch fehlten Kerzen und Blumen, und während er von einer lähmenden Ahnung gewürgt vorwärtstaumelte, erriet er bereits den Wortlaut des Zettels.

»Der Zettel bleibt für immer daran«, kam es hart von der Tür, »knie dich, knie dich nur und lies mir vor!«

Und er kniete sich vor den Sarg. Die Buchstaben tanzten ihm vor den Augen, aber schon befahl die Stimme hinter ihm: »Wird's bald! Lies vor, und laut und deutlich!«

Mit heiserer Stimme las er:

»Gottes unerforschlichem Ratschluß hat es gefallen, unseren innigst geliebten Sohn, Bruder und Neffen, den wohlachtbaren Schreinerlehrling

CLEMENS WIRG

im blühenden Alter von 17 Jahren zu sich in die Ewigkeit zu rufen. Er ertrank beim Baden im Rhein. Da es nicht gelungen ist, den Körper des Verstorbenen zu länden, findet lediglich ein Seelenamt statt. Die feierlichen Exequien werden gehalten . . . «

»Das Seelenamt! Das habe ich nicht gewollt, Vater!« rief er aufspringend. »Ich hatt' mich erkundigt, so schnell darf man nicht für tot erklärt werden, ich wollt' ja . . . «

»Schweig, schweig, sonst vergreif' ich mich an dir! Du hältst den Mund, bis ich dich frage.«

Clemens senkte den Kopf. Jetzt ist alles gefehlt, dachte er. Die Totenmesse ist diesem Mann schrecklicher, als wenn ich einen Mord begangen hätte. Nun sah er Strafen entgegen, schlimmeren als allen, die er je erlebt hatte.

Der Vater stand aber noch immer an der Tür. Er hatte die Tafel in der Hand, auf der die Bestellungen des Pfarrers vermerkt wurden, und wischte mit dem Schwämmchen den Schiefer ab. Er tat es umständlich und offenbar nur, um seinen Zorn zu bändigen, seine Hände zitterten so stark, daß der an den Rahmen gebundene Griffel hin und her pendelte. Endlich hielt er sie, als wolle er sich überzeugen, daß sie rein sei, vors Gesicht, so nahe, daß sein roter Bart den Schiefer berührte. »So«, sagte er, »so, bring mir den Sessel.« Der Sitz, auf den er wies, war aber der mit dem Diözesanwappen bestickte Sessel, der hier auf die Firmungsbesuche des Bischofs wartete.

Auf den wollte der Mann sich setzen? »Den Bischofssessel?« fragte Clemens.

Der Vater antwortete nicht und zog nun selber aus dem aufgeschichteten Kirchengestühl eine Bank herbei, ließ sich darauf nieder und nahm die Tafel auf die Knie. »Für jede Lüge mache ich einen Strich«, sagte er, mit dem Griffel auf den Schiefer klopfend, »jede Lüge verschärft deine Strafe, und ich ziehe ebenfalls einen Strich, wenn du mit deinen Antworten zögerst. – Also an jenem Sonntag bist du, ohne die heilige Messe gehört zu haben, während des Hochamts an den Rhein gegangen. Was hast du dann gemacht?«

Clemens fühlte, daß er sich verfärbte. Er hatte andere Fragen erwartet. Auf diese, die gefährlichste, war er nicht gefaßt.

»Bist du taub? Ich mache zwei Striche. Was die bedeuten, wirst du nachher erfahren. Ist dir der Gedanke, deinen Tod vorzutäuschen, erst unten am Wasser gekommen, oder hast du deine verbrecherische Tat, für die dich auch die weltlichen Behörden noch strafen werden, vorher überlegt?«

»Das habe ich dir ja schon gesagt!« brach Clemens aus; er war entrüstet. »Hau mich lieber gleich, du weißt ja alles!«

»Einen Strich.« Schon wieder kratzte der Griffel.

»Ich kann jetzt nicht antworten, ich bin kaputt, die Reise, nichts gegessen und die Aufregung.«

»Wenn du nicht antworten willst, gut, dann übergebe ich dich noch heute der Gendarmerie, und du kommst in die Besserungsanstalt, bis du großjährig bist. Dort wirst du eingesperrt, wie in einem Gefängnis. Überlege es dir also.«

Clemens schloß die Augen. Vier Jahre eingesperrt? Nein, lieber die Schläge, in ein paar Tagen würde er schon sehen. »Ja, ich hatte einen blauen Arbeitsanzug unter dem guten an, das andere, Hemd, Strümpfe, Sandalen, alles heimlich gekauft, hatte ich im Badetuch versteckt. Ich habe diese Sachen am Wasser angezogen und meine guten Kleider mit dem Badetuch und den Schuhen am Ufer gelassen und bin davongegangen.«

»Ein Strich!«

»Das ist nicht gelogen, Vater.«

»Noch einen Strich! Du bist nicht gleich davongegangen, du hast dich nicht weit von deinen Kleidern auf die Lauer gelegt.«

Also das wußte man auch! »Ja, zunächst«, gab er zu, »hinter dem Garten von Frau Ebertz.«

»Und von dort aus hast du auf deine Kleider aufgepaßt, aber da kam ein Walzbruder, der machte sich daran zu schaffen, und da bist du hingelaufen und mit ihm einig geworden, und mit dem bist du fortgezogen. Aber diesen Menschen hat eines Tages das

Gewissen gepackt, und er schrieb mir, und ich konnte nach dir fahnden lassen.«

»Das Gewissen! Ganz andere Gründe hat der Schuft gehabt!«

»Schuft!« kam es zornig zurück, »ein Schuft war der, der damals noch gewartet hat, bis Leute kamen und deine Kleider entdeckten und die Gendarmerie alarmierten! Ein Schuft, der gefühllos zugesehen hat, wie Christine und Martin vor deinen Sachen weinten, ein Schuft, der kaltherzig zugehört hat, wie der Martin verzweifelt deinen Namen über das Wasser schrie...«

»Vater, da war ich schon fort, so wahr ich lebe.«

»Ist das auch wahr?« Die unerbittliche Stimme war wieder ruhig geworden. »Und dann bist du wie ein Fechtbruder durchs Land gezogen. Wovon hast du während der ganzen Zeit gelebt?«

Clemens zuckte die Achseln, die Frage war zu lächerlich.

»Wovon du gelebt hast, will ich wissen.«

»Du sagst es ja selber: vom Fechten an den Türen, wovon denn sonst!«

Der Griffel zog einen neuen Strich. »Als ob ich nicht wüßte, daß du gestohlen hast, Obst zum Beispiel.«

»Die paar Kirschen und Aprikosen! Die Polizei kann dir nichts von wegen Diebstahl berichtet haben. Ich war auch nicht im Gefängnis. Nur im Gewahrsam für Jugendliche.«

»Bist du an den Sonntagen in der Messe gewesen?«

»Nein!« Clemens brüllte es. Er war außer sich. »Mach doch endlich kurzen Prozeß! Da...«, er riß den Hosengürtel auf und sah sich um nach einer Bank, über die er sich legen konnte. Sollten die Schläge doch auf ihn niedersausen, auf das bloße Fleisch, damit der Mann zu seiner Rache kam.

»Schnall deinen Gürtel wieder zu. Ich schlage dich nicht. Du hast mit dem Tod gespielt, du hast den Herrgott zum besten gehalten, für einen Lebenden ist eine Seelenmesse gelesen worden, meinst du, da könntest du dich so leicht loskaufen, indem du dich hinlegst und dich durchhauen läßt? Morgen werde ich dir sagen, welche Buße dir auferlegt ist und welche ich mit dir gemeinsam trage. Denn auch mich wird Gott für das, was du getan, zur Verantwortung ziehen. Ich bin dein Vater. Aber nicht nur Buße, auch Strafe muß sein. Sieh auf das Kruzifix, das du so oft bei der Prozession getragen hast.

Sechsmal hast du eben gelogen, und das unter dem Bild des Ge-kreuzigten. Jeder Strich bedeutet eine Strafe, welche, das wirst du noch erfahren. Jetzt tragen wir den Sarg hinauf.«

»Hinauf?«

»Von nun an darfst du keine Fragen stellen. Pack an.«

Und hinaus ging es mit dem schweren Sarg, über den Gang zur Treppe.

Soll mich wundern, wenn wir auf den Speicher gehen, sagte sich Clemens. Der ist imstande, mir das Ding in unsere Schlafkammer zu stellen, damit ich nur ja nicht vergesse, daß ich seinen Herrgott gekränkt habe. Martin wird Augen machen. Fein ausgedacht hatte der Mann seine Rache und auch diesen Zuschlag von Strafen neben der Buße. War es nicht eine Niedertracht?

»Stell ab.«

Wie? Schon hier im ersten Stock? In welches Zimmer wollte der das Ding denn stellen? In sein eigenes doch nicht! Und sicher nicht in das der Tante oder das Christines.

»Ab heute schlaft ihr nicht mehr zusammen, Martin und du. Du kommst in das Zimmer neben meinem. Schieb jetzt den Sarg hin-ein, denn da ist sein Platz.«

Also doch, sagte sich Clemens, und den Büßer gratis dazu, als Nachbar und Aufsicht. Ein schöner Ersatz für Martin! Das war wohl die Strafe Numero eins? Wenn der Mann jetzt auf Kniefälle rechnet, soll er sich täuschen. »Der Sarg in mein Zimmer?« fragte er. »Gern. Sofort.« – Doch als er die Tür öffnete, prallte er zurück. Kein Möbel war in dem Raum. Nur zwei Decken lagen gefaltet auf dem Boden und neben diesen sein Gebetbuch und ein Rosenkranz. Wo sollte er hier denn schlafen?

»Du bekommst zwei Monate lang kein anderes Bett als dieses, das du dir so gotteslästerlich bestellt hast. Und jetzt gehst du mit mir zum Herrn Pastor. Der liegt im Krankenhaus, so hat dein Verbre-chen ihm zugesetzt.«

»Dann hole ich meinen Sonntagsanzug. Wir müssen doch durch die Stadt gehen...«

»Und an all den Leuten vorbei, die im Seelenamt für dich gebetet und Kränze in die Kirche geschickt haben. Bei vielen mußt du dich persönlich entschuldigen und die Kränze bezahlen. Mit deiner Be-

liebtheit im Ort ist es aus. Der Sportverein hat dich schon von seiner Mitgliedsliste gestrichen. Gott ist langmütig und verzeiht,
wenn man bereut. Die Menschen aber, die rächen sich gleich, wenn
man sie kränkt.«

Clemens faßte sich an die Stirn. An all das, das ja gar nicht anders
sein konnte, hatte er nicht ein einziges Mal gedacht! Sollte es wahr
sein, was der Vater ihm so oft gesagt? War er denn wirklich so
unreif und dumm?

— lebt in DDR

Das Obdach

Anti-Nazi

Dritte Person geschrieben u. Villard
Allwissende Erzähler – allknowing

An einem Morgen im September 1940, als auf der Place de la Concorde in Paris die größte Hakenkreuzfahne der deutsch besetzten Länder wehte und die Schlangen vor den Läden so lang wie die Straßen selbst waren, erfuhr eine gewisse Luise Meunier, Frau eines Drehers, Mutter von drei Kindern, daß man in einem Geschäft im XIV. Arrondissement Eier kaufen könnte.

Sie machte sich rasch auf, stand eine Stunde Schlange, bekam fünf Eier, für jedes Familienmitglied eins. Dabei war ihr eingefallen, daß hier in derselben Straße eine Schulfreundin lebte, Annette Villard, Hotelangestellte. Sie traf die Villard auch an, jedoch in einem für diese ruhige, ordentliche Person befremdlich erregten Zustand.

Die Villard erzählte, Fenster und Waschbecken scheuernd, wobei ihr die Meunier manchen Handgriff tat, daß gestern mittag die Gestapo einen Mieter verhaftet habe, der sich im Hotel als Elsässer eingetragen, jedoch, wie sich inzwischen herausgestellt hatte, aus einem deutschen Konzentrationslager vor einigen Jahren entflohen war. Der Mieter, erzählte die Villard, Scheiben reibend, sei in die Santé gebracht worden, von dort aus würde er bald nach Deutschland abtransportiert werden und wahrscheinlich an die Wand gestellt. Doch was ihr weit näher gehe als der Mieter, denn schließlich Mann sei Mann, Krieg sei Krieg, das sei der Sohn des Mieters. Der Deutsche habe nämlich ein Kind, einen Knaben von zwölf Jahren, der habe mit ihm das Zimmer geteilt, sei hier in die Schule gegangen, rede französisch wie sie selbst, die Mutter sei tot, die Verhältnisse seien undurchsichtig wie meistens bei den Fremden. Der Knabe habe, heimkommend von der Schule, die Verhaftung des Vaters stumm, ohne Tränen, zur Kenntnis genommen. Doch von dem Gestapooffizier aufgefordert, sein Zeug zusammenzupacken, damit er am nächsten Tag abgeholt werden könne und nach Deutschland zurückgebracht zu seinen Verwandten, da habe er plötzlich laut erwidert, er schmisse sich eher unter ein Auto, als daß

Raumenhandlung
Meunier
Allwissende } Erzähler
Ich

alles muß in geheimniss gespr. werden.

er in diese Familie zurückkehre. Der Gestapooffizier habe ihm scharf erwidert, es drehe sich nicht darum, zurück oder nicht zurück, sondern zu den Verwandten zurück oder in die Korrektionsanstalt. – Der Knabe habe Vertrauen zu ihr, Annette, er habe sie in der Nacht um Hilfe gebeten, sie habe ihn auch frühmorgens weg in ein kleines Café gebracht, dessen Wirt ihr Freund sei. Da sitze er nun und warte. Sie habe geglaubt, es sei leicht, den Knaben unterzubringen, doch bisher habe sie immer nur nein gehört, die Furcht sei zu groß. Die eigene Wirtin fürchte sich sehr vor den Deutschen und sei erbost über die Flucht des Knaben.

Die Meunier hatte sich alles schweigend angehört; erst als sie fertig war, sagte sie: »Ich möchte gern einmal einen solchen Knaben sehen.« Worauf ihr die Villard das Café nannte und noch hinzufügte: »Du fürchtest dich doch nicht etwa, dem Jungen Wäsche zu bringen?«

Der Wirt des Cafés, bei dem sie sich durch einen Zettel der Villard auswies, führte sie in sein morgens geschlossenes Billardzimmer. Da saß der Knabe und sah in den Hof. Der Knabe war so groß wie ihr ältester Sohn, er war auch ähnlich gekleidet, seine Augen waren grau, in seinen Zügen war nichts Besonderes, was ihn als den Sohn eines Fremden stempelte. Die Meunier erklärte, sie brächte ihm Wäsche. Er dankte nicht, er sah ihr nur plötzlich scharf ins Gesicht. Die Meunier war bisher eine Mutter gewesen wie alle Mütter: Schlange stehen, aus nichts etwas, aus etwas viel machen, Heimarbeit zu der Hausarbeit übernehmen, das alles war selbstverständlich. Jetzt, unter dem Blick des Jungen, wuchs mit gewaltigem Maß das Selbstverständliche, und mit dem Maß ihre Kraft. Sie sagte: »Sei heute abend um sieben im Café Biard an den Hallen.«

Sie machte sich eilig heim. Um weniges ansehnlich auf den Tisch zu bringen, braucht es lange Küche. Ihr Mann war schon da. Er hatte ein Kriegsjahr in der Maginotlinie gelegen, er war seit drei Wochen demobilisiert, vor einer Woche hatte sein Betrieb wieder aufgemacht, er war auf Halbtagsarbeit gesetzt, er verbrachte den größten Teil der Freizeit in der Wirtschaft, dann kam er wütend über sich selbst heim, weil er von den wenigen Sous noch welche in der Wirtschaft gelassen hatte. Die Frau, zu bewegt, um auf seine Miene zu achten, begann zugleich mit dem Eierschlagen ihren Bericht, der bei dem Mann vorbauen sollte. Doch wie sie auf dem Punkt ange-langt war, der fremde Knabe sei aus dem Hotel gelaufen, er suche in Paris Schutz vor den Deutschen, unterbrach er sie folgendermaßen: »Deine Freundin Annette hat wirklich sehr dumm getan, einen sol-chen Unsinn zu unterstützen. Ich hätte an ihrer Stelle den Jungen eingesperrt. Der Deutsche soll selbst sehn, wie er mit seinen Lands-leuten fertig wird... Er hat selbst nicht für sein Kind gesorgt. Der Offizier hat also auch recht, wenn er das Kind nach Haus schickt. Der Hitler hat nun einmal die Welt besetzt, da nützen keine Phrasen was dagegen.« Worauf die Frau schlau genug war, rasch etwas an-deres zu erzählen. In ihrem Herzen sah sie zum erstenmal klar, was aus dem Mann geworden war, der früher bei jedem Streik, bei jeder Demonstration mitgemacht hatte und sich am 14. Juli stets so betra-gen, als wollte er ganz allein die Bastille noch einmal stürmen. Er glich aber jenem Riesen Christophorus in dem Märchen – ihm glei-chen viele –, der immer zu dem übergeht, der ihm am stärksten scheint und sich als stärker erweist als sein jeweiliger Herr, so daß er zuletzt beim Teufel endet. Doch weder in der Natur der Frau noch in ihrem ausgefüllten Tag war Raum zum Trauern. Der Mann war nun einmal ihr Mann, sie war nun einmal die Frau, da war nun einmal der fremde Junge, der jetzt auf sie wartete. Sie lief daher abends in das Café bei den Hallen und sagte zu dem Kind: »Ich kann dich erst morgen zu mir nehmen.« Der Knabe sah sie wieder scharf an, er sagte: »Sie brauchen mich nicht zu nehmen, wenn Sie Angst haben.« Die Frau erwiderte trocken, es handle sich nur darum, einen Tag zu warten. Sie bat die Wirtin, das Kind eine Nacht zu behalten, es sei mit ihr verwandt. An dieser Bitte war nichts Beson-deres, da Paris von Flüchtlingen wimmelte.

Am nächsten Tag erklärte sie ihrem Mann: »Ich habe meine Kusine Alice getroffen, ihr Mann ist in Pithiviers im Gefangenenlazarett, sie will ihn ein paar Tage besuchen. Sie hat mich gebeten, ihr Kind solange aufzunehmen.« Der Mann, der Fremde in seinen vier Wän-den nicht leiden konnte, erwiderte: »Daß ja kein Dauerzustand dar-aus wird.« Sie richtete also für den Knaben eine Matratze. Sie hatte ihn unterwegs gefragt: »Warum willst du eigentlich nicht zurück?« Er hatte geantwortet: »Sie können mich immer noch hierlassen, wenn Sie Angst haben. Zu meinen Verwandten werde ich doch

Sie lügt um das Kind zu bekommen.

nicht gehen. Meine Mutter und mein Vater wurden beide von Hitler verhaftet. Sie schrieben und druckten und verteilten Flugblätter. Meine Mutter starb. Sie sehen, mir fehlt ein Vorderzahn. Den hat man mir dort in der Schule ausgeschlagen, weil ich ihr Lied nicht mitsingen wollte. Auch meine Verwandten waren Nazis. Die quälten mich am meisten. Die beschimpften Vater und Mutter.« Die Frau hatte ihn nur darauf gebeten zu schweigen, dem Mann gegenüber, den Kindern, den Nachbarn.

Die Kinder konnten den fremden Knaben weder gut noch schlecht leiden. Er hielt sich abseits und lachte nicht. Der Mann konnte den Knaben sofort nicht leiden; er sagte, der Blick des Knabens mißfalle ihm. Er schalt seine Frau, die von der eigenen Ration dem Knaben abgab, er schalt auch die Kusine, es sei eine Zumutung, anderen Kinder aufzuladen. Und solche Klagen pflegten bei ihm in Belehrungen überzugehen, der Krieg sei nun einmal verloren, die Deutschen hätten nun einmal das Land besetzt, die hätten aber Disziplin, die verstünden sich auf Ordnung. Als einmal der Junge die Milchkanne umstieß, sprang er los und schlug ihn. Die Frau wollte später den Jungen trösten, der aber sagte: »Noch besser hier als dort.«

»Ich möchte«, sagte der Mann, »einmal wieder ein richtiges Stück Käse zum Nachtisch haben.« Am Abend kam er ganz aufgeregt heim. »Stell dir vor, was ich gesehen habe. Ein riesiges deutsches Lastauto, ganz voll mit Käse. Die kaufen, was sie Lust haben. Die drucken Millionen und geben sie aus.«

Nach zwei, drei Wochen begab sich die Meunier zu ihrer Freundin Annette. Die war über den Besuch nicht erfreut, bedeutete ihr, sich in diesem Stadtviertel nicht mehr blicken zu lassen, die Gestapo hätte geflucht, gedroht. Sie hätte sogar herausbekommen, in welchem Café der Knabe gewartet habe, auch daß ihn dort eine Frau besuchte, daß beide den Ort zu verschiedenen Zeiten verließen. –

Auf ihrem Heimweg bedachte die Meunier noch einmal die Gefahr, in die sie sich und die Ihren brachte. Wie lange sie auch erwog, was sie ohne Erwägen in einem raschen Gefühl getan hatte, der Heimweg selbst bestätigte ihren Entschluß: die Schlangen vor den offenen Geschäften, die Läden vor den geschlossenen, das Hupen der deutschen Autos, die über die Boulevards sausten, und über den Toren die Hakenkreuze. So daß sie bei ihrem Eintritt in ihre Küche dem fremden Knaben in einem zweiten Willkomm übers Haar strich.

Der Mann aber fuhr sie an, sie hätte an diesem Kind einen Narren gefressen. Er selber ließ seine Mürrischkeit, da die eigenen Kinder ihn dauerten – alle Hoffnungen hatten sich plötzlich in eine klägliche Aussicht verwandelt auf eine trübe, unfreie Zukunft –, an dem fremden aus. Da der Knabe zu vorsichtig war und zu schweigsam, um einen Anlaß zu geben, schlug er ihn ohne solchen, indem er behauptete, der Blick des Knaben sei frech. Er selber war um sein letztes Vergnügen gebracht worden. Er hatte noch immer den größten Teil seiner freien Zeit in der Wirtschaft verbracht, was ihn etwas erleichtert hatte. Jetzt war einem Schmied am Ende der Gasse die Schmiede von den Deutschen beschlagnahmt worden.

Die Gasse, bisher recht still und hakenkreuzfrei, fing plötzlich von deutschen Monteuren zu wimmeln an. Es stauten sich deutsche Wagen, die repariert werden sollten, und Nazisoldaten besetzten die Wirtschaft und fühlten sich dort daheim. Der Mann der Meunier konnte den Anblick nicht ertragen. Oft fand ihn die Frau stumm vor dem Küchentisch. Sie fragte ihn einmal, als er fast eine Stunde reglos gesessen hatte, den Kopf auf den Armen, mit offenen Augen, woran er wohl eben gedacht habe. »An nichts und an alles. Und außerdem noch an etwas ganz Abgelegenes. Ich habe soeben, stell dir vor, an diesen Deutschen gedacht, von dem dir deine Freundin Annette erzählt hat, ich weiß nicht, ob du dich noch erinnerst, der Deutsche, der gegen Hitler war, der Deutsche, den die Deutschen verhafteten. Ich möchte wohl wissen, was aus ihm geworden ist. Aus ihm und seinem Sohn.« Die Meunier erwiderte: »Ich habe kürzlich die Villard getroffen. Sie haben damals den Deutschen in die Santé gebracht. Er ist inzwischen vielleicht schon erschlagen worden. Das Kind ist verschwunden. Paris ist groß. Es wird sich ein Obdach gefunden haben.«

Da niemand gern zwischen Nazisoldaten sein Glas austrank, zog man oft mit ein paar Flaschen in Meuniers Küche, was ihnen früher ungewohnt gewesen wäre und beinahe zuwider. Die meisten waren Meuniers Arbeitskollegen aus demselben Betrieb, man sprach freiweg. Der Chef in dem Betrieb hatte sein Büro dem deutschen Kommissar eingeräumt. Der ging und kam nach Belieben. Die deutschen Sachverständigen prüften, wogen, nahmen ab. Man gab sich nicht einmal mehr Mühe, in den Büros der Verwaltung geheimzuhalten, für wen geschuftet wurde. Die Fertigteile aus dem zusammengeraubten Metall wurden nach dem Osten geschickt, um anderen Völkern die Gurgel abzudrehen. Das war das Ende vom Lied, verkürzte Arbeitszeit, verkürzter Arbeitslohn, Zwangstransporte. Die Meunier ließ ihre Läden herunter, man dämpfte die Stimmen. Der fremde Junge senkte die Augen, als fürchte er selbst, sein Blick sei so scharf, daß er sein Herz verraten könne. Er war so bleich, so hager geworden, daß ihn der Meunier mürrisch betrachtete und die Furcht äußerte, er möge von einer Krankheit befallen sein und die eigenen Kinder noch anstecken. Die Meunier hatte an sich selbst einen Brief geschrieben, in dem die Kusine bat, den Knaben noch zu behalten, ihr Mann sei schwerkrank, sie ziehe vor, sich für eine Weile in seiner Nähe einzumieten. – »Die macht sich's bequem mit ihrem Bengel«, sagte der Mann. Die Meunier lobte eilig den Jungen, er sei sehr anstellig, er ginge schon jeden Morgen um vier Uhr in die Hallen, zum Beispiel hätte er heute dieses Stück Rindfleisch ohne Karten ergattert.

Auf dem gleichen Hof mit den Meuniers wohnten zwei Schwestern, die waren immer recht übel gewesen, jetzt gingen sie gern in die Wirtschaft hinüber und hockten auf den Knien der deutschen Monteure. Der Polizist sah sich's an, dann nahm er die beiden Schwestern mit aufs Revier, sie heulten und sträubten sich, er ließ sie in die Kontrolliste eintragen. Die ganze Gasse freute sich sehr darüber, doch leider wurden die Schwestern jetzt noch viel übler, die deutschen Monteure gingen bei ihnen jetzt aus und ein, sie machten den Hof zu dem ihren, man hörte den Lärm in Meuniers Küche. Dem Meunier und seinen Gästen war es längst nicht mehr zum Lachen, der Meunier lobte jetzt nicht mehr die deutsche Ordnung, mit feiner, gewissenhafter, gründlicher Ordnung war ihm das Leben zerstört worden, im Betrieb und daheim, seine kleinen und großen Freuden, sein Wohlstand, seine Ehre, seine Ruhe, seine Nahrung, seine Luft.

Eines Tages fand sich der Meunier allein mit seiner Frau. Nach langem Schweigen brach es aus ihm heraus, er rief: »Sie haben die Macht, was willst du! Wie stark ist dieser Teufel! Wenn es nur auf

der Welt einen gäbe, der stärker wäre als er! Wir aber, wir sind
ohnmächtig. Wir machen den Mund auf, und sie schlagen uns tot.
Aber der Deutsche, von dem dir einmal deine Annette erzählt hat,
du hast ihn vielleicht vergessen, ich nicht. Er hat immerhin was
riskiert. Und sein Sohn, alle Achtung! Deine Kusine mag sich selbst
aus dem Dreck helfen mit ihrem Bengel. Das macht mich nicht
warm. Den Sohn dieses Deutschen, den würde ich aufnehmen, der
könnte mich warm machen. Ich würde ihn höher halten als meine
eigenen Söhne, ich würde ihn besser füttern. Einen solchen Knaben
bei sich zu beherbergen, und diese Banditen gehen aus und ein und
ahnen nicht, was ich wage und was ich für einer bin und wen ich
versteckt habe! Ich würde mit offenen Armen einen solchen Jungen
aufnehmen.« Die Frau drehte sich weg und sagte: »Du hast ihn
bereits aufgenommen.«
Ich habe diese Geschichte erzählen hören in meinem Hotel im XIV.
Arrondissement von jener Annette, die dort ihren Dienst genommen hatte, weil es ihr auf der alten Stelle nicht mehr geheuer war.

Ist die Frau eine Heldin?

STEFAN HEYM

Die Kannibalen

Vater war ein Träumer, gewissermaßen. Es gab Dinge, die eine Saite in seinem Herzen zum Klingen brachten, und wenn es da zu klingen begann, konnte er stundenlang erzählen, die wunderbarsten Geschichten. Er saß dann in seinem Schaukelstuhl am Fenster, wiegte sich vorwärts und zurück und redete. Der Stuhl knarrte ein bißchen, und die Asche von seiner Zigarette fiel ihm auf den Schoß.

Mutter war ganz anders. Ständig machte sie sich Sorgen. Sie versuchte, Geld zu sparen. Sie war jedesmal schrecklich niedergeschlagen, wenn die paar Dollar, die sie sich vom Munde abgespart hatte, doch ausgegeben werden mußten – für eine Flasche teurer Medizin oder für die Reparatur des Heizkessels im Keller, der schon vom Tage der ersten Ratenzahlung an nicht richtig funktioniert hatte, oder für ein Paar neue Hosen für Jimmie, der seine Hosen zerreißen konnte, als wären sie aus Gaze gemacht.

Sie blickte immer in die Zukunft, und die Zukunft sah düster aus. Das Haus, in dem sie wohnten – eigentlich war es eine Art Holzhütte, aber der Grundstücksmakler sagte, es wäre ein »Bungalow« –, das Haus also würde im nächsten Winter bestimmt zusammenfallen. Und Pete Marconi, der Vater die Arbeitsstelle zugeschoben hatte, würde gewiß bald an einem Schlaganfall sterben, weil er viel zu viel fraß und trank und herumstromerte. Und was würde dann aus ihr und Vater werden? Und daß Jimmie mit seinen siebzehn Jahren in die Armee gegangen war, statt auf Kosten seiner Eltern studieren zu können – das würde schon gar nicht gut ausgehen.

Vater hörte ihr stets geduldig zu, so, wie er es schon getan hatte, als sie beide noch jung und nicht verheiratet waren. Er wartete, bis sie ihren Vorrat schwarzer Sorgen erschöpft hatte, und dann nahm er die Ursache der besonderen Sorge, von der Mutter im Augenblick bewegt war, bastelte ein bißchen an dieser Ursache herum, betrachtete sie in einem anderen Licht und brachte es fertig, daß alles plötzlich ganz hoffnungsvoll erschien. Das Haus war doch auch im letzten Winter nicht über ihren Köpfen eingefallen? Wenn man es hier und da etwas in Ordnung brachte, würde es auch diesen Winter noch aushalten. Pete Marconi war doch nicht umsonst ein großer Politiker und ein einflußreicher Mann in der Stadt. So ein Mensch konnte es sich leisten, die allerbesten Ärzte zu konsultieren, nicht wahr? Und wenn diese Ärzte nichts gegen Petes Whisky- und Biersauferei einzuwenden hatten, warum sollte ausgerechnet Mutter sich den Kopf darüber zerbrechen? Und was Jimmie betraf – die Armee würde ihm Disziplin und technische Kenntnisse beibringen, Radar zum Beispiel, oder irgendein anderes Handwerk, das er später im Zivilleben gebrauchen konnte. Inzwischen sah Jimmie die Welt: Tokio, mit den Geisha-Mädchen und den alten Tempeln, und alle Leute sprachen da so sonderbar, fast wie die Vögel. Und Vater war wieder in seinem Fahrwasser und begann zu erzählen, diesmal über Japan.

Vielleicht hatte er auch recht, dachte Mutter, schon abgekämpft. Waren sie nicht immer irgendwie durchgekommen? Irgendwie hatten sie es immer erreicht, daß etwas zu essen da war und daß sie Kleider hatten, um ihre Blöße zu bedecken, und ein Dach über dem Kopf. Und während des Krieges gegen den Hitler, als die Firma Hickam & Hickam die große Fabrik am Fluß unterhalb der Stadt gebaut hatte, wo lauter geheimnisvolle Sachen hergestellt wurden, da hatte Vater dort sogar eine gute Stellung gehabt. Die Arbeit war nicht zu hart für ihn gewesen, und er war anständig bezahlt worden, und jede Woche hatte sie ein paar Dollar zurücklegen können. Jetzt war das Geld natürlich längst weg; und Vater mußte wieder die Gasuhren für die Gas- und Elektrizitätsgesellschaft ablesen und als politischer Botenjunge für Pete Marconi herumlaufen, nur um die elenden Gasuhren weiter ablesen zu dürfen. Und Jimmie – hatte der Junge ihr nicht geschrieben, daß seine Einheit unter keinen Umständen nach Korea geschickt werden würde, und hatte er nicht hinzugefügt, daß, auch wenn es dazu käme, niemand unter achtzehn Jahren an die Front müßte?

Mutter seufzte leise. Alles könnte ja noch viel schlimmer sein. Sie ließ Vater weiter seinen Unsinn über Japan reden, obwohl sein Zigarettenstummel schon in nächster Nähe seiner Finger brannte. Sie liebte diesen Mann, gerade weil er sich weigerte, sich vom Leben geschlagen zu geben, und sich in seine Träume verlieren konnte. War er doch imstande, sogar sie zeitweise das Gefühl verlieren zu lassen, daß sie sich in eine Welt verirrt hatte, die viel zu hart und zu gefährlich für sie beide war.

Vater kam die Verandatreppe herauf und trat ins Haus. Er warf seinen Hut und seinen Mantel auf den Tisch im Vorraum und marschierte in die Küche.
»Mutter!«
Seine Stimme war so lebhaft, daß sie sich schnell umwandte. Sie sah den Ausdruck auf seinem Gesicht, und sie wußte, daß etwas Großes und Aufregendes geschehen war und daß es sich um mehr als eine seiner gewöhnlichen Spintisierereien handelte.
»Na, rate mal!« forderte er sie auf.
»Jimmie! – Jimmie kommt nach Hause!«
Einen Augenblick lang verzog sich sein Gesicht. »Nein...«, sagte er enttäuscht. »Wenn ich den ganzen Tag Gasuhren ablese, wie soll ich da von Jimmie hören?«
»Das ist schon richtig«, stimmte sie ihm zu. »Und Post ist auch keine von ihm gekommen.«
Daß sie sich derartig auf den Jungen konzentrierte, gefiel ihm gar nicht. Natürlich sollte sie auch an Jimmie denken, aber sie sollte nicht alles andere darüber vergessen – nicht ihn selber und nicht die gute Neuigkeit, die er brachte. Er zwang sein Gesicht, wieder froh auszusehen. »Mutter! Wir werden ein Telegramm kriegen!«
Sie wischte ihre Hände an ihrer Schürze ab und setzte sich auf den Küchenstuhl. »Ein Telegramm? Von wem? Und weshalb denn?«
Er blickte auf die grauen Strähnen in ihrem Haar und auf die Haut, die viel zu lose über ihren Gesichtsknochen hing, und auf die Sorgenfalten um Augen und Mund. Während seines ganzen Weges nach Hause hatte er sich seine Taktik ausgedacht: wie er ihr die Neuigkeit mitteilen würde, wie er zuerst Andeutungen machen und in Rätseln sprechen und ihre Neugierde reizen würde, bis sie ihn schließlich bat, ihr die Wahrheit zu sagen und ihr die ganze Geschichte zu erzählen. Aber jetzt war es ihm klar, daß diese Scherzchen fehl am Platze waren.

Sehr zart legte er ihr seine Hand auf den Kopf; sehr zart streichelte er ihr übers Haar. »Wir werden's endlich wieder leichter haben, Mutter«, sagte er. »Wir werden uns nicht mehr mit fünfunddreißig Dollar die Woche durchwinden müssen. Es wird wieder sein, wie es in den guten Zeiten war. Jeden Freitag werd' ich dir ein kleines Tütchen bringen, mit hundertzwanzig oder vielleicht hundertdreißig Dollar drin.«

Er sah, daß ihre Schultern leise bebten.

»Na, na!« sagte er. »Über so etwas weint man doch nicht!«

»Es ist eben alles ein bißchen schwer gewesen«, sagte sie.

Er hob ihr Gesicht zu sich; ihre Augen waren noch feucht. Er lächelte verlegen und band ihr dann die Schürze ab. »Gehen wir raus aus der Küche. Ich wette, du bist wieder den ganzen Nachmittag drin gewesen.«

Er führte sie ins Wohnzimmer, zwang sie, sich's auf dem Sofa bequem zu machen, und ließ sich dann mit einem Seufzer der Erleichterung in seinem Schaukelstuhl nieder.

Aber sobald sie ihn so in seiner gewohnten Haltung dasitzen sah, kamen ihr die gewohnten Sorgen. Warum sollte ihm jemand jede Woche so viel Geld zahlen wollen? Und für welche Art Arbeit? Wahrscheinlich war seine Phantasie wieder mit ihm durchgegangen, oder er hatte sich etwas aus ein paar falschen Gerüchten zusammenkonstruiert und war wieder dabei, den Sternen nachzujagen.

»Was war das mit dem Telegramm?« sagte sie. »Du sagtest doch, daß ein Telegramm kommen würde...«

Er lachte in sich hinein. Er nahm eine Packung Zigaretten aus der Tasche, schnippte dagegen, so daß eine Zigarette herauskam, und zündete sie umständlich an. »Viele Telegramme werden abgehen, und eins davon wird an mich adressiert sein. Und in dem Telegramm wird ungefähr stehen: Wenn Sie wieder für Hickam & Hickam arbeiten wollen, bitte melden Sie sich morgen...«

Der Schaukelstuhl knarrte laut. »Mutter, sie machen die Fabrik unten am Fluß wieder auf! Und alle die Leute, die früher dort gearbeitet haben, werden aufgefordert, zurückzukommen! Heute mittag sind die Telegramme aufgegeben worden! Und ich habe Marconi getroffen, und Marconi hat zu mir gesagt: ›Na, Vater!‹ hat er gesagt, ›ich höre, die Gas- und Elektrizitätsgesellschaft wird einen

Gasuhrableser verlieren!‹ Und dann hat er gelacht. Marconi ist gar kein so übler Mensch. Er scheint es nicht einmal zu erwarten, daß man an so einer lausigen politischen Stellung klebt, wenn man drei- und viermal so viel bei einer Arbeit verdienen kann, wie ich sie während des Krieges gemacht habe...«

Er stockte. Ihr Gesicht erschien plötzlich wie verfallen; aber vielleicht kam das von dem Dämmerlicht im Zimmer. Er sollte wohl aufstehen und die Lampe anknipsen. Aber er blieb sitzen; er strich nur die Asche ab, die ihm auf den Schoß gefallen war.

»Es wird aber keinen Krieg geben«, sagte sie mit gepreßter Stimme.

Ein paar Sekunden lang war er durch ihre Feststellung aus dem Konzept gebracht. Dann hatte er sich gefaßt. »Da sieh mal einer an!« lachte er. »Was verstehst denn du davon! Und wie würdest du denn diese Angelegenheit in Korea nennen – eine Polizeiaktion?«

»Es darf aber keinen Krieg geben«, sagte sie, »solange Jimmie in der Armee ist.«

Das Knarren des Schaukelstuhls verstummte. »Jimmie hat gar nichts mit diesem Krieg zu tun!« erklärte er bestimmt. »Der Junge ist ja noch nicht mal achtzehn Jahre alt, und sie schicken keinen unter achtzehn an die Front. Und außerdem hat er dir ja selber ge- schrieben, daß seine Einheit für die Besetzung von Japan gebraucht wird.«

»Ja«, sagte sie, »geschrieben hat er das.«

»Na – und da zweifelst du dran? Glaubst du denn deinem eignen Sohn nicht? Meinst du vielleicht, er ist ein Lügner? Manchmal ver- stehe ich dich einfach nicht, Mutter. Da bin ich nun mit der ersten guten Nachricht in weiß Gott wie langer Zeit nach Hause gekom- men – und ich wollte sie dir erzählen – aber du läßt einen einfach nicht erzählen...«

Mutter stand auf und machte das Licht an. Vater sah so unglücklich aus, fast wie ein Kind, das seinen Bonbon verloren hat.

»Also – mach schon – erzähl’!« sagte sie.

Er sah ihr zu, wie sie sich in die Ecke des Sofas zurückkuschelte. Ihr Gesicht war jetzt einigermaßen erwartungsvoll.

»Ich nehme an, ich werde eine Art Aufsichtsstellung bekommen«, begann er. »Stell dir nur vor – endlich wieder an *einem* Platz zu arbeiten, nicht von Haus zu Haus laufen zu müssen, runter in den Keller, wieder rauf, runter in den nächsten Keller, und wieder rauf. Oh, Mutter!« Er drückte die nur halb gerauchte Zigarette aus. »Du weißt ja gar nicht, wie mir manchmal zumute war. Oder wie mir meine Füße weh getan haben...«

»Doch weiß ich's«, sagte sie. »Meistens versteh ich auch das, was du gar nicht aussprichst.«

»Und was für ein Leben ist das schon?« fuhr er fort und begann wieder zu schaukeln. »Fünfundvierzig bin ich bald, und was hab' ich in all diesen Jahren erreicht – für dich, für mich, und für Jimmie? Eine lausige Stellung für fünfunddreißig Dollar die Woche, und *die* Stellung würd' ich nicht halten können, ohne Marconi dauernd in den, du weißt schon, zu kriechen –«

»Ich weiß schon«, lächelte sie, »ich weiß ganz genau, wie dir's ums Herz ist. Denkst du denn, ich weiß nicht, warum du so gerne Träume spinnst und große Pläne machst und all das?«

»Aber jetzt wird es anders!« sagte er. »Ich kann mich nicht mehr erinnern, was wir letztes Mal eigentlich mit dem Geld gemacht haben. Ich erinnere mich nur, daß es plötzlich weg war. Aber diesmal werden wir's besser machen. Wir werden das Geld einfach nicht loslassen, mindestens die Hälfte davon werden wir sparen – laß mich mal nachdenken, das bedeutet ungefähr sechzig Dollar die Woche, die wir auf die Kante tun – oder dreitausend Dollar im Jahr. Sagen wir, zwei oder drei Jahre so weiter, und wir haben uns ganz hübsch was beiseitegelegt für unsere alten Tage, wenn ich gar nicht mehr arbeiten kann – oder für Jimmie, wenn er nach Hause kommt. Der Junge hat doch Talent! Zeichnen kann er, und mit Zahlen geht er um direkt wie ein Rechenkünstler. Ingenieur könnte er werden, oder Architekt! Ich möchte, daß er eine solide Grundlage für sein Leben bekommt, eine solide Grundlage – nicht so wie's bei mir war...«

Er legte eine Pause ein, um sich eine neue Zigarette anzustecken.

»Mutter, manchmal gab es Momente, da hab ich geglaubt, daß du mich auslachst – nicht laut, aber gelacht hast du doch – weil ich dir gern was Hübsches erzähle und ausmale, wie es sein könnte, wenn man nur mal ein bißchen Glück hätte. Das ist alles, was ich im Leben verlangt habe – ein ganz klein bißchen Glück! Den Rest kann ich selber machen. Amerika ist ein Land, wo es einem Mann wie mir, der bereit ist, hart zu arbeiten und seine Kraft in seine Arbeit zu stecken, einfach gut gehen muß – wenn er nur einmal ein bißchen Glück hat. Siehst du – und jetzt kommt das Glück. Jetzt krieg' ich Arbeit, und anständig bezahlte Arbeit...«

Die Asche fiel auf seinen Schoß. Er bemerkte es gar nicht.

»Ich kann alles schon sehen, als wenn es jetzt wäre! Jeden Morgen steige ich in den Autobus und fahre den Fluß entlang bis zu der großen Fabrik. Das Stahltor geht auf, und der Wachmann winkt, und ich gehe hinein. Tausende von Männern wie ich gehen mit mir hinein, gehen zur Arbeit...«

Es klingelte an der Gartentür.

Mutter stand auf, aber er war flinker als sie. Er preßte ihr die Schulter und sagte: »Nein, das Telegramm ist für *mich*. Das ist ein sehr wichtiges Telegramm, und ich werde es selbst annehmen. Du hast doch nichts dagegen?«

»Nein«, sagte sie. »Geh nur und laß dir's geben.«

Sie hörte, wie er die Haustür aufmachte. Sie hörte, wie der Telegrammbote irgend etwas sagte. Sie hörte Vaters freudige Stimme: »Jawohl, das bin ich! Geben Sie's nur her, ich habe es schon lange erwartet! Nein, warten Sie nur – ich glaube, Sie haben sich da fünfundzwanzig Cent extra verdient, wo Sie doch den langen Weg hierher gemacht haben, um es abzuliefern!«

Dann sagte die andere Stimme: »Danke schön!«, und jemand ging die Treppe hinunter, und dann war Schweigen.

Nach einer Weile stand Mutter auf.

»Vater!« rief sie.

»Ich komme schon, Mutter!« antwortete er.

Sie sah, wie er sich an der Wand des Vorzimmers entlangtastete, bis er das Wohnzimmer erreichte, und sie dachte: Das ist doch merkwürdig – das Licht ist doch an – warum kann er denn nicht sehen?

Sie lief zu ihm und nahm das Stück Papier aus seiner leblosen Hand.

Sie las nur die erste Zeile: *Das Kriegsministerium bedauert außerordentlich, Ihnen mitteilen zu müssen, daß Ihr Sohn...*

Besuche in Moskau

Wir fuhren durch Moskaus endlose breite Straßen, wir erreichten neue Viertel hoher Wohnblöcke, und vor dem Kellereingang eines riesigen Mietshauses saß, umgeben von Hunden und Katzen, ein lieber alter Mann, der Bildhauer, der an diesem Tag den Lenin-Preis bekommen hatte, und Journalisten waren schon bei ihm gewesen, und er hatte nicht begriffen, was sie von ihm gewollt hatten, und Photographen waren zu ihm gekommen, und er hatte ihr Blitzlicht wie ein Unwetter ertragen, und er empfing unsere Glückwünsche, und sie sagten ihm nichts, und er schlürfte ärmlich gekleidet, mürrisch, gestört, nach Schnaps und nach Alter und nach Schlaflosigkeit und langer Wanderschaft riechend, von seinen Katzen, seinen Hunden gefolgt, in den Keller, und da war sein Atelier, war sein Werk, ein Werk aus Holz, und es war erstaunlich. Der Bildhauer Enze stammt aus den undurchdringlichen Wäldern der Mordwinen, und was er geschaffen hat, ist ein Wald schmerzlicher Gestalten, ein Wald leidender Gesichter. Polevoi hatte es gesagt, Enze war ein Genie. Er war kein primitives Genie, er hatte in Berlin, in Paris, in New York und zuletzt in Argentinien gearbeitet. Er war erst vor kurzem heimgekehrt, heimgekehrt nach Rußland, in die Nähe der Wälder, die er auch in den Steinwüsten der Städte nie verlassen hatte. Sein Werk war ein Wald. Es war aus Bäumen, aus Stämmen geschnitzt, krummgewachsen, windgebogen, verästet, es war ein unheimlicher, wahrscheinlich grausamer Märchenwald voller Ungeheuer im Keller eines langweiligen Moskauer Neubaues, das Werk war ekstatisch, leidenschaftlich, urbildlich, verworren, vielleicht war es gar nicht zur Kunst zu zählen, es mochte Irrsinn sein, aber es war faszinierend und hatte echte Größe, wahrscheinlich war es russisch-genial, aber glücklicherweise von keinem Diktatorspruch gebändigt, Rügen erreichten den alten Mann nicht mehr, wie ihn auch nicht Ehren erreichten. Enze hatte den Lenin-Preis nicht zur Kenntnis genommen, aber der Staat wollte nun seinem Werk, das allen offiziellen Lehren von Anschaulichkeit, Verständlichkeit und sozialistischem Realismus Hohn sprach, ein glanzvolles Museum bauen. Und was würde geschehen, fragte ich Polevoi, wenn ein Dichter erschiene, ein Genie aus den Wäldern, von dem der junge Brecht geträumt hatte, ein Rimbaud aus einem Dorf in der Steppe und gegen alle Tabus verstieße? Er soll nur kommen, sagte Polevoi, ich würde ihn in meine Arme schließen, und er breitete seine langen und starken Arme aus und spreizte seine kräftigen Hände.

Ich besuchte den Millionär, den sowjetischen Millionär, von dem Polevoi gesprochen hatte, und der Millionär empfing mich in einer schönen, mit gepflegten Empiremöbeln ausgestatteten Wohnung. Im Musikzimmer standen zwei Flügel. Weiche Teppiche bester Provenienz dämpften die Schritte. Vitrinen bewahrten altes Porzellan. In der Bibliothek waren die Werke der russischen und der ausländischen Literatur in prächtigen Ausgaben versammelt. An den Wänden hingen kostbare Stiche und gute Bilder des vergessenen russischen Impressionismus. Der Millionär klatschte in die Hände. Er hatte mich zum Tee eingeladen. Ein Dienstmädchen öffnete die Tür zum Salon, und auf dem reich gedeckten Tisch stand Champagner jeden Geschmackes, wartete Wein, lockten Schnäpse, war Kaviar, Stör, Schinken, Eingemachtes, Toast, Erdbeeren, Kuchen, verschiedene Sorten Eis und natürlich auch Tee, aber man sah den Tee vor all dem andern gar nicht, und der Millionär nötigte mich herzlich, zuzulangen. Der Millionär sprach deutsch. Der Millionär sprach französisch. Er sprach von London. Er sprach von Paris. Er sprach mit Kennerschaft. Er besaß ein Landhaus vor Moskau. Er reiste ins Bad. Er hatte einen großen Wagen. Er hatte einen Chauffeur. Er zeigte mir das Bild seiner jungen und schönen Frau. Warum besaß er dies alles? Wie kam es, daß er Millionär war, Millionär in der Sowjetunion? Die Kinder liebten ihn. Der Millionär schrieb Fabeln, er schrieb Kinderbücher, er schrieb Stücke für die Kindertheater, und nie konnte er seine Tantiemen aufessen. Er war sehr klug. Er lächelte. Er lächelte mir zu und hob sein Glas mit dem besten Champagner des Landes und trank auf die Kinder und auf die Freundschaft.

Über Moskau, sagt das Sprichwort, geht nur der Kreml, über den Kreml nur der Himmel. Es war der Tag vor meiner Abreise. Ich mußte endlich in den Kreml gehen. Man durfte nicht in Ägypten gewesen sein, ohne die Pyramiden besucht zu haben. Ich ging durch das Borowizki-Tor, ich ging in einem Strom von Besuchern, von Leuten vom Lande, von Familien mit Kindern, es war wie in Potsdam an einem Sonntag, ich kam zu dem Platz der Kirchen, eine prächtiger, eine märchenhafter als die andere, rote, blaue, grüne Kuppeln, angekettete goldene Kreuze, ich sah den Glockenturm des Iwan Welikij, die Glocken läuteten, wenn ein Zar den Thron bestiegen hatte, sie hatten nicht geklungen, als Stalin starb und in sein pompöses Grab zog, ich sah Wandgemälde byzantinischer Kunst, ich sah Kronleuchter mit mehr als tausend Kerzen und sah sie sich im kalten Marmor der Wände und im blanken Mosaik des Bodens spiegeln, ich sah ein Jüngstes Gericht und sah die alten Kaiser von Rußland vor Gott dem Richter erscheinen, und ich sah ihre Särge ihnen zu Füßen, aus Erz gegossen und stumm, ich sah Johannes den Täufer den Sarkophag Iwans des Schrecklichen beschirmen, ich sah Iwans Sessel, in dem er die Messe gehört hatte, ich sah die größte Glocke, die je gegossen wurde, schiefergrau, ungeheuer dick und zersprungen, ich sah eine Riesenkanone mit Gesichtern und Laubwerk aus Bronze, ein Geschütz aus dem nie geschossen wurde, ich sah die Kanonen Napoleons, die gefeuert und verloren hatten, ich sah Aladins Schätze, sah die Symbole und den Glanz der Macht, Kronen zu Hauf, Throne und Zepter wie zum Ausverkauf gestellt, ihre Gewichte aus Gold, ihre Lichter Edelsteine, und ich sah Ostereier aus Smaragden und Rubinen und andere Juwelen so groß wie Ostereier, perlenbestickte Kleider, diamantenbesetzte Schwerter, – es war eine einzige, große, imponierende Rumpelkammer. Vor dem Regierungsgebäude warteten schwarze würdige Automobile in mehreren Gliedern wie zu einer Parade aufgereiht. Bernardus sagte ruhig, es wird eine wichtige Sitzung sein. Es gab an diesem Tag keine Gerüchte in Moskau, keine Vermutungen, kein Flüstern. Es gab keine Militärposten um das Haus, es gab keinen Polizeikordon im Kreml. Alles war still. Alles war friedlich. Alles schien alltäglich zu sein. Jedermann war ahnungslos. Nichts meldeten die Diplomaten ihren Regierungen, die ausländischen Journalisten witterten keine Sensation. Es war der Mittag, an dem Molotow, Malenkow, Kaganowitsch und Schepilow in die Wüste geschickt wurden.

Das Judenauto

Wie tief hinab reicht das Erinnern? Ein warmes Grün, das ist in meinem Gedächtnis wohl das früheste Bild: das Grün eines Kachelofens, um dessen oberes Bord sich das Relief eines Zigeunerlagers gezogen haben soll; doch das weiß ich nur noch aus den Erzählungen meiner Mutter, keine Anstrengung des Hirns bringt mir dies Bild zurück. Das Grün aber habe ich behalten: ein warmes Weinflaschengrün mit stumpfem Glanz. Immer, wenn ich mir dieses Grün vor Augen führe, fühle ich mich leicht über den Dielen in Lüften schweben: Ich konnte, wie Mutter erzählte, die Zigeuner nur sehen, wenn Vater mich zweijährigen Knirps in die Höhe hob.

Dann folgt in meinem Gedächtnis etwas Weiches und Weißes, auf dem ich unendlich lange Zeit stillsitzen und dabei in ein sich auf- und abwärts krümmendes Schwarz starren mußte, und dann eine Höhle Holunder mit einer Bank und einem Mann drauf, der nach Abenteuern roch und mich auf seinem Knie reiten ließ und mir ein Stück wunderbar süßer Wurst in den Mund schob, die ich gierig kaute, und diese Erinnerung ist verbunden mit einem Schrei und einem Sturm, der plötzlich Mann und Laube von mir fortriß, um sie jählings ins Nichts zu wirbeln. Es war natürlich keine Sturmbö, es war der Arm der Mutter, der mich aus der grünen Höhle gerissen hatte, und auch der Schrei war der Schrei ihres Entsetzens gewesen: Der Mann, dessen Knie mich gewiegt hatte, war eine der Spottfiguren des Dorfs: ein heruntergekommener Großbauer, der, auf säbelkrummen Beinen einherschwankend, die Dörfer nach Brot und Schnaps zu durchbetteln pflegte, und der Geruch wilder Abenteuer war sein Atem von Brennspiritus und die Wurst ein Abfall der Roßschlächterei. Jedenfalls muß es herrlich gewesen sein, auf seinen Knien zu reiten: Es ist dies das erste Bild, das ich heute noch ganz deutlich vor mir sehe, und ich war damals drei Jahre alt.

Von da an folgen die Bilder dichter und dichter: die Berge, der

Wald, der Brunnen, das Haus, der Bach und die Wiese; der Steinbruch, in dessen Grotten die Geister, die ich mir ausdachte, hausten; Kröte, Hornisse, der Käuzchenruf, die Vogelbeerenallee vor der grauen Fabrik, der Jahrmarkt mit seinem Duft von türkischem Honig und dem Drehorgelgeschrei der Schaubudenausrufer und schließlich die Schule mit ihrem kalkgetünchten, trotz der hohen Fenster stets düsteren Korridor, durch den aus allen Klassenräumen heraus die Menschenangst wie eine Nebelschwade kroch. Die Gesichter der Lehrer habe ich vergessen; ich sehe nur noch zwei verkniffene Augen über einer langgezogenen messerscharfen Nase und einen von Ringen gekerbten Bambusstock, und auch die Gesichter der Mitschüler sind blaß und unscharf geworden bis auf ein braunäugiges Mädchengesicht mit schmalem, kaum geschwungenem Mund und kurzem hellem Haar über der hohen Stirn: Das Gesicht, vor dessen Augen man die seinen, zum erstenmal durch eine rätselhafte Macht verwirrt, niedergeschlagen hat, man vergißt es nicht, auch wenn danach Bitteres geschehen ist...

Eines Morgens, es war im Sommer 1931, und ich war damals neun Jahre alt, kam, wie immer wenige Minuten vor dem Läuten, das Klatschmaul der Klasse, die schwarzgezopfte, wie ein Froschteich plappernde Gudrun K. wieder einmal mit ihrem Schrei: »Ihr Leute, ihr Leute, habt ihr's schon gehört!« in die Klasse gestürmt. Sie keuchte, da sie das schrie, und fuchtelte wild mit den Armen; ihr Atem flog, doch sie schrie dennoch: »Ihr Leute, ihr Leute!« und rang im Schreien schnaufend nach Luft. Die Mädchen stürzten ihr, wie immer, entgegen und umdrängten sie jäh wie ein Bienenschwarm seine Königin; wir Jungen jedoch achteten kaum auf ihr Getue, zu oft schon hatte das Klatschmaul etwas als Sensation ausgeschrien, was sich dann als Belanglosigkeit entpuppte. So ließen wir uns in unserm Tun nicht stören: Wir diskutierten gerade die neuesten Abenteuer unseres Idols Tom Shark, und Karli, unser Anführer, machte uns vor, wie man nach dessen Manier den gefährlichsten Wolfshund im Nu erledigt: ein fester Griff in den Rachen, dorthin, wo die Zähne am spitzesten stehen, den Oberkiefer festgehalten, den Unterkiefer hinuntergerissen, den Schädel im Wirbel gedreht und dem Tier einen Tritt in den Kehlkopf – da hörten wir aus dem Schwarm der Mädchen einen schrillen Schrei. »Iii, wie gräsig!« hatte eines der Mädchen geschrien, ein ganz spitzes quiekendes Iii des panischen Schreckens; wir fuhren herum und sahen das Mädchen stehen, die Hand vor dem weit offenen Mund und in den Augen das blanke Entsetzen, und die Gruppe der Mädchen stand vor Schauder gekrümmt. »Und dann rühren sie das Blut mit Nullermehl an und backen draus Brot!« hörten wir Gudrun hastig berichten, und wir sahen, wie die Mädchen sich schüttelten. »Was erzählst du da für 'n Quatsch!« rief Karli laut. Die Mädchen hörten nicht. Zögernd traten wir zu ihnen. »Und das essen sie dann?« fragte eine mit heiserer Stimme. »Das essen sie dann zu ihrem Feiertag, da kommen sie zu Mitternacht alle zusammen und zünden Kerzen an, und dann sagen sie einen Zauber, und dann essen sie das!« bestätigte Gudrun mit keuchendem Eifer. Ihre Augen brannten. »Was für ein Zauber?« fragte Karli und lachte, aber das Lachen klang nicht echt. Plötzlich fühlte ich eine seltsame Angst. »So red schon!« schrie ich Gudrun an, und auch die anderen Jungen schrien, und wir drängten uns um die Mädchen, die Gudrun umdrängten, und Gudrun wiederholte in hastigen, fast schreienden Sätzen ihren Bericht: Ein Judenauto sei, so sprudelte sie heraus, in den Bergen aufgetaucht und fahre abends die wenig begangenen Wege ab, um Mädchen einzufangen und zu schlachten und aus ihrem Blut ein Zauberbrot zu backen; es sei ein gelbes, ganz gelbes Auto, so redete sie, und Mund und Augen waren vor Entsetzen verzerrt: ein gelbes, ganz gelbes Auto mit vier Juden drin, vier schwarzen mörderischen Juden mit langen Messern, und alle Messer seien blutig gewesen, und vom Trittbrett habe auch Blut getropft, das hätten die Leute deutlich gesehen, und vier Mädchen hätten sie bisher geschlachtet, zwei aus Witkowitz und zwei aus Böhmisch-Krumma; sie hätten sie an den Füßen aufgehängt und ihnen den Kopf abgeschnitten und das Blut in Pfannen auslaufen lassen, und wir lagen übereinandergedrängt, ein Klumpen Entsetzen, der kreischte und bebte, und Gudrun überschrie unser Grauen mit schriller Käuzchenstimme und beteuerte, obwohl niemand ihre Erzählung anzweifelte, gierig, das sei alles wirklich wahr. Wenn sie gestern nach Böhmisch-Krumma gegangen wäre, um Heimarbeit auszutragen, hätte sie das Judenauto mit eigenen Augen sehen können: gelb, ganz gelb, und vom Trittbrett das tropfende Blut, und ich starrte Gudrun ins Gesicht, das rot war, und dachte bewundernd, daß sie ein tolles Glück gehabt habe, nicht abgeschlachtet worden zu sein, denn daß das Judenauto durch die Felder fuhr und Mädchen einfing, daran zweifelte ich keinen Augenblick.

Ich hatte zwar noch keinen Juden gesehen, doch ich hatte aus den Gesprächen der Erwachsenen schon viel über sie erfahren: Die Juden hatten alle eine krumme Nase und schwarzes Haar und waren schuld an allem Schlechten in der Welt. Sie zogen den ehrlichen Leuten mit gemeinen Tricks das Geld aus der Tasche und hatten die Krise gemacht, die meines Vaters Drogenhandlung abzuwürgen drohte; sie ließen den Bauern das Vieh und das Korn wegholen und kauften von überallher Getreide zusammen, gossen Brennspiritus drüber und schütteten es dann ins Meer, damit die Deutschen verhungern sollten, denn sie haßten uns Deutsche über alle Maßen und wollten uns alle vernichten – warum sollten sie dann nicht in einem gelben Auto auf den Feldwegen lauern, um deutsche Mädchen abzufangen und abzuschlachten? Nein, ich zweifelte keinen Augenblick daran, daß das Judenauto existierte, und auch die Worte des Lehrers, der unterdessen die Klasse betreten und die Nachricht vom Judenauto, die alle Münder ihm zugeschrien, für wenig glaubwürdig erklärt hatte, änderten nichts. Ich glaubte an das Judenauto; ich sah es gelb, ganz gelb zwischen Kornfeld und Kornfeld fahren, vier schwarze Juden mit langen, spitzigen Messern, und plötzlich sah ich das Auto halten und zwei der Juden zum Kornfeld springen, an dessen Rand ein braunäugiges Mädchen saß und einen Kranz blauer Kornraden flocht, und die Juden, Messer zwischen den Zähnen, packten das Mädchen und schleppten es zum Auto, und das Mädchen schrie, und ich hörte ihren Schrei, und ich war selig, denn es war mein Name, den sie schrie. Laut und verzweifelt schrie sie meinen Namen; ich suchte nach meinem Colt, doch ich fand ihn nicht, und so stürmte ich mit bloßen Händen aus meinem Geheimgang hinaus und sprang die Juden an. Den ersten schmetterte ich mit einem Schlag gegen das Kinn zu Boden, dem zweiten, der das Mädchen schon hochgehoben hatte, um es in den Wagen zu wälzen, schlug ich mit der Handkante ins Genick, so daß auch er zusammensank; der Jude am Steuer gab Gas, und der Wagen schoß auf mich zu. Doch darauf war ich natürlich gefaßt gewesen und schnellte zur Seite; das Auto schoß vorbei, ich sprang auf sein Heck, zertrümmerte mit einem Faustschlag die Wagendecke, drehte dem Juden auf dem Beifahrersitz das Messer aus der zustoßenden Hand, warf ihn aus dem Wagen, überwältigte den Juden am Steuer, bremste, sprang ab und sah im Gras vorm Kornfeld ohnmächtig das Mädchen liegen, und sah ihr Gesicht, das vor mir reglos im Gras lag, und plötzlich sah ich nur ihr Gesicht: braune Augen, ein schmaler, kaum geschwungener Mund und kurzes, helles Haar über der hohen Stirn. Ich sah Wangen und Augen und Lippen und Stirn und Haar, und mir war, als sei dies Gesicht immer verhüllt gewesen und ich sähe es das erste Mal nackt. Scheu befing mich; ich wollte wegsehen und konnte es doch nicht und beugte mich über das Mädchen, das reglos im Gras lag und berührte, ein Hauch, mit meiner Hand ihre Wange, und mir wurde flammend heiß, und plötzlich brannte meine Hand: ein jäher Schmerz; mein Name dröhnte in mein Ohr; ich fuhr auf und der Lehrer hieb mir ein zweites Mal das Lineal über den Handrücken. »Zwei Stunden Nachsitzen«, schnaubte er, »ich werd' dir das Schlafen im Unterricht schon austreiben!« Die Klasse lachte. Der Lehrer schlug ein drittes Mal zu; die Hand schwoll auf, doch ich biß die Zähne zusammen: Zwei Bänke vor mir saß das Mädchen, dessen Gesicht ich im Gras gesehen hatte, und ich dachte, daß sie jetzt als einzige nicht über mich lachen würde. »Im Unterricht schlafen – glaubt der Kerl, die Bank sei ein Bett!« Der Lehrer hatte das als Witzwort gesprochen, und die Klasse brüllte vor Lachen. Ich wußte, daß sie niemals über mich lachen würde. »Ruhe«, schrie der Lehrer. Das Lachen verebbte. Die Striemen auf meiner Hand wurden blau.

Nach dem Nachsitzen traute ich mich nicht nach Hause; ich grübelte, als ich langsam die Dorfstraße hinaufging, nach einer glaubwürdigen Ausrede und kam schließlich auf den Gedanken, zu Haus zu erzählen, ich hätte dem Judenauto nachgeforscht, und so bog ich, um nicht von der Hauptstraße, sondern von den Feldern aus nach Hause zu kommen, von der Straße ab, und ging einen Feldweg hinauf, den Bergen zu: Kornfelder rechts und Wiesen links, und Korn und Gras wogten mir übers Haupt. Ich dachte nicht mehr ans Nachsitzen und nicht mehr an das Judenauto; ich sah das Gesicht des Mädchens in den Wellen der Gräser, und im Korn sah ich ihr helles Haar. Die Wiesen dufteten sinnverwirrend, das pralle Fleisch der Glockenblumen schwang blau in der Höhe meiner Brust; der Thymian sandte wilde Wellen betäubenden Duftes, Wespenschwärme brausten bös, und der Mohn neben den blauen Raden glühte, ein sengendes Gift, in hitzigstem Rot. Die Wespen schwirrten wild um mein Gesicht, die Sonne dünstete; die Grillen schrien mir eine irre Botschaft zu, große Vögel schossen jäh aus dem Korn auf; der Mohn neben den Raden lohte drohend, und ich war verwirrt. Ich war bisher arglos in der Natur gestanden wie eins ihrer Geschöpfe, eine Libelle oder ein wandernder Halm, doch nun war mir, als ob sie mich von sich stieße und ein Riß aufbräche zwischen meiner Umwelt und mir. Ich war nicht mehr Erde und nicht mehr Gras und Baum und Tier; die Grillen schrien, und ich mußte daran denken, daß sie beim Zirpen die Flügel aneinanderrieben, und plötzlich kam mir das schamlos vor, und plötzlich war alles verändert und wie zum erstenmal gesehen: Die Kornähren klirrten im Wind, das Gras schmiegte sich weich aneinander, der Mohn glühte, ein Mund, tausend Münder der Erde, der Thymian brodelte bitteren Dunst, und ich fühlte meinen Leib wie etwas Fremdes, wie etwas, das nicht Ich war; ich zitterte und fuhr mit den Fingernägeln über die Haut meiner Brust und zerrte an ihr; ich wollte schreien und konnte doch nur stöhnen; ich wußte nicht mehr, was mir geschah, da kam, Korn und Gras zur Seite drängend, ein braunes Auto langsam den Feldweg herunter.

Da ich es wahrnahm, schrak ich zusammen, als sei ich bei einem Verbrechen ertappt worden; ich riß die Hände von meiner Brust, und das Blut schoß mir jäh in den Kopf. Mühsam sammelte ich meine Gedanken. Ein Auto? Wie kommt ein Auto hierher, dachte ich stammelnd; da begriff ich plötzlich: das Judenauto! Ein Schauer überrann mich; ich stand gelähmt. Im ersten Augenblick hatte ich zu sehen vermeint, daß das Auto braun war; nun, da ich, entsetzt und von einer schaurigen Neugier angestachelt, ein zweites Mal hinblickte, sah ich, daß es mehr gelb als braun war, eigentlich gelb, ganz gelb, grellgelb. Hatte ich anfangs nur drei Personen drin gesehen, so hatte ich mich sicher getäuscht, oder vielleicht hatte sich einer geduckt, sicher hatte sich einer geduckt, es waren ihrer vier im Wagen, und einer hatte sich geduckt, um mich anzuspringen, und da fühlte ich Todesangst. Es war Todesangst; das Herz schlug nicht mehr; ich hatte sein Schlagen nie wahrgenommen, doch jetzt, da es nicht mehr schlug, fühlte ich es: ein toter Schmerz im Fleisch, eine leere Stelle, die, sich verkrampfend, mein Leben aussog. Ich stand gelähmt und starrte auf das Auto, und das Auto kam langsam den Feldweg herunter, ein gelbes Auto, ganz gelb, und es kam auf mich zu, und da, als habe jemand einen Mechanismus in Gang gesetzt, schlug mein Herz wieder, und nun schlug es rasend schnell, und rasend überschlugen sich meine Gedanken: schreien, davonlaufen, im Korn verstecken, ins Gras springen, doch da fiel mir in der letzten Sekunde noch ein, daß ich keinen Verdacht erregen durfte. Ich durfte nicht merken lassen, daß ich wußte: Das war das Judenauto, und so ging ich, von Grauen geschüttelt, mäßigen Schrittes den Feldweg hinunter, mäßigen Schrittes vor dem Auto, das Schritt fuhr, und mir troff der Schweiß von der Stirn, und ich fror zugleich, und so ging ich fast eine Stunde, obwohl es zum Dorf nur ein paar Schritte waren. Meine Knie zitterten; ich dachte schon, daß ich umfallen würde, da hörte ich, wie einen Peitschenschlag knallend, eine Stimme aus dem Wagen: ein Anruf vielleicht oder ein Befehl, und da wurde mir schwarz vor den Augen; ich spürte nur noch, wie meine Beine liefen und mich mit sich nahmen; ich sah und hörte nichts mehr und lief und schrie, und erst, als ich mitten auf der Dorfstraße stand, zwischen Häusern und unter Menschen, wagte ich keuchend, mich umzuschauen, und da sah ich, daß das Judenauto spurlos verschwunden war.

Natürlich erzählte ich am nächsten Morgen in der Klasse, daß mich das Judenauto stundenlang gejagt und fast errreicht habe und daß ich nur durch ganz tolles Hakenschlagen entkommen sei, und ich schilderte das Judenauto: gelb, ganz gelb und mit vier Juden besetzt, die blutige Messer geschwungen hatten, und ich log nicht, ich hatte alles ja selbst erlebt. Die Klasse lauschte atemlos; man hatte mich umdrängt und sah mich bewundernd und auch neidvoll an; ich war ein Held und hätte jetzt an Karlis Stelle der Anführer werden können, doch das wollte ich nicht, ich wollte nur einen Blick und wagte doch nicht, ihn zu suchen. Dann kam der Lehrer; wir schrien ihm die ungeheure Nachricht ins Gesicht. Fiebernd schilderte ich meine Erlebnisse, und der Lehrer fragte nach Ort und Zeit und Umständen, und ich konnte alles genauestens angeben, da waren keine Mogeleien und Widersprüche, da gab es nichts als unwiderlegbare Tatsachen: das gelbe, ganz gelbe Auto, die vier schwarzen Insassen, die Messer, das Blut am Trittbrett, der Feldweg, der Befehl, mich zu fangen, die Flucht, die Verfolgung; und die Klasse lauschte atemlos.

Da sah das Mädchen mit dem kurzen, hellen Haar auf, und nun wagte ich, ihr ins Gesicht zu sehen, und sie wandte sich halb in ihrer Bank um und sah mich an und lächelte, und mein Herz schwamm fort. Das war die Seligkeit; ich hörte die Grillen schreien und sah den Mohn glühen und roch den Thymianduft, doch nun verwirrte mich das alles nicht mehr, die Welt war wieder heil, und ich war ein Held, dem Judenauto entronnen, und das Mädchen sah mich an und lächelte und sagte mit ihrer ruhigen, fast bedächtigen Stimme, daß gestern ihr Onkel mit zwei Freunden zu Besuch gekommen sei; sie seien im Auto gekommen, sagte sie langsam, und das Wort »Auto« fuhr mir wie ein Pfeil ins Hirn; in einem braunen Auto seien sie gekommen, sagte sie, und sie sagte auf die hastige Frage des Lehrers: Sie seien zur gleichen Zeit, da ich das Judenauto gesehen haben wollte, den gleichen Feldweg hinabgefahren, und ihr Onkel habe einen Jungen, der am Wiesenrand gestanden habe, nach dem Weg gefragt, und der Junge sei schreiend davongelaufen, und sie strich die Zunge über ihre dünnen Lippen und sagte, ganz langsam, der Junge am Weg habe genau solche grünen Lederhosen getragen wie ich, und dabei sah sie mich freundlich lächelnd an, und alle, so fühlte ich, sahen mich an, und ich fühlte ihre Blicke bös wie Wespen schwirren, Wespenschwärme über Thymianbüschen, und das Mädchen lächelte mit jener ruhigen Graumsamkeit, deren nur Kinder fähig sind. Als dann eine Stimme aus mir herausbrüllte, die blöde Gans spinne ja, es sei das Judenauto gewesen: gelb, ganz gelb und vier schwarze Juden drin mit blutigen Messern, da hörte ich wie aus einer anderen Welt durch mein Brüllen ihre ruhige Stimme sagen, sie habe mich ja selbst vor dem Auto davonlaufen sehen. Sie sagte es ganz ruhig, und ich hörte, wie mein Brüllen jählings abbrach; ich schloß die Augen, es war totenstill, da plötzlich hörte ich ein Lachen, ein spitzes, kicherndes Mädchenlachen wie Grillengezirp schrill, und dann toste eine brüllende Woge durch den Raum und spülte mich fort. Ich stürzte aus der Klasse hinaus und rannte aufs Klosett und schloß hinter mir zu; Tränen schossen mir aus den Augen, ich stand eine Weile betäubt im beizenden Chlorgeruch und hatte keine Gedanken und starrte die schwarzgeteerte, stinkende Wand an, und plötzlich wußte ich: Sie waren dran schuld! Sie waren dran schuld, sie, nur sie: Sie hatten alles Schlechte gemacht, das es auf der Welt gibt, sie hatten meinem Vater das Geschäft ruiniert, sie hatten die Krise gemacht und den Weizen ins Meer geschüttet, sie zogen mit ihren gemeinen Tricks den ehrlichen Leuten das Geld aus der Tasche, und auch mit mir hatten sie einen ihrer hundsgemeinen Tricks gemacht, um mich vor der Klasse zu blamieren. Sie waren schuld an allem; sie, kein anderer, nur sie! Ich knirschte mit den Zähnen: Sie waren schuld! Heulend sprach ich ihren Namen aus; ich schlug die Fäuste vor die Augen und stand im schwarzgeteerten, chlordünstenden Knabenklosett und schrie ihren Namen: »Juden!« schrie ich und wieder: »Juden!«, wie das nur klang: »Juden, Juden!«, und ich stand heulend in der Klosettzelle und schrie, und dann erbrach ich mich. Juden. Sie waren schuld. Juden. Ich würgte und ballte die Fäuste. Juden. Judenjudenjuden. Sie waren dran schuld. Ich haßte sie.

Ein verächtlicher Blick

Das Telefon summte, der Polizeipräsident nahm den Hörer auf.
»Ja?«

»Hier spricht Wachtmeister Kerzig. Soeben hat ein Passant mich
verächtlich angeschaut.«

»Vielleicht irren Sie«, gab der Polizeipräsident zu bedenken. »Fast
jeder, der einem Polizisten begegnet, hat ein schlechtes Gewissen
und blickt an ihm vorbei. Das nimmt sich dann wie Geringschät-
zung aus.«

»Nein«, sprach der Wachtmeister. »So war es nicht. Er hat mich
verächtlich gemustert, von der Mütze bis zu den Stiefeln.«

»Warum haben Sie ihn nicht verhaftet?«

»Ich war zu bestürzt. Als ich die Kränkung erkannte, war der Mann
verschwunden.«

»Würden Sie ihn wiedererkennen?«

»Gewiß. Er trägt einen roten Bart.«

»Wie fühlen Sie sich?«

»Ziemlich elend.«

»Halten Sie durch, ich lasse Sie ablösen.«

Der Polizeipräsident schaltete das Mikrofon ein. Er entsandte einen
Krankenwagen in Kerzigs Revier und ordnete an, daß man alle rot-
bärtigen Bürger verhafte.

Die Funkstreifen waren gerade im Einsatz, als der Befehl sie erreichte. Zwei von ihnen probierten aus, welcher Wagen der schnel-
lere sei, zwei andere feierten in einer Kneipe den Geburtstag des
Wirtes, drei halfen einem Kameraden beim Umzug, und die übrigen machten Einkäufe. Kaum aber hatten sie vernommen, um was
es ging, preschten sie mit ihren Wagen in den Kern der Stadt.

Sie riegelten Straßen ab, eine um die andere, und kämmten sie
durch. Sie liefen in die Geschäfte, in die Gaststätten, in die Häuser,
und so sie einen Rotbart aufspürten, zerrten sie ihn fort. Überall
stockte der Verkehr. Das Geheul der Sirenen erschreckte die Bevöl-

kerung, und es liefen Gerüchte um, die Hetzjagd gelte einem Massenmörder.

Wenige Stunden nach Beginn des Kesseltreibens war die Beute ansehnlich; achtundfünfzig rotbärtige Männer hatte man ins Polizeipräsidium gebracht. Auf zwei Krankenwärter gestützt, schritt Wachtmeister Kerzig die Verdächtigen ab, doch den Täter erkannte er nicht wieder. Der Polizeipräsident schob es auf Kerzigs Zustand und befahl, daß man die Häftlinge verhöre. »Wenn sie«, meinte er, »in *dieser* Sache unschuldig sind, haben sie bestimmt etwas anderes auf dem Kerbholz. Verhöre sind immer ergiebig.«

Ja, das waren sie wohl, jedenfalls in jener Stadt. Man glaube jedoch nicht, daß die Verhörten mißhandelt wurden; so grob ging es nicht zu, die Methoden waren feiner. Seit langer Zeit hatte die Geheimpolizei durch unauffälliges Befragen der Verwandten und Feinde jedes Bürgers eine Kartei angelegt, aus der man erfuhr, was ihm besonders widerstand: das Rattern von Stemmbohrern, grelles Licht, Karbolgeruch, nordische Volkslieder, der Anblick enthäuteter Ratten, schlüpfrige Witze, Hundegebell, Berührung mit Fliegenleim, und so fort. Gründlich angewandt, taten die Mittel meist ihre Wirkung: sie entpreßten den Befragten Geständnisse, echte und falsche, wie es gerade kam, und die Polizei frohlockte. Solches stand nun den achtundfünfzig Männern bevor.

Der Mann, dem die Jagd galt, befand sich längst wieder in seiner Wohnung. Als die Polizisten bei ihm läuteten, hörte er es nicht, weil er Wasser in die Badewanne strömen ließ. Wohl aber hörte er, nachdem das Bad bereitet war, den Postboten klingeln und empfing von ihm ein Telegramm. Die Nachricht war erfreulich, man bot ihm einen guten Posten im Ausland an – freilich unter der Bedingung, daß er sofort abreise.

»Gut«, sagte der Mann. »Gut. Jetzt sind zwei Dinge zu tun: der Bart muß verschwinden, denn ich bin ihn leid, und ein Paß muß her, denn ich habe keinen.«

Er nahm sein Bad, genüßlich, und kleidete sich wieder an. Dem Festtag zu Ehren, wählte er eine besonders hübsche Krawatte. Er ließ sich durchs Telefon sagen, zu welcher Stunde er auf ein Flugzeug rechnen könne. Er verließ das Haus, durchschritt einige Straßen, in die wieder Ruhe eingekehrt war, und trat bei einem Friseur ein. Als dieser sein Werk verrichtet hatte, begab der Mann sich ins Polizeipräsidium, denn nur dort, das wußte er, war in sehr kurzer Frist ein Paß zu erlangen.

Hier ist nachzuholen, daß der Mann den Polizisten in der Tat geringschätzig angeschaut hatte – deshalb nämlich, weil Kerzig seinem Vetter Egon ungemein glich. Für diesen Vetter, der nichts taugte und ihm Geld schuldete, empfand der Mann Verachtung, und die war nun, als er Kerzig gewahrte, ungewollt in seinen Blick hineingeraten. Kerzig hatte also richtig beobachtet, gegen seine Meldung konnte man nichts einwenden.

Ein Zufall wollte es, daß der Mann beim Eintritt ins Polizeipräsidium erneut dem Polizisten begegnete, der ihn an Vetter Egon erinnerte. Dieses Mal aber wandte er, um den anderen nicht zu kränken, seine Augen rasch von ihm ab. Hinzu kam, daß es dem Armen offenbar nicht gut ging; zwei Wärter geleiteten ihn zu einem Krankenwagen.

So einfach, wie der Mann es gewähnt, ließ sich die Sache mit dem Paß nicht an. Es half ihm nichts, daß er mancherlei Papiere bei sich führte, daß er das Telegramm vorwies: die vermessene Hast des Unternehmens erschreckte den Paßbeamten.

»Ein Paß«, erklärte er, »ist ein wichtiges Dokument. Ihn auszufertigen, verlangt Zeit.«

Der Mann nickte. »So mag es in der Regel sein. Aber jede Regel hat Ausnahmen.«

»Ich kann den Fall nicht entscheiden«, sagte der Beamte. »Das kann nur der Polizeipräsident.«

»Dann soll er es tun.«

Der Beamte kramte die Papiere zusammen und erhob sich. »Kommen Sie mit«, sprach er. »Wir gehen den kürzesten Weg – durch die Amtszimmer.«

Sie durchquerten drei oder vier Räume, in denen lauter rotbärtige Männer saßen. »Drollig«, dachte der Mann. »Ich wußte nicht, daß es ihrer so viele gibt. Und nun gehöre ich nicht mehr dazu.«

Wie so mancher Despot, gab der Polizeipräsident sich gern weltmännisch. Nachdem der Beamte ihn unterrichtet hatte, entließ er ihn und hieß den Besucher Platz nehmen. Diesem fiel es nicht leicht, ein Lächeln aufzubringen, denn der Polizeipräsident ähnelte seinem Vetter Arthur, den er gleichfalls nicht mochte. Doch die Muskeln, die ein Lächeln bewirken, taten brav ihre Pflicht – es ging ja um den Paß.

»Kleine Beamte«, sprach der Polizeipräsident, »sind ängstlich und meiden jede Entscheidung. Selbstverständlich bekommen Sie den Paß, sofort, auf der Stelle. Ihre Berufung nach Istanbul ist eine Ehre für unsere Stadt. Ich gratuliere.« Er drückte einen Stempel in den Paß und unterschrieb.

Lässig, als sei es ein beliebiges Heftchen, reichte er seinem Besucher das Dokument. »Sie tragen da«, sprach er, »eine besonders hübsche Krawatte. Ein Stadtplan – nicht wahr?«

»Ja«, erwiderte der Mann. »Es ist der Stadtplan von Istanbul.«

»Reizender Einfall. Und nun –« der Polizeipräsident stand auf und reichte dem Mann die Hand – »wünsche ich Ihnen eine gute Reise.« Er geleitete den Besucher zur Tür, winkte ihm freundlich nach und begab sich in die Räume, wo man die Häftlinge vernahm.

Ihre Pein zu kürzen, hatten die Bedauernswerten manches Delikt eingestanden, nur jenes nicht, dessen man sie bezichtigte. »Weitermachen!« befahl der Polizeipräsident und ging zum Mittagessen.

Bei seiner Rückkehr fand er eine Meldung vor. Ein Friseur hatte ausgesagt, er habe am Vormittag einen Kunden auf dessen Wunsch seines roten Bartes entledigt. Den Mann selbst könne er nicht beschreiben, doch erinnere er sich eines auffälligen Kleidungsstückes: einer Krawatte mit einem Stadtplan.

»Ich Esel!« schrie der Polizeipräsident. Er eilte die Treppe hinunter, zwei Stufen mit jedem Satz. Im Hof stand wartend sein Wagen. »Zum Flugplatz!« rief er dem Fahrer zu und warf sich auf den Rücksitz.

Der Fahrer tat, was er vermochte. Er überfuhr zwei Hunde, zwei Tauben und eine Katze, er schrammte eine Straßenbahn, beschädigte einen Handwagen mit Altpapier und erschreckte Hunderte von Passanten. Als er sein Ziel erreichte, erhob sich weit draußen, auf die Sekunde pünktlich, das Flugzeug nach Istanbul von der Rollbahn.

Der Tänzer Malige

Was zu erzählen ist vom Tänzer Malige, ist eine Geschichte und fängt an im August 39, in den letzten Tagen dieses Monats, in einer kleinen, vor lauter Unübersichtlichkeit kaum beschreiblichen Landstadt.

Da ist in der Mitte, wie überall in solchen Städtchen, ein ziemlich großer Marktplatz, ganz leer. Nicht nur am Tag, jetzt, in diesem heißen Monat, wo man lieber an den niedrigen Giebelhäusern entlangschleicht als den Platz zu queren, mit vergehendem Atem sich durch diesen weichen, gleichwohl massiven Block glühender Luft zu zwängen, der wie zurechtgeschnitten und eingepaßt den viereckigen Platz genau bis an die Fassaden der ihn eingrenzenden Häuserreihen ausfüllt.

Auch abends, wenn es ein bißchen kühl herüberkommt, von irgendwo her, vom nordwestlich gelegenen See oder den feuchten Wiesen im Süden, nach dem Dorf Paradies zu und weiter nach Venedien hinunter, bleibt man lieber nahe bei den Häusern, in die man eintreten kann, wenn man will, und ausruhen, Abend ist eine müde Zeit, und man wär allein auf dem weiten Platz. Und dann kommt auch das Mondlicht bald und macht das Buckelpflaster so merkwürdig glänzen.

Was findet man nicht alles an Gründen, nur um nicht über einen Marktplatz gehen zu müssen, allein, in diesem Jahr 39.

Im Spätsommer. Der sehr warm ist. Wo beginnt, was zu erzählen ist vom Tänzer Malige.

Er steckt jetzt in dieser Kaserne am Stadtrand, angezogen als ein Soldat, sitzt am Tisch mit anderen, sie spielen Karten, immer so üblich herum um den üblichen Kasernentisch, es ist schon beinahe lästig, wie ihm die Karten in der Hand immer wieder zu einem Kunststück ansetzen, einem komischen Orakel, einem waghalsigen Zahlenzauber, natürlich einem Trick, leicht aufzuklären, erlernbar also und unsolide doch. Das mag ja sonst alles zur guten

Laune dienen, mag ja sein, aber beim Spiel wohl nicht, wo es um Zehntelpfennige geht, trotz Blömkes Angebot zu einem Dreipfennigskat.

Also Malige, und nun Blömke, und außerdem Kretschmann und Naujoks. Die anderen vor den offenen Militärspinden, mit Stiefelputzen befaßt, für den Stadtausgang. Blömke schmeißt die Karten hin. Spielen kann man mit dir nicht, sagt er. Und Kretschmann und Naujoks nicken dazu. Also werden sie, wenn die andern hinaus sind, hinüberwechseln in die Kantine und eine Weile Bier trinken und reden, bis Blömke in Rage gekommen ist und, statt der Karten, die Fünfzigmarkscheine auf den Tisch blättert und saufen läßt, was saufen will. Dann ist Reservist Blömke, mit dem Dienstgrad Soldat, in einem Nu avanciert, zum Herrn Blömke, von dem man weiß, daß er einen Kohlenhandel betreibt.

Das geht schon den fünften Tag so. Kasernendienst: Exerzieren, rechtsum linksum, Gewehrreinigen, Stiefelappell. Die halbe Kaserne steckt voll Reservisten. Gastwirt Zelt zieht sich mit beiden Armen am Geländer hoch wegen eines jämmerlichen Muskelkaters, Kretschmann ist Hafenarbeiter, Lastträger in der Provinzialhauptstadt, ihn stört das Hantieren mit dem Gewehr oder dem Holzschemel nicht, Naujoks hat ein gleichmütiges Naturell, er fragt, wenn der Offizier beim Appell mit empörtem Abscheu auf einen Fleck am Gewehrlauf deutet: Kennst nicht Rost, Herr Leutnant?

Es sind ältere Leute, Reservisten, wie gesagt, eingezogen und hier versammelt in diese Kleinstadt. Man redet viel, auch vom Krieg, aber mehr von Mannestugenden, deutschen Tugenden, man glaubt nicht sehr an einen neuen Krieg, es gibt da Städte nach Masuren hinunter, die tragen noch die Spuren des letzten. Also denkt man: eine Militärübung, wie gehabt. Es gibt da ja diesen Nichtangriffspakt, das sollte einen beruhigen können. Aber Blömke ist Geschäftsmann, er nimmt Malige beiseite. Wenn man Zigarrenstummel frißt, sagt er, und der Tänzer beendet: Kriegt man das Kotzen. Na schön, sagt Blömke, aber wenn immer wieder –? Darauf lautet die Auskunft eines erfahrenen Mannes: Dann werden sie denken, du hast Magengeschwüre. Und das ist auch schon alles, was Blömke wissen muß.

Ein paar Tage später rennen die Hauptfeldwebel und jungen Offiziere aufgescheucht herum, die neuen Einheiten, die geteilten und mit Reservisten aufgefüllten Kompanien werden verladen, teils auf Lastwagen, teils auf Eisenbahnzüge, es gibt noch einmal ein großes Durcheinander bei der Verteilung der Gasmaske 30, wie das Ding heißt. Das ist zu nichts gut, sagt Kretschmann, höchstens zum Leuteverrücktmachen.

Ach, Malige, was ist das alles? Du hast deine Arbeit gehabt, zuletzt im Lunapark, vorher in Bremerhaven, vorher in Kopenhagen im Tivoli, deswegen füllst du noch einen Zettel aus: letzter Auslandsaufenthalt, deine Arbeit, Kraftakt genannt: Handstand einarmig auf einem grünen Flaschenhals, jedenfalls in den letzten Jahren, vorher Fänger, Untermann im Varieté, aber eigentlich Tänzer, man glaubts, wenn man dich sieht, schlank und mit einem Gang von natürlichster Auffälligkeit, die Fußspitzen ein wenig zu weit auswärts gesetzt. Sag uns was rechtes, Malige, statt deiner Späße.

Halten Sie bloß die Schnauze. Das ist Leutnant Anflugs Bubenstimme, zu hören auf der Straße in Mlawa, da sind sie über die polnische Grenze und Soldat Malige hat irgend etwas antworten wollen, das einem wie Sand zwischen die Zähne gerät, ein Wort oder zwei: auf Anflugs Mannesrede von Polengesindel und Verjudung, sozusagen im Anschluß an Reserveunteroffizier Benedikts Kasernenvortrag: Das Reich als Ordnungsmacht in Europa. Aber was hat er eigentlich gesagt, dieser Tänzer? Er geht in ein Polenhaus und spielt Klavier. Ist das alles?

Und Kretschmann, angesoffen, rennt um einen Bretterstall mit geschwungenem Seitengewehr und nagelt ein Huhn an die Erde. Und Küchenunteroffizier Markschies kauft es ihm ab, für Zigaretten. Und Naujoks hat ein Gespräch mit Polen. Und Zelt handelt mit Brot. Wenn schon die älteren Leute nichts wissen? Wiechert sagt: Du glaubst doch nicht, daß der Krieg morgen zuende ist?

Das ist hier ein Städtchen, an einem Flüßchen, das eine Ufer flach, das gegenüberliegende mit mäßigen Hängen von wechselnder Höhe, ein auseinandergestreutes Dorf, oder viele Dörfer, städtische Bauwerke einfach dazwischen, Krankenhaus, Schule, soetwas, eine katholische Kirche, eine Synagoge. Die Leute hier sind nicht viel gutes gewohnt, scheint es, und so arglos nicht, wie sie sich geben:

mit Herumstreichen um die Soldaten, mit Gesten und ein paar Brocken deutsch.

Leutnant Anflug residiert auf dem Hochufer. Da sind seine Nachrichtenfahrzeuge aufgestellt, Vermittlung und Kabelwagen, und dorthin ist Sanitätsgefreiter Maschke unterwegs, und Malige, den er auf der Holzbrücke trifft, schließt sich ihm an, wegen Blömkes Krankmeldung, von der ihm Maschke erzählt: Leibschmerzen, aber mit Fieber.

Maschke, auf kurzen Beinen, weiß, als Drogist, Symptome zu deuten. Malige meint auch: Magengeschwüre. Hat mir ja schon immer die halbe Schachtel aufgefressen – na ja: Kohlekompretten. Und dann sind sie, von seitwärts, den Abhang hinauf.

Hier oben weht ein Lüftchen. Anfang September. Ein schönes Jahr. Man kann sich umdrehn und auf die Stadt zurückschaun. Maschke tut das für einen Augenblick, täte es vielleicht länger, aber er wendet sich sofort wieder um, Malige hat gesagt: Sieh doch mal, – nicht lauter als sonst, doch in einem so eigenartigen Ton, daß es einen einfach auf dem Absatz dreht.

Na ja, da ist also etwas zu sehen.

Unten am Ufer ein Haufen Juden, schwarze Kaftane, Bärte, schwarze Hüte, um eine schwere Kabeltrommel herum, die sie sich aufzuladen versuchen und doch wieder absetzen für einen erneuten Versuch, alte Männer, und jetzt zerren sie zu dritt oder viert die Trommel den Abhang hinauf, gelangen so bis zur halben Höhe, und Anflug steigt ihnen entgegen und tritt ihnen das Ding aus den Händen. Soll wohl getragen werden. Da rollt es hinunter. Aufhalten, schreit Anflug. Na ja, soll ja wohl nicht absaufen im Fluß.

Das ist so ein Spaß. Die Juden hat sich Anflug aus der Synagoge drüben geholt, wo sie sich versammelt hatten, der ganze Haufen. Und was hat das nun für einen Sinn: Hinunterrollen lassen, wieder hinauftragen, wieder hinunterrollen lassen? Arbeiten lernen, meint Anflug. Maschke findet es komisch.

Malige wohl auch. Denn er springt ein paar Schritte vor, hat jetzt die Beine in einen Tanzschritt gebracht, so eine Art Prozessionsschritt, Hüpfer, schnelle Schrittfolgen, plötzliches Stehnbleiben, vor, zwei Schritte zurück. An Anflug vorbei, der es sehen müßte, aber anderes zu tun hat, bis zur Kante des Abhangs vor. Und jetzt –

das ist nun schon wahre Kunst – mit der gleichen Schrittfolge den Hang hinab, nicht ein bißchen schneller, Zeitlupe sozusagen. Wohl verrückt geworden, schreit Anflug. Das kann er jetzt nicht mehr übersehen, dieses Affentheater.

Maschke läßt seinen Blömke Blömke sein, nämlich krank, er rennt an den Abhang, steht, sieht: Malige ist unten angekommen, breitet die Arme, bewegt sie wie Flügel, ein grüner Vogel in einem Dohlenschwarm, fordert offenbar seine Zuschauer, die alten Herrschaften dort unten, zum Platznehmen auf, er, Malige, werde sich mit einer Gratisvorstellung präsentieren – aber er sagt ja wohl, wie fachüblich, produzieren –, hat die Kabeltrommel bereits ergriffen, sie aufgehoben – wie ein Zauberkistchen, wo gleich die Tauben herausflattern werden und hinterher ein Sonnenschirm, der sich von selber öffnet, so leicht jedenfalls –, und ist noch immer in seinem Tanzschritt, den Kopf zurückgeworfen. Und jetzt, die Trommel vor sich her tragend, als müßte er sie festhalten, sie flöge ihm sonst fort, den Hang aufwärts, nicht ein bißchen langsamer oder schneller.

Anflug oben schwankt, setzt einen Fuß vor, greift nach seiner Feldmütze, nach dem Koppelzeug, hat zu schreien begonnen, schreit, schreit wie ein Tier, Befehle oder was, ein sinnloses Durcheinander. Und Malige, sieht er, tanzt auf ihn zu, immer näher, ein paar Meter noch, mit zurückgeworfenem Kopf, offenem Mund.

Von den Wagen herüber, der ganze Zug kommt gerannt – Kretschmann, Zelt, Wiechert, Markschies, Naujoks –, steht, blickt dem Tänzer entgegen, tritt zur Seite, als er über den Hang auftaucht, vor der Kante noch einmal den Schritt zurück tut, die vier kurzen Schrittchen folgen läßt und nun, oben angekommen, die Kabeltrommel im Arm, auch noch den Hüpfer.

Zu Anflugs Geschrei, der die Pistole herausgerissen hat, beim Durchladen das Magazin verliert, sie fallen läßt, plötzlich, und kehrt macht, davonläuft, noch immer schreiend.

Das ist eigentlich schon die ganze Geschichte. Am Anfang eines Krieges. Auf einem polnischen Ufer. Über einer Stadt, die bald in Rauch aufgeht. Am Anfang eines Krieges, der noch lange geht. In dem Blömke seinen Entlassungsschein bekommt, wegen Magengeschwüren, und zwei Jahre danach erneut eingezogen wird. In

dem Naujoks stirbt, an einer Kugel, und Kretschmann den Helden-
tod erleidet, im Keller einer Brauerei, wo er vierzehn Tage später
ertrinkt. In dem sich Gastwirt Zelt einen Hund zulegt, einen Terrier
namens Lady, aber das ist schon im Jahr darauf, in Frankreich.
Leutnant Anflug wird fortgebracht. Zu einer anderen Einheit versetzt. Unmögliches Verhalten. Und die Geschichte mit Malige
wird erst einmal vergessen, am Anfang des Krieges. Vielleicht, daß
er noch lange lebt. Dann kommt er wohl zu einem Frontkabarett,
bei seinem Können wahrscheinlich oder immerhin möglich, obwohl sie da lieber Damen nehmen, ich weiß es nicht. Ich weiß nur,
was ich erzählt habe.
Höchstens noch: daß es Abend wird, nach dieser Geschichte. Daß
auf dem hohen Ufer, ein Stück hinter den Fahrzeugen Strohschober
stehen und sonderbar glänzen, als sich das Mondlicht auf sie herab-
läßt. Während die Nebel aufstehen über dem Fluß. Und daß nichts
einen hindern würde, über die Brücke zu gehn und durch die Stadt,
jetzt in der Dunkelheit, – begegnete man sich nicht selber, ausgerechnet hier, in dieser polnischen Stadt, ohne auch nur einen Grund
dafür zu finden.

Legende vom großen Bett

Es kommt aus Mittelengland, aus der Grafschaft Cheshire, aus einem Ort, der Skye heißt, es ist früher datiert als das große Bett von Ware, es ist aus dem frühen sechzehnten Jahrhundert. Dort steht es also, und zwar bis zur großen Pest im Jahre 1522, ebenfalls in einem Gasthof, einer einfacheren Herberge, besucht meist von Reisenden zu Fuß, von müden Wanderern ohne besonderes Glück oder Geschick. Es bot, wie gesagt, sieben Personen Platz, vielleicht nicht jede Nacht, aber zur Zeit der großen Wallfahrten oder anderer Märkte und Bewegungen, da war es voll, da mußten wahrscheinlich sogar Gäste abgewiesen werden. Und da schliefen sie denn, die rechtzeitigen Sieben, die einander nicht kannten, bis auf die Ehepaare, Reisende, die einander zufällig im Gasthaus, bei Tisch oder im Bett begegneten; es ist möglich, daß die äußeren Schläfer einander nicht zu Gesicht bekamen, mancher mag schon geschlafen haben, als der andere kam, und früh morgens schon weitergezogen sein, als der andere erwachte. Manchmal, im Sommer, sehe ich mich beim Erwachen als der letzte von sieben Schläfern, sehe an meinen beiden Seiten je drei Abdrücke von Schicksalen, die eine ganze Nacht lang neben dem meinen herliefen, ohne es berührt zu haben; sehe mich als einen der sieben letzten Schläfer in diesem Bett, etwas als einen sündigen Mönch, oder als einen müden Soldat, oder als einen deutschen Edelmann vielleicht, der sich im Weltekel bis hierher vorwärtsgetastet hat und nicht weiter, oder als einen satten Müller.

Hier liege ich in meinen Sommernächten, in diesem Bett, das sieben Schläfern Platz bot –, in dem aber schon lange, lange keine sieben Schläfer mehr gelegen haben, nicht seit jener Nacht im späten Frühling oder sagen wir im frühen Sommer des Jahres 1522, da lagen vielleicht sieben Schläfer in diesem Bett, zum letzten Mal –
da kam früh abends ein Mann, vielleicht ein Mönch, schmächtig

und dünn bis auf seine großen, breitgetretenen, auf entsagungsvollen Wegen erhärteten Barfüße, vor die Herberge, in der dieses Bett stand, er kam müde, er war vielleicht schon wochenlang unterwegs, kam von St. Gallen, und sein Ziel war Irland – betrat das Gasthaus, erbettelte dort einen Eintopf aus Resten, den ihm die Wirtin gern gab, da sie mit der Speisung von dieserart Gästen ihren Platz im Jenseits zu halten hoffte, der ihr aus mancherlei Gründen nicht sicher zu sein schien –, er, der Mönch, ißt, verrichtet schnell sein Gebet und seine anderen kärglichen Bedürfnisse, steigt hinauf zum Schlafraum, wo dieses Bett stand, entledigt sich seines Skapuliers, des Zingulum, während sich unten vielleicht ein weiterer, diesmal weiblicher Wanderer der Nacht der Haustür nähert –, die Kutte behält er an, dieser Mönch, den Rosenkranz wickelt er fester um das Handgelenk, damit die Devotionalie auch in seiner schlafenden Abwesenheit für ihn bete, er geht zum Bett, schlägt den Belag zurück, um sich an den äußersten Rand zu legen, denn er will der erste sein, der aufstehe, nicht um sich Peinlichkeit zu ersparen, Peinlichkeit gab es damals noch nicht, sondern weil er einen weiten Weg vor sich hat. An Versuchungen denkt er nicht.

Schien der Mond?

Ja – oder sagen wir, er schien noch nicht, aber er war im Aufgehen, ein Dreiviertelmond vielleicht, er hat das Fenster noch nicht erreicht, hinter dem der Mönch liegt, dafür legt er einen langen Schatten neben den zweiten Gast, die Gästin, die, während der Mönch sich auszieht, vor der Tür steht, während der Mönch sich hinlegt, das Haus betritt und damit den Mondschatten ablegt, eine Dame, die bessere Nächte gekannt hat und schlechtere kennenzulernen fürchtet, aber nicht mehr kennenlernen wird, eine Courtisane, nenne ich sie Anne. Anne ist am Altern, hat daher die Gunst ihres letzten Galans, des alten Herzogs von Northumberland verloren – falls damals dieser Titel besetzt war –, der hat plötzlich Gefallen an minderjährigen Pächterstöchtern entdeckt, an Jungfernhäutchen, und das ius primae noctis wachgerüttelt –, aber das wäre eine andere Geschichte, wahrscheinlich eine schlechte.

Anne ist auf dem Weg von den Gütern des Nordens zur Gosse des Südens, London oder Frankreich, ihre Hoffnung ist zwar nicht groß, aber noch nicht erloschen, noch ist sie stattlich, üppig, aber unter der Stattlichkeit fault es, ihre Haut wirft keine Hügel mehr sondern Falten, Runzeln, und die Seide darauf wird matt, der Samt darauf glänzend und alles fadenscheinig. Während oben, noch nicht beleuchtet vom steigenden Mond, der Mönch den Bettbelag über sich legt und die Hände zwischen dem Rosenkranz faltet, zu einem letzten, ich sage letzten, Gebet – inzwischen weiß ich, auf was ich hinaus will – leert unten Anne mit der Wirtin einen Krug mit Ale, sie erzählt, während der Mond schon kürzere Schatten wirft – einen davon vielleicht über ein Ehepaar, ein Müllerpaar, im Staub der Straße, dem Gasthaus noch nicht nah, aber ihm zustrebend – erzählt der Wirtin, im unverhohlenen Grundwörterschatz der Zeit, vom Geschehen in großen weichen spiegelverglasten Räumen, die sie nun für immer hinter sich gelassen hat. Die Wirtin hört zu und schweigt und verschweigt den gegensätzlichen Gast dort oben, dessen Abdruck auf dem Bettbelag der Mond nun in einem schmalen Streifen, einem Strich erreicht. Da liegt er, an fremde und – wahrhaftig! – an schlimmere Schlafstätten gewöhnt, dennoch in eine unheilvolle Ahnung gehüllt – Anne unten zerlegt ein Täubchen, lutscht an ihren Fingern, er oben versucht seine nächtlich gelockerten schweifenden Gedanken auf der Bahn der Mitte zu halten, die geradenweges zu Gott führt, er hält den Blick seines schmalen Geistes von Seitenpfaden ab, obgleich er sie seltsam spürt –, unten sitzt also die Wirtin, sitzt Anne, knackt, schlürft, schluckt, schleckt sich die Lippen, spült einen Krug Ale der Mahlzeit nach, oben liegt der Mönch, müde, draußen gehen Wanderer, waltet die Nacht, scheint der Mond und bescheint inzwischen ein größeres Stück Bett, in dem der Mönch einschläft, und Anne wischt sich den Mund mit dem Arm, schürzt ihre Röcke, wünscht der Wirtin eine gute Nacht und steigt langsam die Treppe empor, der Mond beleuchtet die Treppe nicht, beleuchtet auch die Küche nicht, in der nun wieder die Wirtin steht, um für kommende Gäste eine Mahlzeit – die letzte Mahlzeit – zu bereiten –; beleuchtet aber das Müllerpaar, das dem Gasthaus nun näher ist, beleuchtet nicht oder kaum einen, der sich mühsam dahinschleppend schon die Gasthaustür erreicht – denn jetzt wird es Zeit für die dritte Stimme der Fuge – einen jungen Soldaten, der kommt – aus welcher Schlacht? – er kommt aus der Schlacht von Padua, derselben, in der Marthe Schwerdtleins Gatte

gefallen ist und sich Herzog Maximilian von Bayern eine ehren-
hafte Schwertwunde erworben hat. Er ist erst neunzehn, aber sein
Körper altert seit Tagen unheilvoll, er wirft kaum noch einen
Schatten, obgleich der Mond ihn sieht, Anne auf der Treppe und
die Wirtin in der Küche sieht er nicht, der Mond, sieht und beleuchtet dafür einen Traum, der auf den Mönch zuflattert, einen frommen Traum, der aber bei heutiger Betrachtung weniger fromme
Deutung zuläßt, der setzt sich auf seinen schmächtigen Träumer,
um Besitz von ihm zu ergreifen – wie steht die Fuge? Anne oben,
der Soldat vor der Gasthaustür, das Müllerpaar schon nahe, ein anderer Wanderer noch weit, ein weiteres Paar noch weiter, Traum
im Mönch, Mönch im Bett, Mond am Himmel, und Anne beginnt
sich auszuziehen, sie legt Zuckerhuthaube, Schleier, Band und
Brusttuch ab, Umhang, Mieder, Überkleid, Unterkleid, sie schält
sich aus den Hüllen, bis sie ist wie Gott sie hat werden lassen, wenn
auch nicht wie er sie erschaffen hat, splitternackt und guter Hoffnung auf ein früchtetragendes Abenteuer, nur ihre goldene Hals-
kette mit dem elfenbeinernen Erlöser daran, die behält sie an, nicht
weil sie dem Glauben an diesen Erlöser huldigt, nein, er ist ihr zwar
streng anerzogen aber lang abhanden gekommen, vielmehr behält
sie ihn an, weil er ein Wertgegenstand ist, den sie ihrer unsicheren
Zukunft entgegenzubringen gedenkt – splitternackt fällt ihr Blick
auf Skapulier und Zingulum, schwarz im Dunkel des Zimmers,
nicht im Mondlicht, das auf das staubhelle Wams des Soldaten fällt,
der soeben das Gasthaus betritt, angefressen vom Tod, den aber der
Mond nicht beleuchtet, dafür beleuchtet er unter Milliarden nen-
nenswerter Gegenstände das Müllerpaar, nun schon beinahe am
Gasthaus, getrieben vom Verlangen nach einer reichen Mahlzeit –,
beleuchtet auch den anderen Wanderer, noch am Stadttor der Stadt
Skye, und ein anderes Paar, noch weit vor dem Stadttor der Stadt
Skye, beleuchtet Annes Erstaunen, ihre Bekreuzigung beleuchtet er
nicht, denn sie bekreuzigt sich nicht, ihre Augen suchen in diesem
Bett, meinem großen Sommerbett, nach dem Träger der frommen
Kleidung und finden ihn in einem Fleckchen von schrägem Mondlicht, das aber haltmacht vor dem Teufel, der die Dirne be-
schleicht –, ihr Teufel also liegt in tiefem Dunkel, ebenso das Lächeln, das sich in ihr, von dem Teufel ausgehend, ausbreitet – dafür

beleuchtet dieser Mond den Traum des keuschen Schläfers, der vielleicht einen kontrapunktisch genauen Gegensatz zu dem enthält, was ihm bevorsteht, vielleicht aber auch nicht. Der Soldat steht nicht mehr im Mond, er steht im Haus, steht vor der Wirtin. Der Mond steht höher am Himmel und wirft über das Paar, das dem Gasthaus nahe ist, einen kürzeren Schatten und einen ebenso kurzen über den einzelnen Mann, der inzwischen die Stadt durch das Tor betreten hat, ein Bader übrigens –, wirft Schatten über das andere Paar, zwei männliche Gestalten, noch unkenntlich, ich habe mich noch nicht entschieden, – zwei Gestalten also, die das Tor noch immer nicht erreicht haben, aber später auch hier enden – ich sage enden – werden, ich habe das Ende parat. Müllerpaar vor der Tür, Bader im Mond, Traum im Mönch, Mönch im Bett, Anne am Bett, Soldat im Haus, Wirtin beim Soldat –, sie betrachtet ihn, wie er zitternd und bleich und schwindlig sich ihr entgegentastet, mit keinem anderen Wunsch als dem nach einem Bett, die Wirtin dagegen tastet ihn mit den Blicken ab, sie findet ihn zitternd und bleich und schön und versucht, ihn in ihr eigenes Bett abzuleiten, bevor er oben, im großen Bett, der Anderen anheimfalle, sie zeigt ihm, was sie hat, deutet an, was sie kann oder zu können vorgibt, greift dabei in Annes Erinnerungsschatz, aber er hört nicht zu, nimmt nichts von alledem wahr, weder Eigenschaften noch Versprechen, er wehrt stumm ab, schüttelt den Kopf, ist nicht hungrig nach ihrem Fleisch, ist überhaupt nicht hungrig, er ist durstig, will aber keinen Ale sondern Wasser, Wasser, trinkt einen ganzen Krug leer, in großen, schmerzhaften Schlucken, während der Mond schon höher, aber noch nicht hoch genug steht, er scheint auf die Erde, auf England, auf die Grafschaft, auf die Stadt, auf das Gasthaus, auf das Müllerpaar vor dem Gasthaus, es ist vielleicht auf dem Heimweg von einer Erbschaftsverteilung, befriedigt über seinen Anteil, zufrieden mit der Welt und ihren Gütern, nach denen sie gemessen wird –, scheint schräg auf den einzelnen Gänger der Nacht, der näherkommt; wie gesagt, ein Bader, und zwar ein heruntergekommener, einer auf Abwegen, schon lange seines Badehauses ledig, ein unehrlicher Kerl –, scheint auf das weitere Paar, nun schon am Stadttor, einen alternden deutschen Edelmann, im Verkommen begriffen, und einen hübschen jungen Burschen mit weißen Zähnen und einer Laute auf dem Rücken, die haben beschlossen, in dieser Nacht nicht mehr weiterzuwandern, sie haben ohnehin kein rechtes Ziel, denn dem Edelmann ist der Sinn für Ziele und für das Streben danach schon lang entglitten, ja, er hat es niemals verspürt, aber das wäre wieder eine andere Geschichte, diesmal vielleicht eine gute.

Weiter: der Mond steht hoch, beleuchtet aber nur einen kleinen Teil dieses Bettes, auf das ich mich jetzt setze, in dem oder an dessen äußerstem Ende nunmehr Anne, nackt bis auf ihren Erlöser und die Kette an der er hängt, den Bettbelag zurückschlägt, unter dem, in schwindender Unschuld, der Mann Gottes liegt, sich neben ihm auf das Bett setzt und, beginnend bei den Fußknöcheln, mit leichtem Finger an den Beinen hinauftastet, ihm so die Kutte aufwärtsstreifend wie ein Futteral, dessen Inhalt zwar keine Überraschung verspricht, dafür aber selbst überrascht wird – und Licht liegt auf Teilen des Mönches, der noch schläft, dann, als ihre Hand höher gelangt, nur halb schläft, die Gefährtin noch nicht in ihrer Bedeutung wahrnimmt, dann, in seltsamem, nie erlebtem, unerlaubtem Erwachen, sie wahrnimmt, aber nicht an sie glaubt, und diesen Unglauben bescheint der Mond, bescheint Annes versiertes Fingerspiel, nicht dagegen den Soldaten im Dunkel des Hauses, der sich, mit trockenem Gaumen und brennender Kehle, begleitet von bedauernden Blicken der Wirtin, kraftlos am Treppengeländer Arm nach Arm hinaufzieht, er scheint auch nicht mehr auf das Müllerpaar, das aus seinem Licht ins Gasthaus getreten ist, ein dickes, strotzendes Gespann, behängt und bepackt mit allerlei beweglichen Gütern, gehüllt in einen Dunst von Wohlstand –, er scheint nicht auf die Wirtin, die den Blick von dem Gegenstand ihres Verlangens zurückgezogen hat und ihn in andersgearteter Hoffnung dem eintretenden Paar entgegenwendet, deren Beutel die Mühe nächtlicher Arbeit lohnen wird; der Mond scheint beinah senkrecht nun auf diesen Bader, der jetzt nah ist, ein elender Ablaßkrämer, Zur-Ader-Lasser, mit einem verschlossenen Bauchladen, in der Hand einen Stoß Ablaßzettel und einer Klistierspritze im Sack und dem Geschmack von Ale und Laster auf der Zunge – auch scheint er auf das andere Paar, den Edelmann, auf sein vertanes Ansehen, seinen gesunkenen Wohlstand, seine verlorenen Güter, kein Pferd zu beleuchten, wenig Gepäck, eine schlaffe Geldbörse – keinen Besitz außer diesem Knaben mit der Laute auf dem Rücken und anderen Eigenschaften, die der Nacht zugute kommen. Der Mond scheint, als balle sich hier nichts Entsetzliches zusammen, auf Anne, deren Hand, als wolle sie eine Blume tief am Stiel pflücken, das Ziel ihres Vorhabens erreicht hat, die Mitte des Mönches, und nunmehr, weich und träge, ein schwerer Reiter mit allem, was an ihr sterblich ist, sich über diese Mitte schwingt, sich auf ihr zurechtrückt, bis sie auf dem Dorn fest im Sattel sitzt –, auf den Mönch scheint der Mond nicht, der liegt tief im Schatten seiner Reiterin, er ruft einmal laut »Satanas«, dann murmelt er es, Konsonanten weicher, entschwebend, dann flüstert er es nur noch vokal, dann formen seine Lippen nur noch das S, während der Mond, bald im Zenit, die Zimmerdecke aber noch nicht erreicht, wo der Soldat von der Tür her sich langsam vorwärtszieht, in das dunkle Innere des Zimmers, die bewegte Helle am Ende des Bettes so wenig zur Kenntnis nimmt wie die von Lauten aufgerührte Luft. Beleuchtet vom Feuer im Herd ist jetzt die Küche, wo die Wirtin Fleisch schneidet und Kannen füllt, halbhell vom Talglicht ist die Stube, wo vor Holz und Zinn das Müllerpaar in Erwartung sitzt, hell vom Mond der Bader, der an die verriegelte Tür des Gasthauses klopft, glitzernd im Mond, an der goldenen Kette, das Kruzifix, das vor den Augen des Mönches auf und abschwingt, weiß das Fleisch seiner Besitzerin, und schwarz, in tiefer Urdunkelheit, das Glied, das den Mönch mit seiner Todsünde verbindet, hell dieser Edelmann, schon von vieler Länder Monden beschienen, seit Jahren unterwegs, seit Jahren auf der Suche – er ist ein Deutscher – nach Absolutem, das er nun bald finden wird, ich habe es ihm zubedacht, – vom Mond beschienen auch sein Begleiter, unwürdiger Gegenstand seiner Neigung, ansehnlich, mit geschwungenen Brauen, aber mit unsteten Augen, Mord im Herzen, Laute auf dem Rücken –, halbhell im Talglicht die Wirtin, die das Müllerpaar bedient, hell die Gesichter des Paares selbst, das die Krüge hebt und mit den Händen in die Teller langt –, im Mond noch der Bader, der an die Tür klopft, im Mond ein Moment lang die Wirtin, die aus dem Fenster sieht und fragt, wer dort klopfe, im Mond seine Antwort: ein Bader – ihre Antwort: sie brauche nichts, sie sei gesund – und im Mond seine Antwort, daß er nicht als Bader oder Händler oder Aderlasser oder Ablasser komme sondern als zahlender Esser und Schlafgast –, durch keine Wolke gehindert strahlt Licht auf den wachsenden Schrecken der Nacht, noch in seinem kranken Träger geborgen – dunkel dagegen das selige Vergessen des Mönches, dunkel dahinter die Schwaden seiner Gedanken, der Ahnung, daß er nun auf ewig der Gnade verlustig gehe, aber was ist schon Ewigkeit? – und von irdischen Tagen hat er ohnehin keinen einzigen mehr, die Hölle hat ihr Feuerbett für ihn gerichtet. Im Dunkel der Soldat, der unschuldige Schreckensträger, der mit verkrampften Fingern seine Stiefel und seine Kleidung löst, die Wirtin, die dem Bader öffnet, der Bader, der aus dem Mondlicht ins Haus tritt. Aber das Furchtbare breitet sich im Hellen wie im Dunkel aus, und ahnte es, zum Beispiel, der Mönch, so würde er zu dem elfenbeinernen Erlöser beten, der da vor seinen Augen auf- und abbaumelt; aber er weiß es nicht, und selbst wenn das Furchtbare nicht nahte, so wäre es etwas anderes, ein langsameres Übel, denn die Courtisane über ihm hat die französische Krankheit, wie auch ihr ehemaliger Galan, der Herzog von Northumberland, der jetzt damit die Pächterstöchter ansteckt; er hat sie von seiner Frau, die hat sie von König Heinrich dem Dritten, und der hat sie in Frankreich selbst erworben, als sie noch selten war.

Gut so, die Stimmen sind angeschlagen, die Exposition vollzogen. Weiter jetzt. Nach Mitternacht steht der Mond im Zenit, beleuchtet daher das Bett nicht, im Dunkel daher findet der Tragödie zweiter Akt statt, im Falle des Mönches, im wahrsten Sinne des Wortes, der zweite Akt seines Lebens, in dem er, sich gewaltsam zum Vergessen zwingend, oder auch um seine Sünde auszuloten, über der Courtisane ist, tief in ihre kranke sündige Tiefe verstrickt, und sie unter ihrem schmächtigen Erwählten liegt, in Reue über die Wahl und in Erkenntnis, daß dies kein Geschäft sei. Im Dunkel der Soldat, in schwindendem Bewußtsein, in der Mitte des Bettes, mit glänzenden Augen in steigendem Fieber –, im Talglicht die anderen Gäste, die unten in der Stube sitzen, als da sind: der Müller und seine Frau beim Essen. Was mag es da geben? Nun, sagen wir: gesottene Schweinskeule in Pfeffer und Hirse, mit Rhabarber, Safran und Thymian, das klingt nach fetter und schwerer Völlerei. Und natürlich Ale und Wein. Am anderen Ende der Tafel, neben seinem unwürdigen Gefährten, dem hübschen Mordbuben, starr aufrecht sitzend, die Augen ins Leere gerichtet, erwartungsvoll gefaßt, jeder Demütigung grimmig ergeben, in allen Zweifeln bestätigt, in verzweifelter Würde angesichts des geringen Wertes der Welt und der Dinge darin, vor einer großen Kanne Wein, mit deren Hilfe er hofft, den Schlaf im ungewohnten und wahrhaft wenig ersehnten gemeinschaftlichen Bett besser und trunkener ertragen zu können: der Deutsche; während sein junger Gefährte die Gemeinschaft nur insofern ersehnt, als er Gefallen an einigem Geschmeide findet, das glitzernd zwischen den Rundungen der Müllerin hängt, und dafür gern ihren Blick in Kauf nimmt, der wiederum in wachsendem und begehrendem Maße an ihm hängt. Halbdunkel die Küche, wo die Wirtin frische Kannen füllt, seitlich bedrängt von diesem Bader, der sich erbietet, sie unentgeltlich zur Ader zu lassen und anderes für sie zu tun, lasse sie ihn nur gewähren und nach Belieben an ihr hantieren. Schräg steht der Mond, als der Mönch von Anne abläßt, aus ihr rutscht und abfällt wie eine ausgehöhlte Birne, sofort in den Schlaf zu flüchten versucht, in sehnlichem Wunsch, sein weiteres sündhaftes Leben in Traum und Schlaf zu verbringen, oder aber sein Körper könne sich einen neuen Geist bauen –, schräger schon fällt Mondlicht von der anderen Seite auf das Bett, auf Anne, die sich seufzend erhebt, in Reue über nutzlos verausgabtes Wohlwollen –, Licht verläßt sie, als sie sich, tiefer im Raum, fröstelnd ein Hemd überzieht, sich ernüchtert umsieht, den Soldaten erblickt, mit den glänzenden Augen, in der Mitte des Bettes, und dessen Gegenwart kalkulierend in ihre Gedanken aufnimmt, während er selbst im Delirium ist, nicht mehr im Diesseits angesiedelt, bis auf die Schmerzen, das einzige, das ihn noch auf dieser Erde hält.

Und was hält mich auf dieser Erde?

Weiter, weiter, Transposition, neues Thema: die Kurve des Schreckens wird jetzt steil, der Mond ist schon im Untergehen, steht beinah waagerecht, scheint von der anderen Richtung her, durch ein anderes Fenster, beleuchtet das Bett seitlich aber ganz, dieses Bett, mein Bett, dessen leere Plätze nun von den Schlafengehenden belegt werden. Schlafend darin, vom unbarmherzigen Mond schräg angeleuchtet der Mönch, dem ein entsetzliches Erwachen erspart bleiben wird; wachend darin Anne, die in ihrem Hemd über den Mönch hinweggestiegen ist und sich langsam, unter Bettbelag kriechend, einen wachsenden Zwischenraum zwischen sich und ihrem Opfer schaffend, dem Soldaten nähert, bedacht darauf, ihn nicht zu wecken, bevor sie in der Lage ist, alle ihre Mittel auf einmal anzuwenden. Krank darin der Soldat, bewegungslos bis auf ein schwaches Zittern, Zähneklappern und flatternden Atem. Neu bevölkert von denen, die rings im Dunkel die äußeren Hüllen ablegen, nicht alle zugleich, dennoch ist es ein Akt mit Überschneidungen, und stumm werden die Plätze im Bett aufgeteilt. Nur einer hat über die untere Querkante zu kriechen, das ist der Müller, denn er hat Anne gesehen, ihr langes aufgelöstes Haar, zwischen Mönch und Soldat, das Versprechen eines späten Abenteuers bildet sich in ihm und zündet, er hat freiwillig das Klettern gewählt, damit er von seiner Frau um eben diesen Gegenstand seines Verlangens und um eine weitere unbestimmbare Figur, die der Soldat ist, getrennt liege, denn für zwei wäre dieser Platz im Bett zwischen Mönch und Frau zu eng. Die Müllerin indessen hat auch nicht die Absicht gehabt, diesen Platz zu belegen, sie behält den jungen Kerl im Auge, an dessen Seite sie zu liegen begehrt, in Erwartung, daß es nicht bei der Seite bleibe, und in Hoffnung, daß sein Begleiter die Möglichkeit nicht abschneide, indem er ihn, nach Art der Eifersüchtigen, an die Kante und sich selbst zwischen ihn und den nächsten Schläfer lege. Aber dies hat der Edelmann nicht im Sinn, im Gegenteil, er ist darauf bedacht, mit keinem in Berührung zu kommen als mit dem einen, mit dem er ohnehin in mehr oder weniger ständiger Berührung ist, und sich an der anderen Seite durch die Bettkante vor Berührung zu schützen. So bekommt die Müllerin ihr Teil, sie liegt zwischen dem jungen Mann und dem Soldat, den sie nicht spürt und nicht beachtet. Da liegen sie, sieben Schläfer, und sind keine Schläfer, außer dem Mann Gottes. Einer ist ein Sterbender, und die anderen warten auf den Schlaf der anderen, um jeweils einem dieser anderen zu Leibe zu rücken.

Wo ist der Bader? Der Bader, der Elende, der ist unten bei der Wirtin geblieben. Ob er ihr Schönheitssalben bereitet oder verkauft oder ihre Sünden für Ablaß ankauft oder sie zur Ader läßt oder mit ihr im Bett liegt, das habe ich mir nicht überlegt, aber wahrscheinlich tut er alles zugleich, es entsteht ein Kreislauf, ein böser Zirkel zwischen Ablaß und Sünde, lasse ich diese Szene dunkel, kehre ich zum Thema zurück, zur Haupttonart, zur möglichen Vergangenheit dieses Bettes, in dem der untergehende Mond das Fortschreiten des Entsetzlichen beleuchtet. Noch ist es im Anzug, hat noch nicht eingesetzt, noch greift der Edelmann nach dem Knaben, der Knabe nach der Müllerin, die Müllerin nach dem Knaben, der Müller nach Anne, Anne nach dem Soldaten, noch schläft der Mönch, stirbt der Soldat, unter dem Belag, unbeleuchtet vom Mond, tasten Hände, geht Atem, bewegen sich berechnend Beine, wälzen sich leise Körper, langsam schlägt es Wellen, Hügel entstehen und Täler, Bewegung, vom Mond wechselnd beleuchtet, das Bett lebt auf, zum letzten Mal, die Insassen halten jetzt den Atem an, jeder wartet vor dem letzten Griff, dem letzten Vorstoß, lauert, nur der Mönch, der lauert nicht, wartet nicht, schläft auch nicht recht, wacht auch nicht, liegt gelähmt angesichts der Hölle, die sich vor ihm auftut, – still auch der Soldat, nicht mit dem Tode kämpfend sondern sein williges Opfer, in einer glitschigen Schicht von Schweiß, mit schwellendem Gaumen, schwarzen Beulen um die Lenden, hin und wieder rasselt ein Atemzug, so daß jeder aus der Verfolgung seines Ziels aufschreckt, dann geht der Atem nicht mehr, so daß jeder sich wieder beruhigt, und Anne, mit verstreichender Zeit und schwindendem Mond, rückt näher, ist nah, ihr nach der Müller, er hält die Zeit seiner Möglichkeit trotz des von ihm abrückenden Ziels für gekommen, aber plötzlich verspürt er Müdigkeit, die auch der Deutsche spürt, ihm schwindelt, die Lust nach seinem Knaben fällt von ihm ab, er läßt von ihm ab, so daß der Knabe denkt, sein Liebhaber schlafe, und sich nun ganz der Müllerin zuwendet, geduckt über sie kriecht wie ein Raubtier in gieriger Nahrungssuche, aber er spürt seine Kräfte schwinden, und die Müllerin, auf dem Rücken liegend, im Begriff, den Knaben über sich, zwischen ihre Schenkel und in sich zu ziehen, eben noch heiß in Erwartung seines Körpers, spürt nun eine andere fiebrige Hitze, die auch Anne spürt, sie spürt

Schwäche, dennoch will sie den Soldaten, will sich seiner sanft bemächtigen, sie hebt die Decke, um nach ihm zu tasten –, und der untergehende Mond scheint waagerecht auf ihr Haar, auf ihren Nacken, auf die anderen scheint er nun nicht mehr, sie liegen im Dunkel, Müller, Mönch, Müllerin und Knabe und Edelmann und Soldat, alle liegen sie nun wieder, liegen, als seien sie hingefallen, ihr Vorhaben entschwindet, Begier verebbt –, im Müller breitet sich Übelkeit aus, er läßt von dem Gegenstand seines Verlangens ab –, schlaflos der Mönch, dessen gequälter Geist plötzlich von einem schmerzenden Körper betäubt wird, die Frau des Müllers, deren Atemschwere nicht die des Verlangens sonden die der Schmerzen ist, sie läßt von dem Knaben ab, der, schwindlig, von ihr abläßt, so wie neben ihm der Deutsche sich von ihm abgewandt hat und sich zurückwälzt, der Bettkante zu, schwach alle, Wellen von Hitze und Frost schlagen über das Bett, Schmerz, Zähneklappern; Tätigkeit eingestellt, fiebriges Dämmern im Dunkeln, Apathie, rasselnder Atem und dazwischen Stille –, bis ein schriller Schrei alle trifft aber nicht mehr wachrüttelt, nicht aus dem Dämmern aufschreckt –, er kommt von Anne, der einzigen, die noch eben, halb aufrecht, in Bewegung war. Müller, Müllerin, Edelmann und Knabe richten leblose Blicke auf Anne, acht Augen treffen sich auf ihr, ohne Teilnahme, gleiten ihren Blick entlang herab zum Gegenstand ihres Entsetzens:

weiß, im untergehenden Mond, die senkrechte Säule, die das männliche Glied des Soldaten war, Zeuge nicht des Verlangens sondern der Todesstarre, aufrecht über einer infernalischen Landschaft brestiger, schwellender Körper, ein Kreuz ohne Querbalken, furchtbares memento mori, über einem Schlachtfeld, auf dem die Schlacht noch schwelt –

und alles andere liegt in Dunkelheit. Es wird stiller, das Schluchzen der Courtisane verebbt, sie sinkt neben dem Soldat auf das Bett, der Schrecken in den Augen verglimmt, Sterbende unter Sterbenden, in meinem Bett, und, ausgehend von den Sieben unter dem gelüpften Belag, zieht, unter den Baldachin und von dort durch das Zimmer, in einer Wolke sich ausbreitend, die Luft vergiftend, die Pest in den Raum und zieht durch die Ritzen hinaus, in die Stadt, über das Land, die inzwischen ausgestorbene, bubonische, die schwärzeste, härteste, widerlichste und schnellste Variante des schwarzen Todes, die keine Gnade kennt, dem Opfer keine Gunst gewährt, ihm nichts schenkt, keine Besinnung vor ihrem Schlag, auch nicht die Ekstase einer Euphorie. Auf den letzten Schmerz schwindet das Bewußtsein und folgt sofort die Kälte, der rigor mortis, sie erlaubt weder Beichte noch Einsicht. Fermate. Ende der Fuge.

Aber die Geschichte ist noch nicht zu Ende. Beim Morgengrauen betritt die Wirtin den Raum, um die vermeintlichen Schläfer zu wecken. Sie weckt niemanden. Zwar schläft keiner, auch ist noch keiner tot außer dem Soldaten, sie liegen im letzten Atem, zu schwach für Bewegung oder Laut, mit angeschwollenen Leibern, fühlen sich gegenwärtig in jedem Glied, in allen Winkeln ihrer schwindenden Körperlichkeit, aber in nichts anderem mehr, sind alle gleich, alles geebnet, keine Sünde mehr, keine Hoffnung, kein Verbrechen, keine Erbschaft, keine Angst. Sie liegen tief in ihre Apathie gebettet, keiner weiß, woran er leidet oder wer er gewesen ist, bevor er zu leiden begonnen hat, und daß er bald nicht mehr zu leiden habe. Sie nehmen auch nicht mehr wahr, daß sie nun nach Strich und Faden beraubt werden, von Wirtin und Bader, nicht nur der im Raum verteilten Kleidung, sondern auch dessen was sie am Körper tragen. Wirtin und Bader heben ihnen Körper und Köpfe, um der Börsen in der Kleidung und unter den Kopfkissen habhaft zu werden, sie streifen ihnen Ringe ab, und keiner wehrt sich, Anne gibt keinen Laut von sich, öffnet nicht die Augen, als die Wirtin ihr die goldene Kette mit dem elfenbeinernen Erlöser vom Halse reißt, sie spürt weder Schmerz noch Verlust –, nur der Mönch, der macht einen letzten Versuch, sich zu wehren gegen den Raub seines Rosenkranzes, der alles ist, was er jemals besessen hat; sein Gott, nicht der Gott der Pfaffen sondern der Gott der Sünder, gibt ihm Kraft zu einem letzten Protest: als der Bader die Kette der verkrampften Hand entreißt, schreit er noch einmal laut auf – ein Schrei, stellvertretend für viele Schreie in Jahrhunderten –, er spürt über und unter seinen Schmerzen noch die tiefe Ewigkeit seiner Verdammnis, aber bald spürt auch er nichts mehr, und wahrscheinlich hat niemand mehr den Aufprall auf die Kiesel des Flusses gespürt oder die Kälte des Wassers, als Bader und Wirtin sie, einen nach dem anderen, in den Fluß warfen, und während Bader mit Wirtin eine gemeinsame Zukunft besprach, schwemmte der Fluß die Leichen abwärts, nach Süden, und während Wirtin und Bader, von der Arbeit des Morgens ermüdet, sich wieder ins Bett legten, floß die Pest den Fluß entlang und hinab, quoll über die Ufer, wehte in Schwaden landeinwärts und verteilte sich. Bader und Wirtin standen nicht mehr auf, sie verfaulten im Bett der Wirtin, die Pest griff über in die Grafschaften Wiltshire und Kent, dort stieß sie auf eine andere Pest, die, auf dem Weg nordwärts, von Süden kam, von Sussex, dorther, wo der Soldat wenige Abende zuvor gelandet war, in der ersten Nacht der Landung ein Mädchen angesteckt hatte, die ihre Familie angesteckt hatte, die das Dorf angesteckt hatte, und so weiter. Ende meiner Geschichte. Ich stehe auf.

ARNO SCHMIDT

Germinal

Vom Großen Kalender

»Nach Entgegennahme und Prüfung des betreffenden Berichts des
Ausschusses für Erziehung und Kultur verfügt der Nationalkonvent wie folgt:

ARTIKEL I. Die Französische Ära beginnt mit der Gründung der
Republik, am 22. September 1792 alten Stils – im folgenden ›Sklavenstil‹ genannt – am gleichen Tage, als die Sonne in das Herbst-
äquinoktium und das Tierkreiszeichen der Waage eintrat, und zwar
um 9 Uhr 18 Minuten 30 Sekunden morgens, gerechnet nach dem
Meridian von Paris.«

Und ehe man das bekannte kleine Lächeln erzeugt, oder auch nur
resigniert und um eine entscheidende Spur zu historisch-gebildet
die Achseln hebt – à la Ben Akiba: jede politische Umwälzung ten-
diert anscheinend dazu, von sich aus den Beginn der Welt zu rechnen – sei einiges zu bedenken gegeben.

Man vergesse nie, sobald man den Meterstab zur Hand nimmt
oder von ›Kilogrammen‹ spricht, daß deren Einführung ihr zu
verdanken ist, Unser Aller Mutter – ich sage höflicherweise ›unser‹ – ihr, der großen französischen Revolution von 1789. Nicht
das war das entscheidende, daß 1 Meter nun ausgerechnet der
zehnmillionste Teil des Erdquadranten sein sollte; und auch das
wollen wir den Geodäten überlassen, sich nasenhaft darüber zu
mokieren, daß man sich damals um 0,02 % vermaß; der Grundgedanke war *der*: Maßeinheiten zu schaffen, die alle Völker der
Erde akzeptieren könnten, ohne ihrer nationalen Eitelkeit Eintrag
zu tun; folglich wählte man in unübertrefflich maßvoller Einsicht
zur Grundlage aller Wägungen das neutrale Wasser; für Längen-
messungen lieferte die uns gleichermaßen gemeinsame Erde die
Einheit.

Soviel jedenfalls sei vorausgeschickt: die Männer der Revolution waren nicht nur Fanatiker und Dummköpfe!

Als Proben der Urteilsfähigkeit ›objektiver Historiker‹ gebe ich nur zwei sehr bekannte und zugängliche.

Da weiß uns etwa Carlyle in seiner unerträglich ›originellen‹, neckisch hüpfenden Weise, die Einführung des neuen Kalenders unschwer zu erklären: »Er ist für den Leser französischer Geschichte nicht das Geringste der ihn betrübenden Vorgänge. ... 4 gleiche Jahreszeiten, 12 gleiche Monate, jeder von 30 Tagen, macht 360. 5 überzählige Tage wollen wir zu Festtagen machen, ›Tagen ohne Hosen‹... Was den Tag des Anfangs betrifft, je nun... Und der christliche Sonntag?: Mag für sich selber sorgen!« (Und so geht das Gewäsch 2 volle Druckseiten lang fort).

Der erwähnte ›christliche Sonntag‹ leitet auch gleich zwanglos auf den Nächsten über; ich greife in meine Kirchengeschichte (7 Bände mit zusammen 5000 Seiten) und vernehme aus dem Munde des betreffenden Theologieprofessors: »Auch die christlichen Namen verschwanden selbstverständlich aus dem Kalender, und wurden mit heidnischen, aus der Mythologie und dem klassischen Altertum, vertauscht.«

Nach Lektüre der vorliegenden Darstellung mag Jeder die Hand an die Stirn legen und selbst entscheiden, was überwiegt: die Unwissenheit der Herren, oder ihre weltanschauliche Bosheit!

Das allerdings ist richtig, daß die Tage neue Namen erhielten; darauf komme ich noch ausführlich zurück.

In Wahrheit wurde der Neue Kalender natürlich aufs sorgfältigste vorbereitet. Den astronomischen und chronologischen Teil – Frankreich war damals führend, auch in der Astronomie! – erledigten Lalande, Atheist und Katzenfreund; Lagrange, Monge, und vor allem der Mathematiker Romme. Politiker saßen selbstverständlich mit im Ausschuß: Frécine, Roger-Ducos, Merlin von Thionville. Für die Nomenklatur war verantwortlich der Dichter Philippe François Fabre d'Églantine – denn damals kümmerten sich die Dichter noch um die Politik!

Und ein unverächtlicher Dichter war Fabre: gebürtig aus Carcassonne (1755), in einem steifen Bürgerhaushalt; dem er folglich entlief; Soldat probierte und Schauspieler (noch heute gilt sein ›Philinte et Molière‹ als eines der besten, ›klassischen‹, Charakterstücke der französischen Bühne). Schon früh erhielt er bei den ›Blumenspielen‹ der Dichter zu Toulouse den Preis der ›Wilden Rose‹, der Églantine, und fügte sie seitdem seinem Namen zu. Man wußte sehr wohl im Nationalkonvent, warum man gerade ihn zur Neugestaltung des Kalenders heranzog: ein guter linker Mann; sprachgewaltig und naturverbunden – trällerte nicht das ganze Volk sein Liedchen »Il pleut, il pleut, bergère«? – dazu vor allem fleißig und verläßlich, kein genialer Bummler.

Auch wurde, falls das ihn anderweitig empfehlen kann, die ›Wilde Rose‹ am 5. April 1794 guillotiniert – ein Risiko, das die französischen Dichter zu keiner Zeit gehindert hat, sich um Politik zu kümmern.

›September‹?: Was heißt hier September?! Einmal ›der Siebte‹ – dabei ist's der *neunte* Monat! Und was soll uns außerdem der kaltlatinisierende Schall?

Warum ist in den einzelnen Monaten die Anzahl ihrer Tage derart verschieden, daß das Kind sie sich mühsam einlernen muß; und auch mancher Erwachsene noch heimlich die Fingerknöchel zu Hilfe nimmt: hätten wir uns nicht wahrlich, bei der rapiden Zunahme des Wissenswürdigen, Wichtigeres einzuprägen als dergleichen antiquierte Schnurren? Zumal wenn diese Dinge lediglich von unserer Einsicht und unserem Willen abhängen.

Also bekommt zunächst einmal jeder Monat 30 Tage. (Zwölf Monate müssen's freilich sein, des so anschaulichen Mondlaufes wegen; obwohl an sich fraglos das Dezimalsystem vorzuziehen wäre; seine Rechenerleichterung ist so groß, daß jede andere Rücksicht zu schweigen hat – dafür wird aber wenigstens jeder Monat in 3 ›Decaden‹ zu je 10 Tagen abgeteilt).

Nun die Namen der neuen Monate – und zumindest kein Deutscher werfe den ersten Stein: ganz zu schweigen vom Großen Karl, der, ebenfalls des begriffsblassen Latein überdrüssig, mit seinem ›Windumemanoth‹ ankam. (solch vielgliedriges Steinmaulgeklappe können wir uns freilich rein zeitlich nicht mehr leisten); aber wir kennen ja auch, obwohl arg landschaftlich bedingt, bzw. ›völkisch eingefroren‹, Bezeichnungen wie ›Hornung‹ – solche Monatsnamen ergeben sich, im besten Sinne des Wortes ›organisch‹, aus dem Laufe der Jahreszeiten: *darüber* hätten sich die Kritiker lieber lustig machen sollen, daß einer unserer appetitlichsten Zeiträume ›August‹ heißen muß (und man betone die *erste* Silbe, um den Widersinn des 2000 Jahre alten, dazu byzantinisch, speichelleckerischen Höflingskalauers voll einzusehen!). Da das Neue Jahr mit der Herbsttagundnachtgleiche beginnt – und sinnreicher als unser 1. Januar, der gar nichts ist: ›Sonnenwende‹ fällt ja 10 Tage früher! – *kann* der erste Monat nichts sein, als ein ›Vendémiaire‹, der Weinmonat, wo der Winzer die Trauben einheimst. Der anschließende – man beachte, daß jedes Vierteljahr seine eigene, bezeichnende Endsilbe führt – ist der ›Brumaire‹; wo der Himmel sich umdüstert, und Dünste, brumes, über die entleerten Felder geistern: genau im Sinne des Storm'schen ›Oktoberliedes‹: »Der Nebel steigt, es fällt das Laub«. Ihm folgt der, schon fonetisch frostklirrende, ›Frimaire‹, wo Reif die Höhen überzieht.

Das Wintervierteljahr (Kennsilbe ›ôse‹) beginnt mit dem flockenstiebenden ›Nivôse‹; der in die schweren Regenfälle des ›Pluviôse‹ übergeht; und dieser wiederum in den windigen ›Ventôse‹, der die Winterstürme bringt, die dann vorschriftsmäßig dem Wonnemonat weichen.

Denn nun erscheint er, der einzig von ihnen allen noch ein Begriff im Bewußtsein der Gebildeten geblieben ist – dank des großen Zola gleichnamigem Roman – der ›Germinal‹, wo die Staaten keimen. Dann der ›Floréal‹, wo es sprießt und blüht; und der ›Prairial‹, in dem die Wiesen das erstemal geschnitten werden.

Die vollste Zeit des Jahres beginnt mit dem ›Messidor‹, wo man die Ernte einbringt; dem hitzigen ›Thermidor‹ unterm Hundsstern; und schließlich dem ›Fructidor‹, wo der braune Landmann die Früchte von den Bäumen bricht: was will dagegen unser Dummer August?!

Denn, wie schon der Royalist Lamartine widerwillig bescheinigte: »Die Namen der Monate waren bezeichnend wie ein Gemälde, und vollklingend wie der Widerhall des kräftigsten Landlebens.«

Oder, besser, wie Fabre d'Églantine es rund heraussagte, als er vor den Nationalkonvent hintrat, und in heute noch hinreißender Rede das System seiner Namensgebung erläuterte: »Mit Gründung un-

serer Republik ist endlich die Zeit gekommen, den Völkern öffentlich darzutun, daß bei uns der Arbeiter – sei es der Industrie, sei es
des Feldes – mehr gilt, als sämtliche gekrönten Häupter des Erdballs
zusammengenommen!«

Nicht länger waren die Namen verschollener Könige, die Entwick-
lungsfasen längst bankerotter Reiche, auch nicht die Religionen der
Völker, ausschlaggebend für die Maße des Lebens, für die seinsset-
zenden Stunden und Daten – alles bezog sich auf Ackerbau und
Industrie, die ersten und letzten aller Künste.

Denn allerdings erhielt auch jeder einzelne Tag seinen neuen Namen – oder, richtiger: den alten, den er längst hätte führen sollen!
Und zwar wurde dieses System befolgt (System muß sein; Zeit
zum Chaos hat nur der Schwätzer!):
In jeder ›Decade‹ wurden die Tage 1–4 und 6–9 nach Pflanzen be-
nannt. Der auf 5 endigende (d. h. der 5., 15., 25.) trug den Namen
eines Haustieres: also 36 ›Tage des Tieres‹, anstatt unseres heutigen
einen: wie herrlich weit haben wir's doch schon gebracht! Jeder
zehnte Tag erhielt den Namen eines Ackerbaugerätes.
Solche Benennung geschah mit nichten unüberlegt und nach hasti-
gem Belieben: stets wurde wohlbedächtig *die* Pflanze gewählt –
gleichviel ob Getreide, Blume, oder Heilkraut – die genau zur betreffenden Jahreszeit blühte; oder geerntet, bzw. verarbeitet wurde.
Der 1. Vendémiaire führt also, ganz logisch, den Namen ›Traube‹;
der 10. ›Bottich‹; der 20. ›Kelter‹: wir folgen dem Winzer bei seiner
Arbeit!
Ist es nicht sinnvoller – poetisch schöner sowieso! – den 1. Floreal
›Rose‹ zu nennen? Oder am 17. Messidor bewußt die ›Johannis-
beere‹ zu ernten? Es fehlt nicht der ›Kümmel‹ (22. Messidor); der
›Seidelbast‹ (22. Pluviôse); oder der ›Spinat‹ (16. Ventôse).
Im Frimaire, wo die Stämme entlaubt und ihre Gestalten sichtbarer
dastehen als sonst in der grünen Tarnkleidung (und wo auch
Feuerholz herbeigeschafft werden muß), erscheinen viele der ern-
sten Bäume; der ›Wacholder‹ (9.), die ›Zeder‹ (13.), die ›Tanne‹
(14.), nicht minder als ›Zypresse‹ (17.), ›Efeu‹ (18.) und die ›Olive‹
(29.).
Im Nivôse ist die Erde kahl und schneebedeckt, die Pflanzen ver-

schwunden: da brennt der ›Torf‹ auf dem Herd (1.) oder die ›Steinkohle‹ (2.). Hinterm Ofen schlummern ›Hund‹ (5.) und ›Katze‹ (25.). Selbst der ›Dünger‹ fehlt nicht (8.). Da ist die Zeit der Mineralien und Metalle gekommen: ›Pech‹ (3.) und ›Schwefel‹ (4.); ›Salpeter‹ (10.) und ›Schiefer‹ (13.); ›Eisen‹ (23.) und ›Kupfer‹ (24.).

Sorgfältig ist der Neue Kalender durchkonstruiert, mit tiefer Einfühlungsgabe und Würdigung von Naturleben und Menschenwirksamkeit: ein Durchschlagen besten Heidentums!

Wie sorgfältig gearbeitet, *wie* gut und kühn geplant, *wie* tief gedacht war, zeigt sich jedoch erst, wenn man die nächste Seite im ›Annuaire du Républicain‹ umschlägt – oder präziser die nächsten 354 Seiten.

Auf ihnen nämlich wird der schlechthin geniale Versuch gemacht, für jeden einzelnen Neuen Tag dem Benützer eine volkstümlich gefaßte, dabei sachlich einwandfreie, Definition und Beschreibung des betreffenden Lebewesens oder Gegenstandes zu geben. Von Pflanzen etwa den Standort, Blütezeit, Verarbeitung, ihre Kraft und Eigenschaft, auch Pflege und Wartung. Ist die Zeit für Sammler des ›Champignon‹ (8. Floreal) gekommen, dann handelt der Kommentar 3 Seiten lang über Pilze und deren Verwendung. ›Eisen‹?: dort und dort in Frankreich wird es gefunden; dergestalt verarbeitet; so schützt man es vor Rost; das und das versteht man unter Stahl.

Denn also sprach Fabre d'Églantine vor den Vertretern seines Volkes: »An jedem einzelnen Tage des Jahres, in der naturgegebenen Reihenfolge wie die Gegenstände auf den Menschen zukommen und er sich mit ihnen auseinanderzusetzen hat, werden kurze und exakte Erklärungen dieses Gegenstandes gegeben; dergestalt, daß jeder Bürger, zu Ende des Jahres, eine erste fundamentale Übersicht über den Stand der Industrie und der Landwirtschaft seines Vaterlandes besitzen kann.«

Das nämlich war der große Grundgedanke: Kalender des arbeitenden Volkes und Fibel der Bürgerkunde vereint!

12 mal 30 macht 360; übrig bleiben 5 Tage, zuweilen 6: aus ihnen

wurden, zu Ende des Jahres und hintereinander, die Feiertage der Nation.

Der erste war der Bürgertugend gewidmet, das ›Fête de la Vertu‹; der zweite ehrte den Geist, ›Fête du Génie‹; der dritte war der Tag der Arbeit, ›du Travail‹.

Der vierte, sehr eigentümlicher Art, bedeutend und tiefsinnig ange-ordnet vor anderen, war das ›Fête de l'Opinion‹ – der Tag der Freien Meinungsäußerung; originell, und dem trocken-geistigen Charak-ter der Franzosen völlig angemessen. Eine Art politischer Karneval, bei dem es 24 Stunden lang Jedem erlaubt war, über jede öffentliche Persönlichkeit ungestraft alles zu sagen und zu schreiben: wer nicht öffentlich gebrandmarkt sein wollte, brauchte ja nichts anderes zu tun, als das restliche Jahr hindurch sein Amt unsträflich und tu-gendhaft zu versehen! Auch diese Idee war durchaus groß und mo-ralisch; viele Mißstände kamen dadurch zur Sprache und so manche peinliche Untersuchung war die Folge.

Der fünfte Tag galt der Verleihung der öffentlichen Belohnungen; an ihm wurden verdiente Bürger geehrt: fleißige Arbeiter; Techni-ker; Wissenschaftler, die eine neue Entdeckung, Künstler, die ein der Nation Ehre machendes Werk geschaffen hatten – demnach er-hoben sich beispielsweise im Jahre VI (= 1798) die Komponisten Monsigny, Cherubini, Lesueur und Martini auf dem Marsfeld von ihren Plätzen; und wurden, erst vom Directorium, dann vom He-rold als ›ausgezeichnete Tonkünstler der Nation‹ ausgerufen (wo-mit, nebenbei bemerkt, ein Ehrensold auf Lebenszeit verbunden war).

Falls der sechste Tag eintrat – man schaltete wesentlich genauer als nach dem ›Sklavenstil‹ – fiel auf ihn das Fest aller Feste, das ›Fête de la Révolution‹, an dem man sich in feierlicher Weise der Gründung der Republik und ihrer großen Jubiläen erinnerte; Aufmärsche, zu-mal der Jugend veranstaltete; sowie Spiele aller Arten.

Allerdings nur 12 Jahre lang rechnete das damals bedeutendste Volk Europas nach seinem Neuen Kalender; nur 12 Jahre lang geschahen folgenschwere Ereignisse am 22. Prairial oder 9. Thermidor. Wer aber die Geschichte jener Jahre nachliest, *muß* mit der Neuen Ära vertraut sein; oder er begibt sich selbst der Möglichkeit sie zu ver-

stehen, nicht nur in (teilweise entzückenden) Einzelheiten und An-
spielungen – etwa inwiefern Madame Tallien ›Notre Dame de
Thermidor‹ genannt werden konnte – sondern er begreift vor allem
nicht Geist und Ton jener Zeit, die selbst uns heutigen soweit voraus war, daß man den Tag in 10 Stunden und diese weiter gemäß
dem Dezimalsystem einteilen und neue Zifferblätter für die Uhren
anfertigen ließ. Ein Beleg mehr für die Binsenwahrheit, daß die
›Aufklärung‹ – die heute im Freien Westen bestgeschmähte ›lu-
mière‹ – noch nie bisher in der Geschichte die Chance nachhaltig zu
wirken bekommen hat, die ihr gebührte.

Alle haben sie, und manche mehr als ein Jahrtausend, Gelegenheit
gehabt, sich an ihren Früchten erkennen zu lassen, ob Kirchenstaa-
ten ob Königreiche – nach armen 12 Jahren, am 1. Januar 1806,
wurde durch Napoleons Dekret in Frankreich wieder der alte Gre-
gorianische Kalender eingeführt.

Im Hintergrund der ›Tempel des Jahres‹, dessen Kreisgestalt die periodische Wiederkehr der Jahreszeiten versinnbildlicht. 12 dorische Säulen tragen sein Dach; auf den Kapitälen der uns zugekehrten lesen wir die Namen der schönsten Monate – Germinal, Floreal, Prairial – jeder Säulenschaft trägt, entsprechend den 3 Dekaden des Monats, 3 Kranzleisten mit den Namen der Tage. / Aus dem Tempel tritt die Freiheit, die Vernunft an ihrer Hand, die mit ihrem strahlenden Licht Päpste, Könige und andere, heiliggesprochene Tyrannen verscheucht; geblendet wälzen sie sich im Kot, samt ihren Panieren, auf denen man Namen wie ›Gregor, Pius, Benedictus‹ erkennt. / Von links tritt, nunmehr endlich, die Natur herzu, die einen Landarbeiter – auf sein treues Rind gelehnt, in der fleißigen Hand die Sichel – hinführt zu Freiheit und Vernunft. Eine Schar von Bauern folgt ihnen, auf den Schultern Harken, Forken, Dreschflegel und andere Ackerbaugeräte, durch deren Namen das Ministerium für Volkserziehung ebenso sinnreich wie glücklich die bankerotten Bezeichnungen des verschollenen Kalenders ersetzte: weit öffnen Freiheit & Vernunft den solchermaßen Herzutretenden die Tempeltür!

GÜNTER EICH

Hilpert

Hilperts Glaube an das Alphabet verhalf ihm zu der Entdeckung, daß auf die Erbsünde die Erbswurst folgt. Auf diesem Punkt wollen wir verharren und uns die Konsequenzen nicht nehmen lassen. Die Konsequenz ist das Erbteil. Bei Hilpert eine leicht geneigte Wiese mit Obstbäumen, eine Einödvilla im Oberpfälzer Wald und das sechzigteilige Zinkbesteck aus einem adligen Zweig. Aber wir? Ich und meine Kinder erben nichts, wir waren schon bei der Erbswurst benachteiligt. Der Übergang zu Esaus Linsen ist auch irrig, weil er aus der Sache kommt. Wir haben uns alle, Hilpert, meine Familie und ich, für das Alphabet entschieden. Da sind die Zusammenhänge eindeutig und nachweisbar, ohne alles Irrationale.

Oft sprechen wir abends freudig erregt über unseren Glauben. Erdmuthe ist zuständig für A bis Differenz, ich für Differenzgeschäfte bis Hautflügler, Robinson für Hautfunktionsöl bis Mitterwurzer, Alma für Mittewald bis Rinteln. Für den Rest fehlen uns mindestens zwei. Wir hoffen auf Enkel.

Hilpert hingegen, Einsiedler und schon lange tot, hatte die geneigte Wiese zum Gespräch wie andere den geneigten Leser. Die Bäume waren Apfel und Tomate, und sie standen nach ihrer Neigung aufwärts und abwärts. Dort ging Hilpert mit seinen zahmen Maulwürfen auf und ab, immer in Gedanken zwischen A und Z. Es war ein schöner fruchtbarer Anblick, die Maulwürfe nahmen teil.

So hat ihn jeder in Erinnerung, der noch die Petroleum- und Spirituszeit erlebt hat. Die Verbreitung des elektrischen Lichtes hat er nicht mehr mitgemacht. Aber abends brannte lange seine trauliche Lampe, während doch sein Geist hundert wenn nicht hundertzehn Jahre voraus war. Und auch zurück. Seine einzige Reise hatte ihn der Erbsünde wegen nach Jütland geführt. Dort besichtigte er die berühmten Steine, auf die der Schafhirt Michael Pedersen Kierkegaard geklettert war und Gott verflucht hatte. Diese Reise ist für unseren Glauben ähnlich wichtig wie die Hedschra für den Islam, nahm doch Erdmuthens Großmutter daran teil, die das eigentliche Bindeglied zwischen Hilpert und uns darstellt. Damals war sie seine Geliebte, wahrscheinlich ebenfalls wegen der Erbsünde. Urkunden darüber gibt es nicht, nur mündliche Überlieferung. Hebe Frohmut, so hieß sie, stellte noch auf der Reise auf Drängen von Hilpert die Erbswurst zusammen, zwischen Flensburg und Itzehoe, nach anderer Überlieferung in der Lüneburger Heide, wo die Schnukkenherden assoziativ wirkten. Hilperts geniale Eingebung war es, daß es zwischen Erbsünde und Erbteil noch etwas geben müsse. Damit hatte er auf jeden Fall recht, machte er doch später noch eine weitere Entdeckung in diesem Zwischenraum, der so grundlegend für uns alle ist, für die Gläubigen wie für die Schuldner.

Ich schweife ab: Mein Sohn Robinson unterbricht mich. Er arbeitet an einer Studie ›Hilpert und die Maulwürfe‹ und ist im Zuge seiner Forschungen erstens auf Hilmend gestoßen, einen Fluß in Afghanistan, und auf Hilpoltstein in Mittelfranken. Das hört sich unverdächtig an, ist aber von großer Bedeutung. Zweitens auf die Maultrommel und den Mauna Kea. Ebenso wichtig und zwar alles im negativen Sinn. Nirgends ergibt sich eine Beziehung zu Hilpert oder den Maulwürfen, nicht einmal zu beiden. Nun aber weiß man aus Hilperts Biographie (vgl. hierzu Simmel ›Tractatus alphabeticus‹, Sombart ›Hilpert und die Grundlagen seiner Mathematik‹, Dilthey ›Das alphabetische Jahrhundert‹), aus Hilperts Biographie also, daß er gerade Hilpoltstein eine erhöhte Aufmerksamkeit zukommen ließ. Obwohl er eine Reise dorthin immer vermieden hat, brachte er doch oft die Rede auf die lieblichen Sandsteinfelsen, die forellenreichen Bäche und den grandiosen Fachwerkgiebel des Rathauses, vor allem aber auf das Schloß der Fürsten Neuburg-Sulzbach, jetzt Distriktskrankenhaus und Rettungsanstalt. Kein Zweifel: Hilpert hatte sein Erbteil in Hilpoltstein erwartet, vielleicht sogar eine Erneuerung des Fürstentums zu seinen Gunsten. Statt dessen: Nicht einmal Mittelfranken, denn die geneigte Wiese lag nahe Bad König im Odenwald, die Einödvilla im bayerisch-böhmischen Grenzgebiet bei Eslarn, das bekanntlich oberpfälzisch ist. Die Schlußfolgerung liegt nahe: Der Alphabetismus geht zunächst von der Erbsünde aus. Das hat Hilpert selbst noch mündlich geäußert, als er das bis dahin übersehene Zwischenwort Erbtante erfuhr. Über diese aus dem Dunkel unserer Glaubensgeschichte wie ein Kugelblitz auftauchende Verwandte hat meine Tochter Alma ihre Dissertation geschrieben, unter dem Titel ›Geraldine von S., ihre Maße und Gewichte‹. Ob sie wirklich gelebt hat, ist vielen Forschern immer noch fraglich, und natürlich ist auch ihre Lebenslust kein Beweis für ihr Leben. Sie kleidete sich gern in Smaragdgrün und Schwarz, ihr Lieblingsgericht waren poschierte Eier in Portweinsoße, sie trank kaltes Wasser gern mit Spirituosen versetzt und schwärmte für zahme Maulwürfe, deren Pflege sie ihrem Erben auferlegte. Hilpert selbst hat später Gefallen an den Maulwürfen gefunden und ihrer Vermehrung gelassen zugesehen. Nach Hilperts Tod verwandelten sie sich in einen Mantel, den Erdmuthe gern getragen hätte.

Ja, wir alle hatten erwartet, Hilperts Erben zu sein, hatten alphabetische Gründe dafür gefunden und uns schon mit der Lage der Katasterämter vertraut gemacht. Der Villenumbau war vorbereitet, die Maulwürfe liefen uns zu und pfiffen in unserer Spur, wir kannten die besseren Äste an den Tomatenbäumen und sorgten für Kleberinge. Das adelige Zinkbesteck wurde Hochadel unter unseren Händen, und der Nibelungenkalk im Odenwald wurde von uns entdeckt. In Eslarn planten wir die Errichtung eines alphabetischen Kurheims.

Bis zu seinem vorletzten Tag hielt Hilpert seinen Rhythmus ein. Ich bin erst bei der Zichorie, pflegte er zu sagen, Zypern ist noch weit und außerdem nicht das letzte.

Vielleicht hätte er übrigens in Zypern behauptet, es schriebe sich mit C. So tastete er sich von Tag zu Jahr weiter. Erst an seinem letzten Tag sah man ihn morgens nicht am offenen Fenster. Die Maulwürfe hoben die Köpfe und schauten verwundert. Vergebens erwarteten sie die dreimalige Rezitation des griechischen Alphabets.

An einem Tag Ende August trugen wir Hilpert zu Grabe, einem strahlenden Tag, der das ganze Alphabet enthielt, lateinisch, armenisch, kyrillisch, in der Fernsicht dämmerte sogar das mongolische herauf. Es war kein Tag, sondern eine Enzyklopädie, die Bäume waren geschrieben, die Tomaten gedruckt, ein würdiges Begräbnis. Robinson, Alma, Erdmuthe und ich trugen den Sarg, ein Rudel

Maulwürfe folgte, dahinter einige Geisteswissenschaftler und Lexikographen. Was wir damals noch nicht wußten: Die Erben waren nicht dabei. Sie konnten auch nicht dabei sein, ahnten nichts von der Erbschaft, denn der Erblasser hatte sie aus einem Adreßbuch für den Regierungsbezirk Aurich herausgefischt, er kannte sie auch nicht. Alle hießen Hilpert, waren aber nicht mit dem großen Hilpert verwandt. Damals hielten wir eine Erbschaft noch für ein Glück, heute halten wir sie für eine Erbschaft. Abel, Achim und Ada waren die Vornamen.

Zögernd zuerst, dann vehement haben wir aus unserer Lage heraus eine Erbphilosophie entwickelt. Aber wie es mit existentiellen Erkenntnissen ist: sie haben sich selbständig gemacht. Wir können uns ihrer Dialektik nicht entziehen, die Hoffnung auf das Erbe schließt die Hoffnung ein, daß es nie dazu kommt. Es ist ein jüdischer Zug darin. Die Welt lebt von der Erwartung des Messias, sein Kommen kann erst akzeptiert werden, wenn damit die Welt zu Ende ist.

Zum Glück haben wir höchstens mit Überraschungen zu rechnen. Außer Erdmuthe. Wenn alles nach Hilperts letzten Erkenntnissen über die Erbsünde geht, sind wir in Furcht und Bangen gefeit. Außer Erdmuthe. Ihr Name gibt zuviel her. Im Bezirk der Erdnüsse liegt die große Gefahr. Und von Hebe Frohmut her ist ja die Erbsünde nicht auszuschließen. Was sie auch getrieben habe, in Jütland und der Lüneburger Heide, – und selbst die Konstruktion der Erbswurst ist, alphabetisch deutlich, als Fortsetzung der Erbsünde anzusehen. Oder kann Schuld durch das Kochbuch getilgt werden? Es würde uns wundern. Nein, unsere Literatur ist voll der Erkenntnis: Die alphabetische Folge bedeutet nicht die Aufhebung des Vorhergehenden. Und könnte nicht die Folge rückwärts gehen? Ein fataler Gedanke, denn wer bei z beginnt, dem könnte man höchstens historische Gründe entgegenhalten, und die sind fadenscheinig, – eine Gewohnheit. A ist wichtiger als z. Der abnehmende Mond wichtiger als der zunehmende. Nein, das alles klammern wir aus. Ich fürchte nur, Erdmuthe grübelt darüber mehr als wir, ist vielleicht statt auf die Erdnuß auf die Erdmaus oder die Erdlaus gestoßen.

Aber ob rückwärts oder vorwärts: Schon wenige Gramm Erdnußöl wären eine Gefahr für uns, wenn nicht eine Katastrophe. Dann gäbe es keine Hoffnung mehr auf eine bessere Welt. Der Tod der Maulwürfe wäre auch unsrer. Die Tomaten blieben ohne Glanz. Das unbeschriftete Grab von Hilpert wäre das Ende unseres wunderbaren Glaubens.

ELIAS CANETTI

Der Unsichtbare

In der Dämmerung ging ich auf den großen Platz in der Mitte der Stadt, und was ich da suchte, waren nicht seine Buntheit und Lebendigkeit, die waren mir wohl vertraut, ich suchte ein kleines, braunes Bündel am Boden, das nicht einmal aus einer Stimme, das aus einem einzigen Laut bestand. Es war ein tiefes, langgezogenes, surrendes »-ä-ä-ä-ä-ä-ä-ä-«. Es nahm nicht ab, es nahm nicht zu, aber es hörte nie auf, und hinter all den tausendfältigen Rufen und Schreien des Platzes war es immer vernehmbar. Es war der unveränderlichste Laut der Djema el Fna, der sich im Verlauf eines ganzen Abends und von Abend zu Abend immer gleich blieb.

Schon aus der Ferne horchte ich darauf. Eine Unruhe trieb mich hin, für die ich keine rechte Erklärung weiß. Ich wäre auf alle Fälle auf den Platz gegangen, so Vieles dort zog mich an; und ich zweifelte nie daran, daß ich ihn wieder vorfinden würde, mit allem, was zu ihm gehörte. Nur um diese Stimme, die zu einem einzigen Laut reduziert worden war, verspürte ich etwas wie Bangen. Sie war an der Grenze des Lebendigen; das Leben, das sie erzeugte, bestand aus nichts anderem als diesem Laut. Ich horchte begierig und ängstlich und dann erreichte ich immer einen Punkt auf meinem Weg, genau an derselben Stelle, wo ich es plötzlich hörte, wie das Surren eines Insekts:

»ä-ä-ä-ä-ä-ä-ä-ä-«.

Ich spürte, wie eine unbegreifliche Ruhe sich durch meinen Körper verbreitete, und während mein Schritt bis jetzt etwas zögernd und unsicher gewesen war, ging ich nun plötzlich mit Bestimmtheit auf den Laut los. Ich wußte, wo er stand. Ich kannte das kleine, braune Bündel am Boden, von dem ich nie mehr gesehen hatte als ein dunkles und rauhes Stück Stoff. Ich hatte nie den Mund gesehen, dem das »ä-ä-ä-ä-ä-« entstammte; nie das Auge; nie die Wange, keinen Teil des Gesichts. Ich hätte nicht sagen können, ob dieses Gesicht das eines Blinden war oder ob es sah. Der braune, schmutzige Stoff war wie eine Kapuze ganz über den Kopf heruntergezogen und hielt alles verdeckt. Das Geschöpf – es mußte eines sein – kauerte am Boden und hielt den Rücken unterm Stoff gebeugt. Es war wenig vom Geschöpf da, es wirkte leicht und schwach, das war alles, was man vermuten konnte. Ich wußte nicht, wie groß es war, denn ich sah es nie stehen. Was davon am Boden war, hielt sich so nieder, daß man ahnungslos darübergestolpert wäre, hätte der Laut je aufgehört. Ich sah es nie kommen, ich sah es nie gehen; ich weiß nicht, ob es hingebracht und abgelegt wurde, oder ob es auf eigenen Beinen ging.

Die Stelle, die es sich ausgesucht hatte, war gar nicht geschützt. Es war der offenste Teil des Platzes und ein unaufhörliches Kommen und Gehen auf allen Seiten des braunen Häufleins. An belebten Abenden verschwand es unter den Beinen der Menschen, und obwohl ich genau wußte, wo es war, und die Stimme immer hörte, hatte ich Mühe, es zu finden. Aber dann verliefen sich die Leute, und es blieb in seiner Stellung, als rings um ihn der Platz schon weit und breit leer war. Dann lag es in der Dunkelheit wie ein weggelegtes altes und sehr schmutziges Kleidungsstück, das jemand loswerden wollte und verstohlen unter den vielen Leuten fallen ließ, damit man nicht auf ihn aufmerksam würde. Jetzt aber hatten sich die Leute verlaufen und das Bündel allein lag da. Ich wartete nie, bis es sich erhob oder abgeholt wurde. Ich schlich mich in die Dunkelheit davon, mit einem würgenden Gefühl von Ohnmacht und Stolz.

Die Ohnmacht galt mir selbst: Ich fühlte, daß ich nie etwas unternehmen würde, um hinter das Geheimnis des Bündels zu kommen. Ich hatte Scheu vor seiner Gestalt; und da ich ihm keine andere geben konnte, ließ ich es dort am Boden liegen. Wenn ich in die Nähe kam, gab ich mir Mühe, nicht daranzustoßen, als könnte ich es verletzen und gefährden. Es war jeden Abend da, und jeden Abend stand mein Herz still, wenn ich den Laut zuerst ausnahm, und es stand dann wieder still, wenn ich es gewahrte. Sein Weg hin und zurück war mir noch heiliger als mein eigener. Ich spürte ihm nie nach und ich weiß nicht, wo es für den Rest der Nacht und des kommenden Tages verschwand. Es war etwas Besonderes, und vielleicht hielt es sich dafür. Ich fühlte mich manchmal versucht, mit einem Finger ganz sacht an die braune Kapuze zu rühren – das mußte es bemerken, und vielleicht besaß es einen zweiten Laut, mit dem es darauf erwidert hätte. Aber diese Versuchung ging immer in meiner Ohnmacht rasch unter.

Ich sagte, daß mich beim Davonschleichen noch ein anderes Gefühl würgte: Stolz. Ich war stolz auf das Bündel, weil es lebte. Was es sich dachte, während es hier tief unter den anderen Menschen atmete, werde ich nie wissen. Der Sinn seines Rufes blieb mir so dunkel wie sein ganzes Dasein: Aber es lebte und war täglich zu seiner Zeit wieder da. Ich sah nie, daß es Münzen aufhob, die man ihm hinwarf; man warf ihm wenig hin, nie lagen mehr als zwei oder drei Münzen da. Vielleicht besaß es keine Arme, um nach den Münzen zu greifen. Vielleicht besaß es keine Zunge, um das »l« in »Allah« zu formen, und der Name Gottes verkürzte sich ihm zu »ä-ä-ä-ä-«. Aber es lebte, und mit einem Fleiß und einer Beharrlichkeit ohnegleichen sagte es seinen einzigen Laut, sagte ihn Stunden und Stunden, bis es auf dem ganzen weiten Platz der einzige Laut geworden war, der Laut, der alle anderen Laute überlebte.

Alles

Wenn wir uns, wie zwei Versteinte, zum Essen setzen oder abends an der Wohnungstür zusammentreffen, weil wir beide gleichzeitig daran denken, sie abzusperren, fühle ich unsere Trauer wie einen Bogen, der von einem Ende der Welt zum anderen reicht – also von Hanna zu mir –, und an dem gespannten Bogen einen Pfeil bereitet, der den unbewegten Himmel ins Herz treffen müßte. Wenn wir zurückgehen durch das Vorzimmer, ist sie zwei Schritte vor mir, sie geht ins Schlafzimmer, ohne »Gute Nacht« zu sagen, und ich flüchte mich in mein Zimmer, an meinen Schreibtisch, um dann vor mich hinzustarren, ihren gesenkten Kopf vor Augen und ihr Schweigen im Ohr. Ob sie sich hinlegt und zu schlafen versucht oder wach ist und wartet? Worauf? – da sie nicht auf mich wartet!

Als ich Hanna heiratete, geschah es weniger ihretwegen, als weil sie das Kind erwartete. Ich hatte keine Wahl, brauchte keinen Entschluß zu fassen. Ich war bewegt, weil sich etwas vorbereitete, das neu war und von uns kam, und weil mir die Welt zuzunehmen schien. Wie der Mond, gegen den man sich dreimal verbeugen soll, wenn er neu erscheint und zart und hauchfarben am Anfang seiner Bahn steht. Es gab Augenblicke der Abwesenheit, die ich vorher nicht gekannt hatte. Selbst im Büro – obwohl ich mehr als genug zu tun hatte – oder während einer Konferenz entrückte ich plötzlich in diesen Zustand, in dem ich mich nur dem Kind zuwandte, diesem unbekannten, schemenhaften Wesen, und ihm entgegenging mit all meinen Gedanken bis in den warmen lichtlosen Leib, in dem es gefangen lag.

Das Kind, das wir erwarteten, veränderte uns. Wir gingen kaum mehr aus und vernachlässigten unsere Freunde; wir suchten eine größere Wohnung und richteten uns besser und endgültiger ein. Aber des Kindes wegen, auf das ich wartete, begann alles sich für mich zu verändern; ich kam auf Gedanken, unvermutet, wie man auf Minen kommt, von solcher Sprengkraft, daß ich hätte zurückschrecken müssen, aber ich ging weiter, ohne Sinn für die Gefahr.

Hanna mißverstand mich. Weil ich nicht zu entscheiden wußte, ob der Kinderwagen große oder kleine Räder haben solle, schien ich gleichgültig. (Ich weiß wirklich nicht. Ganz wie du willst. Doch, ich höre.) Wenn ich mit ihr in Geschäften herumstand, wo sie Hauben, Jäckchen und Windeln aussuchte, zwischen Rosa und Blau, Kunstwolle und echter Wolle schwankte, warf sie mir vor, daß ich nicht bei der Sache sei. Aber ich war es nur zu sehr.

Wie soll ich bloß ausdrücken, was in mir vorging? Es erging mir wie einem Wilden, der plötzlich aufgeklärt wird, daß die Welt, in der er sich bewegt, zwischen Feuerstätte und Lager, zwischen Sonnenaufgang und Sonnenuntergang, zwischen Jagd und Mahlzeit, auch die Welt ist, die Jahrmillionen alt ist und vergehen wird, die einen nichtigen Platz unter vielen Sonnensystemen hat, die sich mit großer Geschwindigkeit um sich selbst und zugleich um die Sonne dreht. Ich sah mich mit einemmal in anderen Zusammenhängen, mich und das Kind, das zu einem bestimmten Zeitpunkt, Anfang oder Mitte November, an die Reihe kommen sollte mit seinem Leben, genauso wie einst ich, genau wie alle vor mir.

Man muß es sich nur recht vorstellen. Diese ganze Abstammung! Wie vorm Einschlafen die schwarzen und weißen Schafe (ein schwarzes, ein weißes, ein schwarzes, ein weißes, und so fort), eine Vorstellung, die einen bald stumpf und dösig und bald verzweifelt wach machen kann. Ich habe nach diesem Rezept nie einschlafen können, obwohl Hanna, die es von ihrer Mutter hat, beschwört, es sei beruhigender als ein Schlafmittel. Vielleicht ist es für viele beruhigend, an diese Kette zu denken: Und Sem zeugte Arpachsad. Als Arpachsad fünfunddreißig Jahre alt war, zeugte er den Selah. Und Selah zeugte den Heber. Und Heber den Peleg. Als Peleg dreißig Jahre alt war, zeugte er den Regu, Regu den Serug und Serug den Nahor, und jeder außerdem noch viele Söhne und Töchter danach, und die Söhne zeugten immer wieder Söhne, nämlich Nahor den Tharah und Tharah den Abram, den Nahor und den Haran. Ich probierte ein paarmal, diesen Prozeß durchzudenken, nicht nur nach vorn, sondern auch nach hinten, bis zu Adam und Eva, von denen wir wohl kaum abstammen, oder bis zu den Hominiden, von denen wir vielleicht herkommen, aber es gibt in jedem Fall ein Dunkel, in dem diese Kette sich verliert, und daher ist es auch belanglos, ob man sich an Adam und Eva oder an zwei andere Exemplare klammert. Nur wenn man sich nicht anklammern möchte und besser fragt, wozu jeder einmal an der Reihe war, weiß man mit der Kette nicht ein und aus und mit all den Zeugungen nichts anzufangen, mit den ersten und letzten Leben nichts. Denn jeder kommt nur einmal an die Reihe für das Spiel, das er vorfindet und zu begreifen angehalten wird: Fortpflanzung und Erziehung, Wirtschaft und Politik, und beschäftigen darf er sich mit Geld und Gefühl, mit Arbeit und Erfindung und der Rechtfertigung der Spielregel, die sich Denken nennt.

Da wir uns aber schon einmal so vertrauensvoll vermehren, muß man sich wohl abfinden. Das Spiel braucht die Spieler. (Oder brauchen die Spieler das Spiel?) Ich war ja auch so vertrauensvoll in die Welt gesetzt worden, und nun hatte ich ein Kind in die Welt gesetzt.

Jetzt zitterte ich schon bei dem Gedanken.

Ich fing an, *alles* auf das Kind hin anzusehen. Meine Hände zum Beispiel, die es einmal berühren und halten würden, unsere Wohnung im dritten Stock, die Kandlgasse, den VII. Bezirk, die Wege kreuz und quer durch die Stadt bis hinunter zu den Prateraunen und schließlich die ganze angeräumte Welt, die ich ihm erklären würde. Von mir sollte es die Namen hören: Tisch und Bett, Nase und Fuß. Auch Worte wie: Geist und Gott und Seele, meinem Dafürhalten nach unbrauchbare Worte, aber verheimlichen konnte man sie nicht, und später Worte, so komplizierte wie: Resonanz, Diapositiv, Chiliasmus und Astronautik. Ich würde dafür zu sorgen haben, daß mein Kind erfuhr, was alles bedeutete und wie alles zu gebrauchen sei, eine Türklinke und ein Fahrrad, ein Gurgelwasser und ein Formular. In meinem Kopf wirbelte es.

Als das Kind kam, hatte ich natürlich keine Verwendung für die große Lektion. Es war da, gelbsüchtig, zerknittert, erbarmungswürdig, und ich war auf eins nicht vorbereitet – daß ich ihm einen Namen geben mußte. Ich einigte mich in aller Eile mit Hanna, und wir ließen drei Namen ins Register eintragen. Den meines Vaters, den ihres Vaters und den meines Großvaters. Von den drei Namen wurde nie einer verwendet. Am Ende der ersten Woche hieß das Kind Fipps. Ich weiß nicht, wie es dazu kam. Vielleicht war ich sogar mitschuldig, denn ich versuchte, wie Hanna, die ganz unerschöpflich im Erfinden und Kombinieren von sinnlosen Silben war, es mit Kosenamen zu rufen, weil die eigentlichen Namen so gar nicht passen wollten auf das winzige nackte Geschöpf. Aus dem Hin und Her von Anbiederungen entstand dieser Name, der mich immer mehr aufgebracht hat im Lauf der Jahre. Manchmal legte ich ihn sogar dem Kind selbst zur Last, als hätte es sich wehren können, als wäre alles kein Zufall gewesen. Fipps! Ich werde ihn weiter so nennen müssen, ihn lächerlich machen müssen über den Tod hinaus und uns dazu.

Als Fipps in seinem blauweißen Bett lag, wachend, schlafend, und ich nur dazu taugte, ihm ein paar Speicheltropfen oder säuerliche Milch vom Mund zu wischen, ihn aufzuheben, wenn er schrie, in der Hoffnung, ihm Erleichterung zu verschaffen, dachte ich zum erstenmal, daß auch er etwas vorhabe mit mir, daß er mir aber Zeit lasse, dahinter zu kommen, ja unbedingt Zeit lassen wolle, wie ein Geist, der einem erscheint und ins Dunkel zurückkehrt und wiederkommt, die gleichen undeutbaren Blicke aussendend. Ich saß oft neben seinem Bett, sah nieder auf dieses wenig bewegte Gesicht, in diese richtungslos blickenden Augen und studierte seine Züge wie eine überlieferte Schrift, für deren Entzifferung es keinen Anhaltspunkt gibt. Ich war froh zu merken, daß Hanna sich unbeirrt an das Nächstliegende hielt, ihm zu trinken gab, ihn schlafen ließ, weckte, umbettete, wickelte, wie es die Vorschrift war. Sie putzte ihm die Nase mit kleinen Wattepfröpfchen und stäubte eine Puderwolke zwischen seine dicken Schenkel, als wäre ihm und ihr damit für alle Zeit geholfen.

Nach ein paar Wochen versuchte sie, ihm ein erstes Lächeln zu entlocken. Aber als er uns dann damit überraschte, blieb die Grimasse doch rätselvoll und beziehungslos für mich. Auch wenn er seine Augen immer häufiger und genauer auf uns richtete oder die Ärmchen ausstreckte, kam mir der Verdacht, daß nichts gemeint sei und daß wir nur anfingen, ihm die Gründe zu suchen, die er später einmal annehmen würde. Nicht Hanna, und vielleicht kein Mensch, hätte mich verstanden, aber in dieser Zeit begann meine Beunruhigung. Ich fürchte, ich fing damals schon an, mich von Hanna zu entfernen, sie immer mehr auszuschließen und fernzuhalten von meinen wahren Gedanken. Ich entdeckte eine Schwachheit in mir – das Kind hatte sie mich entdecken lassen – und das Gefühl, einer Niederlage entgegenzugehen. Ich war dreißig Jahre alt wie Hanna, die zart und jung aussah wie nie zuvor. Aber mir hatte das Kind keine neue Jugend gegeben. In dem Maß, in dem es seinen Kreis vergrößerte, steckte ich den meinen zurück. Ich ging an die Wand, bei jedem Lächeln, jedem Jubel, jedem Schrei. Ich hatte nicht die Kraft, dieses Lächeln, dieses Gezwitscher, diese Schreie im Keim zu ersticken. Darauf wäre es nämlich angekommen!

Die Zeit, die mir blieb, verging rasch. Fipps saß aufrecht im Wagen, bekam die ersten Zähne, jammerte viel; bald streckte er sich, stand schwankend, zusehends fester, rutschte auf Knien durchs Zimmer, und eines Tages kamen die ersten Worte. Es war nicht mehr aufzuhalten, und ich wußte noch immer nicht, was zu tun war.

Was nur? Früher hatte ich gedacht, ihn die Welt lehren zu müssen. Seit den stummen Zwiesprachen mit ihm war ich irregeworden und anders belehrt. Hatte ich es, zum Beispiel, nicht in der Hand, ihm die Benennung der Dinge zu verschweigen, ihn den Gebrauch der Gegenstände nicht zu lehren? Er war der erste Mensch. Mit ihm fing alles an, und es war nicht gesagt, daß alles nicht auch ganz anders werden konnte durch ihn. Sollte ich ihm nicht die Welt überlassen, blank und ohne Sinn? Ich mußte ihn ja nicht einweihen in Zwecke und Ziele, nicht in Gut und Böse, in das, was wirklich ist und was nur so scheint. Warum sollte ich ihn zu mir herüberziehen, ihn wissen und glauben, freuen und leiden machen! Hier, wo wir stehen, ist die Welt die schlechteste aller Welten, und keiner hat sie verstanden bis heute, aber wo er stand, war nichts entschieden. Noch nichts. Wie lange noch?

Und ich wußte plötzlich: alles ist eine Frage der Sprache und nicht nur dieser einen deutschen Sprache, die mit anderen geschaffen wurde in Babel, um die Welt zu verwirren. Denn darunter schwelt noch eine Sprache, die reicht bis in die Gesten und Blicke, das Abwickeln der Gedanken und den Gang der Gefühle, und in ihr ist schon all unser Unglück. Alles war eine Frage, ob ich das Kind bewahren konnte vor unserer Sprache, bis es eine neue begründet hatte und eine neue Zeit einleiten konnte.

Oft ging ich mit Fipps allein aus dem Haus, und wenn ich an ihm wiederfand, was Hanna an ihm begangen hatte, Zärtlichkeiten, Koketterien, Spielereien, entsetzte ich mich. Er geriet uns nach. Aber nicht nur Hanna und mir, nein, den Menschen überhaupt. Doch es gab Augenblicke, in denen er sich selbst verwaltete, und dann beobachtete ich ihn inständig. Alle Wege waren ihm gleich. Alle Wesen gleich. Hanna und ich standen ihm gewiß nur näher, weil wir uns andauernd in seiner Nähe zu schaffen machten. Es war ihm gleich. Wie lange noch?

Er fürchtete sich. Aber noch nicht vor einer Lawine oder einer Niedertracht, sondern vor einem Blatt, das an einem Baum in Bewegung geriet. Vor einem Schmetterling. Die Fliegen erschreckten ihn maßlos. Und ich dachte: wie wird er leben können, wenn erst ein ganzer Baum sich im Wind biegen wird und ich ihn so im unklaren lasse!

Er traf mit einem Nachbarskind auf der Treppe zusammen; er griff ihm ungeschickt mitten ins Gesicht, wich zurück, und wußte vielleicht nicht, daß er ein Kind vor sich hatte. Früher hatte er geschrien, wenn er sich schlecht fühlte, aber wenn er jetzt schrie, ging es um mehr. Vor dem Einschlafen geschah es oft oder wenn man ihn aufhob, um ihn zu Tisch zu bringen, oder wenn man ihm ein Spielzeug wegnahm. Eine große Wut war in ihm. Er konnte sich auf den Boden legen, im Teppich festkrallen und brüllen, bis sein Gesicht blau wurde und ihm Schaum vor dem Mund stand. Im Schlaf schrie er auf, als hätte sich ein Vampir auf seine Brust gesetzt. Diese Schreie bestärkten mich in der Meinung, daß er sich noch zu schreien traute und seine Schreie wirkten.

O eines Tages!

Hanna ging mit zärtlichen Vorwürfen herum und nannte ihn ungezogen. Sie drückte ihn an sich, küßte ihn oder blickte ihn ernst an und lehrte ihn, seine Mutter nicht zu kränken. Sie war eine wundervolle Versucherin. Sie stand unentwegt über den namenlosen Fluß gebeugt und wollte ihn herüberziehen, ging auf und ab an unserem Ufer und lockte ihn mit Schokoladen und Orangen, Brummkreiseln und Teddybären.

Und wenn die Bäume Schatten warfen, meinte ich, eine Stimme zu hören: Lehr ihn die Schattensprache! Die Welt ist ein Versuch, und es ist genug, daß dieser Versuch immer in derselben Weise wiederholt worden ist mit demselben Ergebnis. Mach einen anderen Versuch! Laß ihn zu Schatten gehn! Das Ergebnis war bisher: ein Leben in Schuld, Liebe und Verzweiflung. (Ich hatte begonnen, an alles im allgemeinen zu denken; mir fielen dann solche Worte ein.) Ich aber könnte ihm die Schuld ersparen, die Liebe und jedes Verhängnis und ihn für ein anderes Leben freimachen.

Ja, sonntags wanderte ich mit ihm durch den Wienerwald, und wenn wir an ein Wasser kamen, sagte es in mir: Lehr ihn die Wassersprache! Es ging über Steine. Über Wurzeln. Lehr ihn die Steinsprache! Wurzle ihn neu ein! Die Blätter fielen, denn es war wieder Herbst. Lehr ihn die Blättersprache!

Aber da ich kein Wort aus solchen Sprachen kannte oder fand, nur meine Sprache hatte und nicht über deren Grenze gelangen konnte, trug ich ihn stumm die Wege hinauf und hinunter und wieder heim, wo er lernte, Sätze zu bilden und in die Falle ging. Er äußerte schon Wünsche, sprach Bitten aus, befahl oder redete um des Redens willen. Auf späteren Sonntagsgängen riß er Grashalme aus, hob Würmer auf, fing Käfer ein. Jetzt waren sie ihm schon nicht mehr gleich, er untersuchte sie, tötete sie, wenn ich sie ihm nicht noch rechtzeitig aus der Hand nahm. Zu Hause zerlegte er Bücher und Schachteln und seinen Hampelmann. Er riß alles an sich, biß hinein, betastete alles, warf es weg oder nahm es an! O eines Tages. Eines Tages würde er Bescheid wissen.

Hanna hat mich, in dieser Zeit, als sie noch mitteilsamer war, oft auf das, was Fipps sagte, aufmerksam gemacht; sie war bezaubert von seinen unschuldigen Blicken, unschuldigen Reden und seinem Tun. Ich aber konnte überhaupt keine Unschuld in dem Kind entdecken, seit es nicht mehr wehrlos und stumm wie in den ersten Wochen war. Und damals war es wohl nicht unschuldig, sondern nur unfähig zu einer Äußerung gewesen, ein Bündel aus feinem Fleisch und Flachs, mit dünnem Atem, mit einem riesigen dumpfen Kopf, der wie ein Blitzableiter die Botschaften der Welt entschärfte.

In einer Sackgasse neben dem Haus durfte der ältere Fipps öfter mit anderen Kindern spielen. Einmal, gegen Mittag, als ich nach Hause wollte, sah ich ihn mit drei kleinen Buben Wasser in einer Konservenbüchse auffangen, das längs dem Randstein abfloß. Dann standen sie im Kreis, redeten. Es sah wie eine Beratung aus. (So berieten Ingenieure, wo sie mit den Bohrungen beginnen, wo den Einstich machen sollten.) Sie hockten sich auf das Pflaster nieder, und Fipps, der die Büchse hielt, war schon dabei, sie auszuschütten, als sie sich wieder erhoben, drei Pflastersteine weitergingen. Aber auch dieser Platz schien sich für das Vorhaben nicht zu eignen. Sie erhoben sich noch einmal. Es lag eine Spannung in der Luft. Welch männliche Spannung! Es mußte etwas geschehen! Und dann fanden sie, einen Meter entfernt, den Ort. Sie hockten sich wieder nieder, verstummten, und Fipps neigte die Büchse. Das schmutzige Wasser floß über die Steine. Sie starrten darauf, stumm und feierlich. Es war geschehen, vollbracht. Vielleicht gelungen. Es mußte gelungen sein. Die Welt konnte sich auf diese kleinen Männer verlassen, die sie weiter brachten. Sie würden sie weiterbringen, dessen war ich nun ganz sicher. Ich ging ins Haus, nach oben, und warf mich auf das Bett in unserem Schlafzimmer. Die Welt war weitergebracht worden, der Ort war gefunden, von dem aus man sie vorwärtsbrachte, immer in dieselbe Richtung. Ich hatte gehofft, mein Kind werde die Richtung nicht finden. Und einmal, vor langer Zeit, hatte ich sogar gefürchtet, daß es sich nicht zurechtfinden werde. Ich Narr hatte gefürchtet, es werde die Richtung nicht finden!

Ich stand auf und schüttete mir ein paar Hände voll kaltes Leitungswasser ins Gesicht. Ich wollte dieses Kind nicht mehr. Ich haßte es, weil es zu gut verstand, weil ich es schon in allen Fußtapfen sah.

Ich stand auf und dehnte meinen Haß aus auf alles, was von den Menschen kam, auf die Straßenbahnlinien, die Hausnummern, die Titel, die Zeiteinteilung, diesen ganzen verfilzten, ausgeklügelten Wust, der sich Ordnung nennt, gegen die Müllabfuhr, die Vorlesungsverzeichnisse, Standesämter, diese ganzen erbärmlichen Einrichtungen, gegen die man nicht mehr anrennen kann, gegen die auch nie jemand anrennt, diese Altäre, auf denen ich geopfert hatte, aber nicht gewillt war, mein Kind opfern zu lassen. Wie kam mein Kind dazu? Es hatte die Welt nicht eingerichtet, hatte ihre Beschädigung nicht verursacht. Warum sollte es sich darin einrichten! Ich schrie das Einwohneramt und die Schulen und die Kasernen an: Gebt ihm eine Chance! Gebt meinem Kind, eh es verdirbt, eine einzige Chance! Ich wütete gegen mich, weil ich meinen Sohn in diese Welt gezwungen hatte und nichts zu seiner Befreiung tat. Ich war es ihm schuldig, ich mußte handeln, mit ihm weggehen, mit ihm auf eine Insel verziehen. Aber wo gibt es diese Insel, von der aus ein neuer Mensch eine neue Welt begründen kann? Ich war mit dem Kind gefangen und verurteilt von vornherein, die alte Welt mitzumachen. Darum ließ ich das Kind fallen. Ich ließ es aus meiner Liebe fallen. Dieses Kind war ja zu allem fähig, nur dazu nicht, auszutreten, den Teufelskreis zu durchbrechen.

Fipps verspielte die Jahre bis zur Schule. Er verspielte sie im wahrsten Sinn des Wortes. Ich gönnte ihm Spiele, aber nicht diese, die ihn hinwiesen auf spätere Spiele. Verstecken und Fangen, Abzählen und Ausscheiden, Räuber und Gendarm. Ich wollte für ihn ganz andere, reine Spiele, andere Märchen als die bekannten. Aber mir fiel nichts ein, und er war nur auf Nachahmung aus. Man hält es nicht für möglich, aber es gibt keinen Ausweg für unsereins. Immer wieder teilt sich alles in oben und unten, gut und böse, hell und dunkel, in Zahl und Güte, Freund und Feind, und wo in den Fabeln andere Wesen oder Tiere auftauchen, nehmen sie gleich wieder die Züge von Menschen an.

Weil ich nicht mehr wußte, wie und woraufhin ich ihn bilden sollte, gab ich es auf. Hanna merkte, daß ich mich nicht mehr um ihn kümmerte. Einmal versuchten wir, darüber zu sprechen, und sie starrte mich an wie ein Ungeheuer. Ich konnte nicht alles vorbringen, weil sie aufstand, mir das Wort abschnitt und ins Kinderzimmer ging. Es war abends, und von diesem Abend an begann sie, die früher so wenig wie ich auf die Idee gekommen wäre, mit dem Kind zu beten: Müde bin ich, geh zur Ruh. Lieber Gott, mach mich fromm. Und ähnliches. Ich kümmerte mich auch darum nicht, aber sie werden es wohl weit gebracht haben in ihrem Repertoire. Ich glaube, sie wünschte damit, ihn unter einen Schutz zu stellen. Es wäre ihr alles recht gewesen, ein Kreuz oder ein Maskottchen, ein Zauberspruch oder sonstwas. Im Grund hatte sie recht, da Fipps bald unter die Wölfe fallen und bald mit den Wölfen heulen würde. ›Gott befohlen‹ war vielleicht die letzte Möglichkeit. Wir lieferten ihn beide aus, jeder auf seine Weise.

Wenn Fipps mit einer schlechten Note aus der Schule heimkam, sagte ich kein Wort, aber ich tröstete ihn auch nicht. Hanna quälte sich insgeheim. Sie setzte sich regelmäßig nach dem Mittagessen hin und half ihm bei seinen Aufgaben, hörte ihn ab. Sie machte ihre Sache so gut, wie man sie nur machen kann. Aber ich glaubte ja nicht an die gute Sache. Es war mir gleichgültig, ob Fipps später aufs Gymnasium kommen würde oder nicht. Ein Arbeiter möchte seinen Sohn als Arzt sehen, ein Arzt den seinen zumindest als Arzt. Ich verstehe das nicht. Ich wollte Fipps weder gescheiter noch besser als uns wissen. Ich wollte auch nicht von ihm geliebt sein; er brauchte mir nicht zu gehorchen, mir nie zu Willen zu sein. Nein, ich wollte... Er sollte doch nur von vorn beginnen, mir zeigen mit einer einzigen Geste, daß er nicht unsere Gesten nachvollziehen mußte. Ich habe keine an ihm gesehen. Ich war neu geboren, aber er war es nicht! Ich war es ja, ich war der erste Mensch und habe alles verspielt, hab nichts getan!

Ich wünschte für Fipps nichts, ganz und gar nichts. Ich beobachtete ihn nur weiter. Ich weiß nicht, ob ein Mann sein eigenes Kind so beobachten darf. Wie ein Forscher einen ›Fall‹. Ich betrachtete diesen hoffnungslosen Fall Mensch. Dieses Kind, das ich nicht lieben konnte, wie ich Hanna liebte, die ich doch nie ganz fallen ließ, weil sie mich nicht enttäuschen konnte. Sie war schon von der Art Menschen gewesen wie ich, als ich sie angetroffen hatte, wohlgestalt, erfahren, ein wenig besonders und doch wieder nicht, eine Frau und dann meine Frau. Ich machte diesem Kind und mir den Prozeß – ihm, weil es eine höchste Erwartung zunichte machte, mir, weil ich ihm den Boden nicht bereiten konnte. Ich hatte erwartet, daß dieses Kind, weil es ein Kind war – ja, ich hatte erwartet, daß es die Welt erlöse. Es hört sich an wie eine Ungeheuerlichkeit, was ich erhoffte. Ich war nur nicht vorbereitet gewesen, wie alle vor mir, auf das Kind. Ich hatte mir nichts dabei gedacht, wenn ich Hanna umarmte, wenn ich beruhigt war in dem finsteren Schoß – ich konnte nicht denken: Es war gut, Hanna zu heiraten, nicht nur wegen des Kindes, aber ich war später nie mehr glücklich mit ihr, sondern nur darauf bedacht, daß sie nicht noch ein Kind bekäme. Sie wünschte es sich, ich habe Grund, das anzunehmen, obwohl sie jetzt nicht mehr davon spricht, nichts dergleichen tut. Man möchte meinen, daß Hanna jetzt erst recht wieder an ein Kind denkt, aber sie ist versteint. Sie geht nicht von mir und kommt nicht zu mir. Sie hadert mit mir, wie man mit einem Menschen nicht hadern darf, da er nicht Herr über solche Unbegreiflichkeiten wie Tod und Leben ist. Sie hätte damals gern eine ganze Brut aufgezogen, und das verhinderte ich. Ihr waren alle Bedingungen recht und mir keine. Sie erklärte mir einmal, als wir uns stritten, was alles sie für Fipps tun und haben wolle. *Alles:* ein lichteres Zimmer, mehr Vitamine, einen Matrosenanzug, mehr Liebe, die ganze Liebe, einen Liebesspeicher wollte sie anlegen, der reichen sollte ein Leben lang, wegen draußen, wegen der Menschen... eine gute Schulbildung, Fremdsprachen, auf seine Talente merken. – Sie weinte und kränkte sich, weil ich darüber lachte. Ich glaube, sie dachte keinen Augenblick lang, daß Fipps zu den Menschen ›draußen‹ gehören werde, daß er wie sie verletzen, beleidigen, übervorteilen, töten könne, daß er auch nur einer Niedrigkeit fähig sein werde, und ich hatte allen Grund, das anzunehmen. Denn das Böse, wie wir es nennen, steckte in dem Kind wie eine Eiterquelle. An die Geschichte mit dem Messer brauche ich deswegen noch gar nicht zu denken. Es fing viel früher an, als er etwa drei oder vier Jahre alt war. Ich kam dazu, wie er zornig und plärrend umherging; ein Turm mit Bauklötzen war ihm umgefallen. Plötzlich hielt er inne im Lamentieren und sagte leise und nachdrücklich: »Das Haus anzünden werde ich euch. Alles kaputtmachen. Euch alle kaputtmachen.« Ich hob ihn auf die Knie, streichelte ihn, versprach ihm, den Turm wieder aufzubauen. Er wiederholte seine Drohungen. Hanna, die dazutrat, war zum erstenmal unsicher. Sie wies ihn zurecht und fragte ihn, wer ihm solche Sachen sage. Er antwortete fest: »Niemand.«

Dann stieß er ein kleines Mädchen, das im Haus wohnte, die Stiegen hinunter, war wohl sehr erschrocken danach, weinte, versprach, es nie wieder zu tun, und tat es doch noch einmal. Eine Zeitlang schlug er bei jeder Gelegenheit nach Hanna. Auch das verging wieder.

Ich vergesse freilich, mir vorzuhalten, wieviel hübsche Dinge er

sagte, wie zärtlich er sein konnte, wie rotglühend er morgens auf-
wachte. Ich habe das alles auch bemerkt, war oft versucht, ihn dann
schnell zu nehmen, zu küssen, wie Hanna es tat, aber ich wollte
mich nicht darüber beruhigen und mich täuschen lassen. Ich war
auf der Hut. Denn es war keine Ungeheuerlichkeit, was ich erhoffte. Ich hatte mit meinem Kind nichts Großes vor, aber diese
Wenigkeit, diese geringe Abweichung wünschte ich. Wenn ein
Kind freilich Fipps heißt... Mußte es seinem Namen solche Ehre
machen? Kommen und Gehen mit einem Schoßhundnamen. Elf
Jahre in Dressurakt auf Dressurakt vertun. (Essen mit der schönen
Hand. Gerade gehen. Winken. Nicht sprechen mit vollem
Mund.)

Seit er zur Schule ging, war ich bald mehr außer Haus als zu Hause
zu finden. Ich war zum Schachspielen im Kaffeehaus oder ich
schloß mich, Arbeit vorschützend, in mein Zimmer ein, um zu
lesen. Ich lernte Betty kennen, eine Verkäuferin von der Maria
Hilferstraße, der ich Strümpfe, Kinokarten oder etwas zum Essen
mitbrachte, und gewöhnte sie an mich. Sie war kurz angebunden,
anspruchslos, unterwürfig und höchstens eßlustig bei aller Lustlo-
sigkeit, mit der sie ihre freien Abende zubrachte. Ich ging ziemlich
oft zu ihr, während eines Jahres, legte mich neben sie auf das Bett in
ihrem möblierten Zimmer, wo sie, während ich ein Glas Wein
trank, Illustrierte las und dann auf meine Zumutungen ohne Be-
fremden einging. Es war eine Zeit der größten Verwirrung, wegen
des Kindes. Ich schlief nie mit Betty, im Gegenteil, ich war auf der
Suche nach Selbstbefriedigung, nach der lichtscheuen, verpönten
Befreiung von der Frau und dem Geschlecht. Um nicht eingefan-
gen zu werden, um unabhängig zu sein. Ich wollte mich nicht mehr
zu Hanna legen, weil ich ihr nachgegeben hätte.

Obwohl ich mich nicht bemühte, mein abendliches Ausbleiben
durch so lange Zeit zu bemänteln, war mir, als lebte Hanna ohne
Verdacht. Eines Tages entdeckte ich, daß es anders war; sie hatte
mich schon einmal mit Betty im Café Elsahof gesehen, wo wir uns
oft nach Geschäftsschluß trafen, und gleich zwei Tage darauf wieder, als ich mit Betty um Kinokarten vor dem Kosmoskino in einer
Schlange stand. Hanna verhielt sich sehr ungewöhnlich, blickte
über mich hinweg wie über einen Fremden, so daß ich nicht wußte,

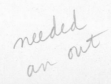

was zu tun war. Ich nickte ihr gelähmt zu, rückte, Bettys Hand in der meinen fühlend, weiter vor zur Kasse und ging, so unglaublich es mir nachträglich erscheint, wirklich ins Kino. Nach der Vorstellung, während der ich mich vorbereitete auf Vorwürfe und meine Verteidigung erprobte, nahm ich ein Taxi für den kurzen Heimweg, als ob ich damit noch etwas hätte gutmachen oder verhindern können. Da Hanna kein Wort sagte, stürzte ich mich in meinen vorbereiteten Text. Sie schwieg beharrlich, als redete ich zu ihr von Dingen, die sie nichts angingen. Schließlich tat sie doch den Mund auf und sagte schüchtern, ich solle doch an das Kind denken. »Fipps zuliebe...«, dieses Wort kam vor! Ich war geschlagen, ihrer Verlegenheit wegen, bat sie um Verzeihung, ging in die Knie, versprach das Nie-wieder, und ich sah Betty wirklich nie wieder. Ich weiß nicht, warum ich ihr trotzdem zwei Briefe schrieb, auf die sie sicher keinen Wert legte. Es kam keine Antwort, und ich wartete auch nicht auf Antwort. Als hätte ich mir selbst oder Hanna diese Briefe zukommen lassen wollen, hatte ich mich darin preisgegeben wie nie zuvor einem Menschen. Manchmal fürchtete ich, von Betty erpreßt zu werden. Wieso erpreßt? Ich schickte ihr Geld. Wieso eigentlich, da Hanna von ihr wußte?

Diese Verwirrung. Diese Öde.

Ich fühlte mich ausgelöscht als Mann, impotent. Ich wünschte mir, es zu bleiben. Wenn da eine Rechnung war, würde sie aufgehen zu meinen Gunsten. Austreten aus dem Geschlecht, zu Ende kommen, ein Ende, dahin sollte es nur kommen!

Aber alles, was geschah, handelt nicht etwa von mir oder Hanna oder Fipps, sondern von Vater und Sohn, einer Schuld und einem Tod.

In einem Buch las ich einmal den Satz: »Es ist nicht die Art des Himmels, das Haupt zu erheben.« Es wäre gut, wenn alle wüßten von diesem Satz, der von der Unart des Himmels spricht. O nein, es ist wahrhaftig nicht seine Art, herabzublicken, Zeichen zu geben den Verwirrten unter ihm. Wenigstens nicht, wo ein so dunkles Drama stattfindet, in dem auch er, dieses erdachte Oben, mitspielt. Vater und Sohn. Ein Sohn – daß es das gibt, das ist das Unfaßbare. Mir fallen jetzt solche Worte ein, weil es für diese finstere Sache kein klares Wort gibt; sowie man daran denkt, kommt man um den

Verstand. Finstere Sache: denn da war mein Samen, undefinierbar und mir selbst nicht geheuer, und dann Hannas Blut, in dem das Kind genährt worden war und das die Geburt begleitete, alles zusammen eine finstere Sache. Und es hatte mit Blut geendet, mit seinem schallend leuchtenden Kinderblut, das aus der Kopfwunde geflossen ist.

Er konnte nichts sagen, als er dort auf dem Felsvorsprung der Schlucht lag, nur zu dem Schüler, der zuerst bei ihm anlangte: »Du.« Er wollte die Hand heben, ihm etwas bedeuten oder sich an ihn klammern. Die Hand ging aber nicht mehr hoch. Und endlich flüsterte er doch, als sich ein paar Augenblicke später der Lehrer über ihn beugte:

»Ich möchte nach Hause.«

Ich werde mich hüten, dieses Satzes wegen zu glauben, es hätte ihn ausdrücklich nach Hanna und mir verlangt. Man will nämlich nach Hause, wenn man sich sterben fühlt, und er fühlte es. Er war ein Kind, hatte keine großen Botschaften zu bestellen. Fipps war nämlich nur ein ganz gewöhnliches Kind, es konnte ihm nichts in die Quere kommen bei seinen letzten Gedanken. Die anderen Kinder und der Lehrer hatten dann Stöcke gesucht, eine Bahre daraus gemacht, ihn bis ins Oberdorf getragen. Unterwegs, fast gleich nach den ersten Schritten, war er gestorben. Dahingegangen? Verschieden? In der Parte schrieben wir: »... wurde uns unser einziges Kind... durch einen Unglücksfall entrissen.« In der Druckerei fragte der Mann, der die Bestellung aufnahm, ob wir nicht »unser einziges innigstgeliebtes Kind« schreiben wollten, aber Hanna, die am Apparat war, sagte nein, es verstehe sich, geliebt und innigstgeliebt, es komme auch gar nicht mehr darauf an. Ich war so töricht, sie umarmen zu wollen, für diese Auskunft; so sehr lagen meine Gefühle für sie darnieder. Sie schob mich weg. Nimmt sie mich überhaupt noch wahr? Was, um alles in der Welt, wirft sie mir vor?

Hanna, die ihn allein umsorgt hatte seit langem, geht unerkennbar umher, als fiele der Scheinwerfer nicht mehr auf sie, der sie angeleuchtet hatte, wenn sie mit Fipps und durch Fipps im Mittelpunkt stand. Es läßt sich nichts mehr über sie sagen, als hätte sie weder Eigenschaften noch Merkmale. Früher war sie doch fröhlich und lebhaft gewesen, ängstlich, sanft und streng, immer bereit, das Kind zu lenken, laufen zu lassen und wieder eng an sich zu ziehen. Nach dem Vorfall mit dem Messer zum Beispiel hatte sie ihre schönste Zeit, sie glühte vor Großmut und Einsicht, sie durfte sich zu dem Kind bekennen und zu seinen Fehlern, sie stand für alles ein vor jeder Instanz. Es war in seinem dritten Schuljahr. Fipps war auf einen Mitschüler mit einem Taschenmesser losgegangen. Er wollte es ihm in die Brust rennen; es rutschte ab und traf das Kind in den Arm. Wir wurden in die Schule gerufen, und ich hatte peinvolle Besprechungen mit dem Direktor und Lehrern und den Eltern des verletzten Kindes – peinvoll, weil ich nicht bezweifelte, daß Fipps dazu, und noch zu ganz anderem, imstande war, aber sagen durfte ich, was ich dachte, nicht – peinvoll, weil mich die Gesichtspunkte, die man mir aufzwang, überhaupt nicht interessierten. Was wir mit Fipps tun sollten, war allen unklar. Er schluchzte, bald trotzig, bald verzweifelt, und wenn ein Schluß zulässig ist, so bereute er, was geschehen war. Trotzdem gelang es uns nicht, ihn dazu zu bewegen, zu dem Kind zu gehen und es um Verzeihung zu bitten. Wir zwangen ihn und gingen zu dritt ins Spital. Aber ich glaube, daß Fipps, der nichts gegen das Kind gehabt hatte, als er es bedrohte, von dem Augenblick an begann, es zu hassen, als er seinen Spruch sagen mußte. Es war kein Kinderzorn in ihm, sondern unter großer Beherrschung ein sehr feiner, sehr erwachsener Haß. Ein schwieriges Gefühl, in das er niemand hineinsehen ließ, war ihm gelungen, und er war wie zum Menschen geschlagen.

Immer, wenn ich an den Schulausflug denke, mit dem alles zu Ende ging, fällt mir auch die Messergeschichte ein, als gehörten sie von fern zusammen, wegen des Schocks, der mich wieder an die Existenz meines Kindes erinnerte. Denn diese paar Schuljahre erscheinen mir, abgesehen davon, leer in der Erinnerung, weil ich nicht achtete auf sein Größerwerden, das Hellerwerden des Verstandes und seiner Empfindungen. Er wird wohl gewesen sein wie alle Kinder dieses Alters: wild und zärtlich, laut und verschwiegen – mit allen Besonderheiten für Hanna, allem Einmaligen für Hanna.

Der Direktor der Schule rief bei mir im Büro an. Das war nie vorgekommen, denn selbst, als sich die Geschichte mit dem Messer zugetragen hatte, ließ man in der Wohnung anrufen, und Hanna erst hatte mich verständigt. Ich traf den Mann eine halbe Stunde später in der Halle der Firma. Wir gingen auf die andere Straßenseite ins Kaffeehaus. Er versuchte, was er mir sagen mußte, zuerst in der Halle zu sagen, dann auf der Straße, aber auch im Kaffeehaus fühlte er, daß es nicht der richtige Ort war. Es gibt vielleicht überhaupt keinen richtigen Ort für die Mitteilung, daß ein Kind tot ist.

Es sei nicht die Schuld des Lehrers, sagte er.

Ich nickte. Es war mir recht.

Die Wegverhältnisse waren gut gewesen, aber Fipps hatte sich losgelöst von der Klasse, aus Übermut oder Neugier, vielleicht weil er sich einen Stock suchen wollte.

Der Direktor begann zu stammeln.

Fipps war auf einem Felsen ausgerutscht und auf den darunterliegenden gestürzt.

Die Kopfwunde sei an sich ungefährlich gewesen, aber der Arzt habe dann die Erklärung für den raschen Tod gefunden, eine Zyste, ich wisse wahrscheinlich...

Ich nickte. Zyste? Ich wußte nicht, was das ist.

Die Schule sei tief betroffen, sagte der Direktor, eine Untersuchungskommission sei beauftragt, die Polizei verständigt...

Ich dachte nicht an Fipps, sondern an den Lehrer, der mir leid tat, und ich gab zu verstehen, daß man nichts zu befürchten habe von meiner Seite.

Niemand hatte Schuld. Niemand.

Ich stand auf, ehe wir die Bestellung machen konnten, legte einen Schilling auf den Tisch, und wir trennten uns. Ich ging zurück ins Büro und gleich wieder weg, ins Kaffeehaus, um doch einen Kaffee zu trinken, obwohl ich lieber einen Kognak oder einen Schnaps gehabt hätte. Ich traute mich nicht, einen Kognak zu trinken. Mittag war gekommen, und ich mußte heim und es Hanna sagen. Ich weiß nicht, wie ich es fertigbrachte und was ich sagte. Während wir von der Wohnungstür weg und durch das Vorzimmer gingen, mußte sie es schon begriffen haben. Es ging so schnell. Ich mußte sie zu Bett bringen, den Arzt rufen. Sie war ohne Verstand, und bis sie bewußtlos wurde, schrie sie. Sie schrie so entsetzlich wie bei seiner Geburt, und ich zitterte wieder um sie, wie damals.

Wünschte wieder nur, Hanna möge nichts geschehen. Immer dachte ich: Hanna! Nie an das Kind.

In den folgenden Tagen tat ich alle Wege allein. Auf dem Friedhof – ich hatte Hanna die Stunde der Beerdigung verschwiegen – hielt der Direktor eine Rede. Es war ein schöner Tag, ein leichter Wind ging, die Kranzschleifen hoben sich wie für ein Fest. Der Direktor sprach immerzu. Zum erstenmal sah ich die ganze Klasse, die Kinder, mit denen Fipps fast jede Tageshälfte verbracht hatte, einen Haufen stumpf vor sich hinblickender kleiner Kerle, und darunter wußte ich einen, den Fipps hatte erstechen wollen. Es gibt eine Kälte innen, die macht, daß das Nächste und Fernste uns gleich entrückt sind. Das Grab entrückte mit den Umstehenden und den Kränzen. Den ganzen Zentralfriedhof sah ich weit draußen am Horizont nach Osten abtreiben, und noch als man mir die Hand drückte, spürte ich nur Druck auf Druck und sah die Gesichter dort draußen, genau und wie aus der Nähe gesehen, aber sehr fern, erheblich fern.

Lern du die Schattensprache! Lern du selber.

Aber jetzt, seit alles vorbei ist und Hanna auch nicht mehr stundenlang in seinem Zimmer sitzt, sondern mir erlaubt hat, die Tür abzuschließen, durch die er so oft gelaufen ist, rede ich manchmal mit ihm in der Sprache, die ich nicht für gut halten kann.

Mein Wildling. Mein Herz.

Ich bin bereit, ihn auf dem Rücken zu tragen, und verspreche ihm einen blauen Ballon, eine Bootsfahrt auf der alten Donau und Briefmarken. Ich blase auf seine Knie, wenn er sich angeschlagen hat, und helfe ihm bei einer Schlußrechnung.

Wenn ich ihn damit auch nicht lebendig machen kann, so ist es doch nicht zu spät zu denken: Ich habe ihn angenommen, diesen Sohn. Ich konnte zu ihm nicht freundlich sein, weil ich zu weit ging mit ihm.

Geh nicht zu weit. Lern erst das Weitergehen. Lern du selbst.

Aber man müßte zuerst den Trauerbogen zerreißen können, der von einem Mann zu einer Frau reicht. Diese Entfernung, meßbar mit Schweigen, wie soll sie je abnehmen? Denn in alle Zeit wird, wo für mich ein Minenfeld ist, für Hanna ein Garten sein.

Ich denke nicht mehr, sondern möchte aufstehen, über den dunklen Gang hinübergehen und, ohne ein Wort sagen zu müssen, Hanna erreichen. Ich sehe nichts daraufhin an, weder meine Hände, die sie halten sollen, noch meinen Mund, in den ich den ihren schließen kann. Es ist unwichtig, mit welchem Laut vor jedem Wort ich zu ihr komme, mit welcher Wärme vor jeder Sympathie. Nicht um sie wiederzuhaben, ginge ich, sondern um sie in der Welt zu halten und damit sie mich in der Welt hält. Durch Vereinigung, mild und finster. Wenn es Kinder gibt nach dieser Umarmung, gut, sie sollen kommen, da sein, heranwachsen, werden wie alle andern. Ich werde sie verschlingen wie Kronos, schlagen wie ein großer fürchterlicher Vater, sie verwöhnen, diese heiligen Tiere, und mich betrügen lassen wie ein Lear. Ich werde sie erziehen, wie die Zeit es erfordert, halb für die wölfische Praxis und halb auf die Idee der Sittlichkeit hin – und ich werde ihnen nichts auf den Weg mitgeben. Wie ein Mann meiner Zeit – keinen Besitz, keine guten Ratschläge.

Aber ich weiß nicht, ob Hanna noch wach ist.

Ich denke nicht mehr. Das Fleisch ist stark und finster, das unter dem großen Nachtgelächter ein wahres Gefühl begräbt.

Ich weiß nicht, ob Hanna noch wach ist.

Die Tränentiere

Einer schreibt:

»... wir haben sie seit Wochen nicht mehr gesehen. Sie sind fortge-
gangen, wie sie gekommen waren, ohne uns etwas dazu zu sagen.

Wir merkten es daran, daß unsre Krüge, die wir abends für sie vor
die Haustüren stellten, leer und trocken blieben. Als sie zum ersten
Mal ausblieben, dachten wir uns nichts dabei, auch später nicht,
denn eigentlich waren sie uns von Anfang an gleichgültig. Kein
Mensch weiß, wovon sie lebten. Wir haben sie nie etwas fressen
sehen. Sie zeigten sich ohne Scheu und liefen herum, als wären sie
blind oder grenzenlos gleichgültig gegen uns und gegen alles, was
zu uns gehörte. Warum kamen sie dann aber zu uns, wenn sie uns
doch nicht riechen konnten!

Ich selber habe gesehen, daß eines von ihnen – es waren mehrere
Dutzend in unsrer Gegend, sie sind sonst nirgendwo gesehen worden, oder bei euch? – daß eines von ihnen über eine Wiese lief und
gegen einen Baum stieß, dann den Baum musterte, ganz erstaunt
und lange musterte, dann noch einmal versuchte, durch ihn hindurch zu kommen, und als es nicht glückte, gleichgültig um den
Baum herumlief.

Sie hatten drei Beine, zwei hinten, eines vorn, und schwarze Haut
mit wenig Haaren, fuchsgroß etwa, kannst du sie dir ungefähr vorstellen? Auf dem Kopf zwei große Beulen, auf denen die Augen
saßen. In den Beulen waren die Tränen, vermutlich. Die Tränen
kamen immer, auch wenn sie schliefen. Sie legten sich gerade dorthin, wo es ihnen einfiel zu schlafen, auf den Weg oder neben die
Tränenkrüge, ganz egal. Und sie wachten plötzlich in ihren Trä-
nenpfützen auf, erhoben sich, schüttelten sich, leckten die nasse
Haut und legten sich ein paar Schritte entfernt von neuem schlafen.

Zuerst hatten wir die Tränenspuren im Wald entdeckt. Wir fragten uns, wer hier Wasser getragen oder gefahren hätte und wozu. Es gab genug Tümpel und Bäche im Wald, man brauchte kein Wasser in die Wälder zu bringen. Dann sahen wir eines von ihnen. Es lief uns übern Weg, es rannte nicht weg, es lief nicht schneller, nicht langsamer, es blieb nicht stehen und blickte nicht auf. Den Kopf dicht an der Erde lief es übern Weg und wir guckten ihm nach und redeten viel darüber und standen abends vor den Türen und erzählten davon und redeten von dem Tränentier, das auch andre inzwischen gesehn hatten. Aber bald dachten wir nicht mehr daran, sowenig wie man immer an Katzen denkt, bloß weil welche da sind. Wir sprachen immer seltener von ihnen, eben weil sie uns im Grunde gleichgültig waren.

Dann kamen mal welche an unsre Häuser und blieben vor unsren Türen stehen, ohne aufzugucken, ein wenig schnarrend, sanft und kaum hörbar schnarrend, sehr häßliche Töne schnarrend; was wir ihnen hinwarfen, fraßen sie nicht, und dann kam einer auf die Idee, ihnen einen Eimer hinzustellen, und das muß es gewesen sein, denn sie liefen alle zusammen und hängten die Köpfe über den Eimer und tropften ihn voll und liefen dann weiter und die Tränen liefen weiter und machten dunkle Spuren.

Kannst du dir das vorstellen? Obwohl du sie nicht gesehen hast? Wir machten uns einen Spaß daraus, nun immer Tränenkrüge vor die Türen zu stellen, Kanister, Waschzuber, Tröge, Eimer, wir fanden sie jeden Morgen gefüllt. Das Tränenwasser war farblos und wie jedes andere Wasser auch, aber es hatte einen fremdartigen Duft, nicht süß nicht sauer; wir schütteten es weg, unser Vieh trank es nicht, wir tranken es nicht und konnten es nicht gebrauchen und es war völlig überflüssig.

Dabei weinten die Tiere nicht! Sie heulten nicht und es sah nicht so aus, als klagten sie. Sie ließen nur Tränen fallen, lautlos, wahrscheinlich ohne einen bestimmten Grund. Wir wissen natürlich nicht, ob sie einen bestimmten Kummer hatten, dessentwegen sie endlos Tränen fallen ließen, und es war uns, weil sie nie bellten oder sprachen oder auf unsere Worte hörten, auch gleichgültig, ob sie einen hatten. Sie kamen regelmäßig über Nacht und füllten die Behälter. Das schien sie ganz zufrieden zu stimmen. Sie schnarrten manchmal, kaum hörbar, das war alles.

Jetzt sind sie weg.

Unsre Krüge jedenfalls sind seit Wochen leer, wir stellen sie schon nicht mehr vor die Türen. Keiner hat sie mehr zu Gesicht bekommen, und wir fragen uns, wohin sie gegangen sind und was aus ihnen wird und überhaupt werden kann.

Was, meinst du, könnte man tun? Soll man sie vergessen? Sie haben hier eine Weile gelebt und sind jetzt weg, glaubst du, das wäre ein Grund, sie im Gedächtnis zu behalten? Wir haben das Tränenwasser weggeschüttet, es gibt jetzt keines mehr, wir hätten es besser aufheben sollen, etwas davon, vielleicht hatte es eine besondere Eigenschaft, von der wir nichts wußten. Wir haben auch nie eines der Tiere gejagt oder getötet oder versucht zu essen, und es erübrigt sich eigentlich, noch länger von ihnen zu reden.

Sie sind weg. Ich will es aufschreiben, ich schreibe dir davon und lasse es gut sein, hier schreibe ich es hin, daß sie da waren, an dich, du liest es und hebst es auf oder wirfst es weg. Was soll man weiter tun in dieser Angelegenheit? Schreib mir, wenn dir etwas dazu einfällt und wenn du Lust hast, dich ein bißchen mit ihnen zu beschäftigen, obwohl sie nicht mehr hier sind...«

Weltende

Die Legenden berichten von einem Mann, der eines Tages erscheinen und vermöge seiner zauberfähigen Augen die Erde leerblicken wird. Es heißt, daß seine Blicke über die Fähigkeit verfügen werden, die erblickten Dinge von ihren Stellen zu lösen und unversehrt hinter seinen Pupillen und Lidern anzusiedeln. Dieser Mann, vermutet man, wird zuletzt, vom vielen, lückenlosen Betrachten müde, den ganzen Erdball hinter seinen Augen versammelt haben und das verlagerte Leben wird in seinem Kopfe weitergehen mit Ebbe und Flut, Jahrmärkten und Mondaufgängen. Als es selbst oder als seine eigene Erinnerung? Als Zerrbild oder verworrenes Echo?

Desgleichen wird der Mann alle Laute, Sprachen und Musik zu Ende und in sich hineinhören und alle Gerüche aufatmen, so daß zum Schluß nichts anderes mehr übrigbleiben wird als er selbst, Hülle und Tresor der unverwüstlichen Welt, die nie sterben können wird.

Eisenbahnen und Vogelzüge, deren Weg hinter seinen Augen vorüberführt, werden durch seine Pupillen und Lidspalten Ausschau nach ihren Wurzeln und ursprünglichen Wegen, nach etwaigen Spuren und Schattenresten halten, aber so wenig, so befremdend gar nichts sehen, wie eine Ameise durch ein Bullauge der Arche Noah gesehen haben mag. Wenn dann dieser Mann, im Falle er sich vereinsamt vorkommt, den Versuch wagt, etwas zur Gesellschaft neben sich zu stellen, etwa ein Haus, einen Hund oder eine Fläche Blumen, so werden seine unerbittlich verzehrenden Blicke dem Anblick zuvorkommen und das Gewünschte zurückbehalten, ohne daß es sich außerhalb seines Kopfes befunden hätte.

Seine Augen, sagt man, werden zu großen Schaufenstern werden, in denen kleine Stücke Welt ihr wunderliches Überleben feiern mit Kartenhäusern und zerbrochenen Himmeln, Feierabenden und Tanzpalästen, aber keiner wird sich je auftreiben lassen, der es hinter den Lidern also fortbestehen sähe, denn er würde sofort von einem jener Blicke ergriffen, fände, wenn auch widerstrebend, Eingang und Untergang durch die Augen dieses Mannes und Zugehörigkeit zu Birnbäumen und Glockenspielen unter dessen Schläfe.

ALEXANDER KLUGE

Ein Liebesversuch

Als das billigste Mittel, in den Lagern Massensterilisationen durchzuführen, erschien 1943 Röntgenbestrahlung. Zweifelhaft war, ob die so erzielte Unfruchtbarkeit nachhaltig war. Wir führten einen männlichen und einen weiblichen Gefangenen zu einem Versuch zusammen. Der dafür vorgesehene Raum war größer als die meisten anderen Zellen, er wurde mit Teppichen der Lagerleitung ausgelegt. Die Hoffnung, daß die Gefangenen in ihrer hochzeitlich ausgestatteten Zelle dem Versuch Genüge leisteten, erfüllte sich nicht.

Wußten sie von der erfolgten Sterilisation?
Das war nicht anzunehmen. Die beiden Gefangenen setzten sich in verschiedene Ecken des dielengedeckten und teppichbelegten Raumes. Es war durch das Bullauge, das der Beobachtung von außen diente, nicht zu erkennen, ob sie seit der Zusammenführung miteinander gesprochen hatten. Sie führten jedenfalls keine Gespräche. Diese Passivität war deshalb besonders unangenehm, weil hochgestellte Gäste sich zur Beobachtung des Versuchs angesagt hatten; um den Fortgang des Experiments zu beschleunigen, befahl der Standortarzt und Leiter des Versuchs, den beiden Gefangenen die Kleider fortzunehmen.

Schämten sich die Versuchspersonen?
Man kann nicht sagen, daß die Versuchspersonen sich schämten. Sie blieben im wesentlichen auch ohne ihre Kleidung in den bis dahin eingenommenen Positionen, sie schienen zu schlafen. Wir wollen sie ein bißchen aufwecken, sagte der Leiter des Versuchs. Es wurden Schallplatten herbeigeholt. Durch das Bullauge war zu sehen, daß beide Gefangenen auf die Musik zunächst reagierten. Wenig später verfielen sie aber wieder in ihren apathischen Zustand. Für den Versuch war es wichtig, daß die Versuchspersonen endlich

mit dem Versuch begannen, da nur so mit Sicherheit festgestellt werden konnte, ob die unauffällig erzeugte Unfruchtbarkeit bei den behandelten Personen auch über längere Zeitabschnitte hin wirksam blieb. Die am Versuch beteiligten Mannschaften warteten in den Gängen des Schlosses, einige Meter von der Zellentür entfernt. Sie verhielten sich im wesentlichen ruhig. Sie hatten Weisung, sich nur flüsternd miteinander zu verständigen. Ein Beobachter verfolgte den Verlauf des Geschehens im Innenraum. So sollten die beiden Gefangenen in dem Glauben gewiegt werden, sie seien jetzt allein.

Trotzdem kam in der Zelle keine erotische Spannung auf. Fast glaubten die Verantwortlichen, man hätte einen kleineren Raum wählen sollen. Die Versuchspersonen selbst waren sorgfältig ausgesucht. Nach den Akten mußten die beiden Versuchspersonen erhebliches erotisches Interesse aneinander empfinden.

Woher wußte man das?
J., Tochter eines Braunschweiger Regierungsrates, Jahrgang 1915, also etwa 28 Jahre, mit arischem Ehemann, Abitur, Studium der Kunstgeschichte, galt in der niedersächsischen Kleinstadt G. als unzertrennlich von der männlichen Versuchsperson, einem gewissen P., Jahrgang 1900, ohne Beruf. Wegen P. gab die J. den rettenden Ehemann auf. Sie folgte ihrem Liebhaber nach Prag, später nach Paris. 1938 gelang es, den P. auf Reichsgebiet zu verhaften. Einige Tage später erschien auf der Suche nach P. die J. auf Reichsgebiet und wurde ebenfalls verhaftet. Im Gefängnis und später im Lager versuchten die beiden mehrfach, zueinanderzukommen. Insofern unsere Enttäuschung: jetzt durften sie endlich, und jetzt wollten sie nicht.

Waren die Versuchspersonen nicht willig?
Grundsätzlich waren sie gehorsam. Ich möchte also sagen: willig.

Waren die Gefangenen gut ernährt?
Schon längere Zeit vor Beginn des Versuchs waren die in Aussicht

genommenen Versuchspersonen besonders gut ernährt worden. Nun lagen sie bereits zwei Tage im gleichen Raum, ohne daß Annäherungsversuche festzustellen waren. Wir gaben ihnen Eiweißgallert aus Eiern zu trinken, die Gefangenen nahmen das Eiweiß gierig auf. Oberscharführer Wilhelm ließ die beiden aus Gartenschläuchen anspritzen, anschließend wurden sie wieder, frierend, in das Dielenzimmer geführt, aber auch das Wärmebedürfnis führte sie nicht zueinander.

Fürchteten sie die Freigeisterei, der sich sich ausgesetzt sahen? Glaubten sie, dies wäre eine Prüfung, bei der sie ihre Moralität zu erweisen hätten? Lag das Unglück des Lagers wie eine hohe Wand zwischen ihnen?

Wußten sie, daß im Falle einer Schwängerung beide Körper seziert und untersucht würden?

Daß die Versuchspersonen das wußten oder auch nur ahnten, ist unwahrscheinlich. Von der Lagerleitung wurden ihnen wiederholt positive Zusicherungen für den Überlebensfall gemacht. Ich glaube, sie wollten nicht. Zur Enttäuschung des eigens herangereisten Obergruppenführers A. Zerbst und seiner Begleitung ließ sich das Experiment nicht durchführen, da alle Mittel, auch die gewaltsamen, nicht zu einem positiven Versuchsausgang führten. Wir preßten ihre Leiber aufeinander, hielten sie unter langsamer Erwärmung in Hautnähe aneinander, bestrichen sie mit Alkohol und gaben den Personen Alkohol, Rotwein mit Ei, auch Fleisch zu essen und Champus zu trinken, wir korrigierten die Beleuchtung, nichts davon führte jedoch zur Erregung.

Hat man denn alles versucht?

Ich kann garantieren, daß alles versucht worden ist. Wir hatten einen Oberscharführer unter uns, der etwas davon verstand. Er versuchte nach und nach alles, was sonst totsicher wirkt. Wir konnten schließlich nicht selbst hineingehen und unser Glück versuchen, weil das Rassenschande gewesen wäre. Nichts von den Mitteln, die versucht wurden, führte zur Erregung.

Wurden wir selbst erregt?
Jedenfalls eher als die beiden im Raum; wenigstens sah es so aus.
Andererseits wäre uns das verboten gewesen. Infolgedessen glaube
ich nicht, daß wir erregt waren. Vielleicht aufgeregt, da die Sache
nicht klappte.

> *Will ich liebend Dir gehören,*
> *kommst Du zu mir heute Nacht?*

Es gab keine Möglichkeit, die Versuchspersonen zu einer eindeuti-
gen Reaktion zu gewinnen, und so wurde der Versuch ergebnislos
abgebrochen. Später wurde er mit anderen Personen wieder aufgenommen.

Was geschah mit den Versuchspersonen?
Die widerspenstigen Versuchspersonen wurden erschossen.

Soll das besagen, daß an einem bestimmten Punkt des Unglücks
Liebe nicht mehr zu bewerkstelligen ist?

Der Irrgarten

Der Ausbau des Seitenflügels sei beendet und die Gärten, die er dem
um einiges erweiterten Besitze abgewonnen habe, stünden eben in
Blüte, so schrieb Eduard, Landrat in Muggensturm, der seit einigen
Monaten im Süden weilenden Gemahlin. Not und Zufall der ersten
Nachkriegsjahre habe man nun überwunden – das Haus, dessen sie
so lange hätten entbehren müssen, sei in allen seinen Winkeln wieder bewohnbar, indem innere und äußere Schäden behoben seien
und es stehe nun auch eine zahlenmäßig angemessene, jüngst li-
vrierte Dienerschaft zur Verfügung. Dieser günstige Wechsel der
Umstände – in Wahrheit, wie sie, Dorothea, wohl wisse, kein
Wechsel, sondern eine Wiedereinsetzung in alte, wohlverdiente,
gewissermaßen nur unterbrochene Privilegien –, diese Restaurie-
rung längst erworbenen und von jeher ihm, Eduard, zukommen-
den Wohlstandes sei jetzt noch sichtbarer als im Februar, da die
Gemahlin, des hiesigen Wetters überdrüssig und der Empfehlung
von Ärzten folgend, das Weite gesucht habe. Auch die Gärten seien
nun der kundigen Pflege des Herrn Wolterbeek, eines Niederlän-
ders, überantwortet worden. Mit einigen, sehr herzlich empfunde-
nen Wendungen, in denen Eduard, freilich nur von ferne, weil er
seine Gemahlin nicht geradezu bedrängen wollte, deren baldige
Rückkunft erwünschte, schloß der Brief, allerdings ohne des Irrgartens, den der Landrat zur Überraschung Dorotheas hatte anlegen lassen, Erwähnung zu tun.
Man hatte sich in der Umgebung Eduards von vornherein dazu
verstanden, dieses kleine Geheimnis nicht vor Rückkehr der Gemahlin preiszugeben, wußte man doch, daß der Landrat mit der
Anlage des Labyrinths einen alten, beiderseitig gehegten Lieblings-
wunsch zu erfüllen hoffte. Der Bemühung um Verschwiegenheit –
zu Besuch eintreffende Verwandte und nächste Freunde wurden
über den Charakter der umfangreichen Bauarbeiten im unklaren
gelassen – kam die Anlage des Gartens selbst entgegen. Wolterbeek

äußerte, noch ehe er erste Pläne vorlegte, ein Irrgarten zeige Kunst und Natur in brüderlichster Vereinigung. Der Form nach barock, sei er in seinem Wesen höchst natürlich, indem er gerade das Ziellose, Verstrickend-Wuchernde der Natur wiederherstelle und diese also in ihre ursprüngliche, würdige Lage versetze.

Gleichwohl hatte sich der Holländer Abweichungen vom strengen Barockstil erlaubt. Diese betrafen weniger den Irrgarten selbst, als vielmehr sein Verhältnis zum Ganzen der umgebenden Landschaft. Nicht wollte der Architekt den Irrgarten für sich, umgrenzt etwa, in der restlichen, beliebigen Landschaft aufgestellt wissen, »als handle es sich um ein Spielfeld, das man betritt und verläßt«, sondern er wollte ihn, besonders was seinen Zugang und Ausgang betraf, letzteren in direkter Nähe der Freitreppe des Hauptgebäudes, vernünftig in die vorliegende Landschaft einordnen. Dies nahm sich auf den Karten so aus, daß der Zugang zum Irrgarten sich schon bald nach Durchschreiten des großen Portals, das in die gesamten Besitzungen des Landrats hineinführte, also auf dem Weg zum Herrenhause, empfahl. Der breite Asphaltweg wurde daher für eine Weile auch in das Labyrinth hineingeführt, in das Labyrinth wohlgemerkt, wo es streng genommen noch gar keines war, weil sich ja, der Planung Wolterbeeks folgend, nicht eindeutig bestimmen ließ, wo es beginne. Noch ehe die Arbeiten abgeschlossen waren, konnte dies, auch unter Befragung der Pläne, kaum mehr ausgemacht werden und der Unterhaltungen gerade über diesen Gegenstand waren unzählige. Während Eduard, den der dauernde Wechsel unter den zur Anlage des Parks angeworbenen Arbeitskräften beiläufig ein wenig verstimmte – immer mußten neue Arbeiter angeworben werden, die jedoch nie lange zu bleiben schienen, indem sie sich eines Tages einfach nicht zur Arbeit meldeten, andererseits oft auch von ihren Familien vermißt wurden, also offenbar der Fremdenlegion beigetreten waren –, während Eduard sich dem Eindruck ergab, der Irrgarten selbst beginne an der Stelle, an der die Asphaltierung des bis dahin angenehmen Fahrweges, der sich hier auch allmählich verenge, unregelmäßig, ringsum die Hekken höher und ebenmäßiger zu werden begännen, verlegte Wolterbeek selbst wunderlicherweise den Beginn des Labyrinths hart an das Eingangstor der landrätlichen Besitztümer, ja, in manchen Gesprächen wollte der Baumeister, durch den zweifelnden Blick Eduards kaum zurückgehalten, den Irrgarten weit vor den Ländereien seines Auftraggebers beginnen lassen, indem er ausgedehnte Strecken des badischen und alemannischen Landes zu Vorräumen des Labyrinths erkor.

Daß dieses zumindest als Möglichkeit an dem von Wolterbeek bezeichneten Orte anhob, zeigte sich, als eines Morgens der längst und mit Bestimmtheit für diesen Tag angesetzte Staatsbesuch des Landrats des Nebenkreises, eines sehr zuverlässigen Mannes namens Teitge, ausblieb. Zwar glaubte Eduard, der, da er dem dankbaren Staat das in Muggensturm selbst gelegene Amtsgebäude seines Vorgängers zur anderweitigen Verfügung überlassen hatte, seine Staatsgeschäfte von zu Hause aus verwaltete, gegen sieben Uhr vom frühen Arbeitsplatz aus das Geräusch herannahender Kraftwagen zu vernehmen. Er war schon im Begriff, aufzuspringen und dem erwarteten Teitge entgegenzueilen, als sich die Gefährte wieder zu entfernen schienen. Selbst die am folgenden Morgen von Dorothea empfangene Post, in der diese ihre auf den heutigen Tag festgesetzte Rückkunft meldete, vermochte nicht, Eduards Verstimmung über das Ausbleiben des schon aus politischen Gründen sehr ersehnten Amtsnachbarn vergessen zu machen.

Ein Spaziergang, zu dem er sich aufmachte, um sich auf die tröstliche Rückkehr seiner Gemahlin einzustimmen, führte ihn tief in den nicht zuletzt ihr zu Ehren angelegten Irrgarten. Die Stille der bald weiten, bald engen Wege, die sich immer wieder zu Plätzen öffneten, die der Wanderer, nachdem er sich, stehenbleibend, mehrmals umgewendet hatte, jedoch räumen mußte, da sie zu nichts führten – die Verschlossenheit dieser regelmäßigen, kühlen Landschaft stimmte ihn bald heiter. Einmal verwunderte es ihn, nach längerer Wanderung sein Haus geradezu über sich, nächst einer Hecke, vorzufinden, die selbst den Durchblick verweigerte. Aber er erblich, als er am Saume eines breiteren Pfades auf Teitge traf, der, da sein Kraftstoff nach unermüdlicher Fahrt, die sich bis weit in die Nacht hineingezogen, erschöpft war, seine Reise samt Gefolge zu Fuß fortgesetzt hatte. Den hungrigen Mann versetzte es in Heiterkeit, zu hören, wie nahe er nunmehr seit Tagesfrist seinem

Ziele gewesen war. Eduard versicherte er, daß er den Scherz entzückend finde, besonders aber die endliche Rettung loben müsse. Spaßend machten sie sich auf den Weg, indem Eduard mit sicherem Blick Irrwege ausschied und nicht einmal zögernder Schritte würdigte. Als sie, frischen Fußes, plötzlich geradezu gegen eine Heckenwand stießen, die ihnen den Weg versperrte und sie zum Rückzug zwang, drohte Teitge, noch immer scherzend, und mit erhobenem Zeigefinger. »Zur Küche«, rief er, »führen Sie uns zur Küche!« Der schalkhafte Beiton in der Rede des Amtsbruders trat zurück, als Eduard, der noch immer forsch ausschritt, sie wiederholt vor hohe Heckenwälle führte, was mit Rücksicht auf Teitges Anhang Verzögerungen zur Folge hatte, weil die hinteren Herren gebeten werden mußten, sich rückwärts gehend aus der Sackgasse zu bewegen, indem auf diese Weise Eduard führend an der Spitze der Gesellschaft blieb. Meist gaben diese Rückzüge, die etwas Tänzerisches hatten – die Herren umfaßten sich an den Hüften –, albernen Teilnehmern Anlaß zu Kichern oder lauterer Heiterkeit, so daß der Zug sich polonaisenhaft und unter Lachsalven bald aus diesem, bald aus jenem Irrweg rückwärts herauswand. Daß diese Übung des im Rückwärtsgang unternommenen Rückzugs empfehlenswert war, erwies sich, als Eduard, noch immer an der Spitze der Truppe, hinter der scharfen Biegung eines sich als Sackgasse darstellenden Pfades unvermittelt auf die Reste etlicher Arbeitsmänner stieß, die beim Bau des Gartens hier verblieben sein mußten. Teitge, dem der Anblick nicht hatte verheimlicht werden können, da er gleich hinter dem Gastgeber schritt, neigte, während sie eilig nach rückwärts auswichen, was hinten wieder zu promptem Einsatz von Gelächter führte, bedenklich das Haupt. Auf grüner Matte fand man später auch den Körper Ottos, des Lieblingsdieners, der Eduard vor Wochen und unter Umständen, die damals auf Landflucht schließen ließen, entlaufen war.

Den Herren des Teitgeschen Gefolges blieb das Kichern im Halse stecken. Zu schnell hatten sie sich herbeigedrängt, wozu die platzartige Erweiterung des neuen Irrweges einlud. Der Zug, der nach kurzer Beratung in gewohnter Weise gebildet wurde, kam indessen nicht von der Stelle, denn von anderer Seite erhob sich Gelächter. Wolterbeek, den man neben einer zarten Frauengestalt von ferne auf dem Balkon des landrätlichen Hauses erblickte, dessen Sichtbarkeit den Herren durch das Treffen mit Otto entgangen war, wurde als Ausgangspunkt der neuen Heiterkeit erkannt.

»Ich habe«, rief der Niederländer, während Dorothea, als die Eduard die neben ihm stehende Frauensperson ausmachte, sich zärtlich gegen ihn wandte, »Anweisungen zu einer bedeutenden Erweiterung des Irrgartens gegeben, der sich in rechtwinkliger Vielfältigkeit weit über meine Besitzungen hinaus ausdehnen wird. Bedenken Sie, daß, während Ihre Gruppe hinter allen tauben Laubgängen den Ausgang vermutet, der Irrgarten sich nach allen Richtungen hin zugleich weiter ausdehnt in eine Planlandschaft hinein, die die Natur auf dem Umwege der Zucht wieder in ihre Selbstgenügsamkeit, in ihre schöne Würde einsetzt. Aber auch dort sind Ihre Gäste, sogar wenn sie hinter einer Wegbiegung je ein Dorf oder eine Schenke erblicken sollten, dem Labyrinth mitnichten entronnen.«

Die Herren, die es hörten, schwiegen betroffen. »Auf, auf«, rief aber Teitge, der Amtsnachbar, »laßt uns die Schenke finden«, und tänzelnd entschritten sie, Eduard am Ende der Mannschaft.

Absage

Ein Herr tritt auf Manig zu. »Gefällt Ihnen dieser Löffel?« fragt er. Er hält den Löffel hoch. Manig schüttelt den Kopf. »Wirklich nicht?« fragt der Herr. Dann nimmt er Manig bei der Hand. Sie kommen zu einem Tunnel. Beide betreten den Tunnel. Hier, im Dunkeln, bleibt der Herr stehen, zieht Manig zu sich, zeigt ihm den Löffel und fragt: »Auch nicht im Tunnel?« – »Der Löffel gefällt mir auch im Tunnel nicht«, sagt Manig, nachdem sich seine Augen an die Dunkelheit gewöhnt haben. Beide stehen jetzt auf einer Hochebene. Um sie der Wind. Sie stehen nebeneinander, die vier Füße in einer Reihe. Zwischen ihnen erhebt sich der Löffel. Der Herr wendet seinen Kopf mit einem Ruck nach rechts, so daß dieser genau über seiner Schulter steht. Die Augen wandern zum Löffel, dann zu Manig zurück. »Wie wär's?« fragt der Herr. »Auch hier nicht«, antwortet Manig. »Und mit einem Ball dazu?« fragt der Herr. Er zeigt den Ball. Sie sitzen auf einem Baum. Unter ihnen wogende Wipfel niedrigerer Bäume, entfernt die See. »Auch dann nicht«, sagt Manig. »Überhaupt niemals.«

Begrüßung des Aufsichtsrats

Meine Herren, es ist sehr kalt hier. Ich weiß nicht, wie ich diesen Umstand erklären soll. Vor einer Stunde habe ich aus der Stadt angerufen, um zu fragen, ob alles für die Sitzung bereit sei; jedoch es meldete sich niemand. Ich fuhr schnell her und suchte den Portier; ich traf ihn weder in seiner Loge noch unten im Keller beim Ofen noch in der Halle. In diesem Raum fand ich endlich seine Frau: sie saß in der Finsternis auf einem Schemel neben der Tür; den Kopf hatte sie zwischen die Knie gepreßt, mit den Händen hielt sie hinten den Nacken umklammert. Ich fragte sie, was geschehen sei. Ohne sich zu bewegen, sagte sie, ihr Mann sei weggegangen; ein Auto habe beim Rodeln eins ihrer Kinder überfahren. Das ist der Grund, daß die Räume nicht geheizt worden sind; ich bitte Sie dafür um Nachsicht; was ich zu sagen habe, wird nicht lange dauern. Vielleicht ist es besser, wenn Sie mit den Stühlen ein wenig heranrükken, damit ich nicht zu schreien brauche; ich möchte keine politische Ansprache halten, sondern Ihnen einen Bericht geben über die finanzielle Lage der Gesellschaft. Es tut mir leid, daß die Scheiben der Fenster durch den Sturm zerbrochen sind; obwohl ich in der Zeit, bevor Sie kamen, mit der Frau des Portiers diese Plastiksäcke vor die Öffnungen gespannt habe, damit der Schnee nicht hereinwehte, ist es mir dennoch, wie Sie sehen, nicht gänzlich gelungen, es zu verhindern. Lassen Sie sich jedoch durch das Knistern nicht davon abhalten, mir zuzuhören, wenn ich Ihnen das Ergebnis der Prüfung der Bilanz vortrage; es ist nämlich kein Grund zur Besorgnis; ich kann Ihnen versichern, daß die Geschäftsführung des Vorstands rechtlich nicht anfechtbar ist. (Kommen Sie bitte noch etwas näher, wenn Sie mich nicht verstehen.) Ich bedaure, daß ich Sie unter solchen Verhältnissen hier begrüßen muß; das wäre wohl nicht so gekommen, wäre nicht das Kind mit dem Schlitten gerade vor das Auto gefahren; die Frau, während sie einen Plastiksack mit einem Faden vor das Fenster band, erzählte mir, ihr Mann habe auf einmal unten im Keller, in den er gerade die Kohlen verräumte, aufgeschrien; sie selber war hier im Raum und stellte die Stühle für die Sitzung auf; plötzlich hörte sie ihren Mann unten brüllen; sie stand, wie sie erzählte, lange Zeit auf dem Ort, an dem der Schrei sie getroffen hatte; sie lauschte. Dann erschien ihr Mann in der Tür, der Kübel mit der Kohle hing ihm noch in der Hand; er sagte leise, während er zur Seite blickte, was sich ereignet hatte; das zweite Kind habe die Nachricht gebracht. Da also der abwesende Portier die Liste mit Ihren Namen hat, möchte ich Sie alle begrüßen, so wie ich Sie sehe, und wie Sie gekommen sind. Ich habe gesagt: wie ich Sie sehe, und wie Sie gekommen sind. (Das ist der Wind.) Ich danke Ihnen, daß Sie sich in dieser Kälte durch diesen Schnee zur Sitzung auf den Weg gemacht haben; es war ja ein weiter Weg hier herauf. Vielleicht haben Sie geglaubt, Sie würden in einen Raum treten, in dem die Fenster vom Eis schon geschmolzen wären, und Sie könnten sich um den Ofen scharen und wärmen; jetzt aber sitzen Sie noch in den Mänteln am Tisch, und es ist noch nicht einmal der Schnee geschmolzen, der sich von Ihren Sohlen gelöst hat, als Sie vom Eingang her zu den Stühlen gingen; es steht auch kein Ofen im Raum; wir sehen nur ein schwarzes Loch in der Wand, wo früher das Blechrohr war, als dieser Raum und dieses öde Haus noch bewohnt wurden. Ich danke Ihnen, daß Sie gleichwohl gekommen sind; ich danke Ihnen und begrüße Sie. Ich begrüße Sie. Ich begrüße Sie! Zuerst begrüße ich herzlich den Herrn, der dort beim Eingang sitzt, wo früher in der Finsternis die Frau des Bauern gesessen ist; ich begrüße den Herrn und danke ihm. Als er vor einigen Tagen den eingeschriebenen Brief erhielt, der diese Sitzung bekanntgab, auf der die Rechnungslegung des Vorstands geprüft werden sollte, hielt er das vielleicht für unnötig, zumal es kalt war und seit langem der Schnee fiel; jedoch dann verfiel er auf den Gedanken, es sei etwas nicht in Ordnung mit der Gesellschaft: es knisterte verdächtig in ihrem Gebälk. Ich sagte, er glaubte vielleicht, es knistere im Gebälk. Nein, es knistert nicht im Gebälk der Gesellschaft. (Entschuldigen Sie, was für ein Sturm.) Er begab sich also auf die Reise und fuhr durch diesen Schnee in dieser Kälte aus der Stadt hierher zu der Sitzung; unten im Dorf mußte er seinen Wagen abstellen; es führt nur ein schmaler Pfad zu dem Haus herauf. Er saß dann im

Wirtshaus und las in der Zeitung die Wirtschaftsberichte, bis die Zeit kam, zu der Sitzung aufzubrechen. Unterwegs im Wald traf er einen zweiten Herrn, der ebenfalls schon zur Sitzung marschierte: dieser stand an ein Wegkreuz gelehnt und hielt mit der einen Hand seinen Hut fest, mit der andern umklammerte er vor dem Mund einen gefrorenen Apfel; auf Stirn und Haaren lag der Schnee. Ich sagte: der Schnee häufte sich auf den Haaren, er aß von einem gefrorenen Apfel. Als der erste Herr ihn erreicht hatte, begrüßten die beiden einander, und der zweite griff in die Tasche des Mantels und reichte auch dem ersten einen gefrorenen Apfel; dabei stieg ihm infolge des Sturms der Hut vom Kopf auf, und die beiden lachten. Die beiden lachten. (Rücken Sie bitte noch etwas näher, sonst können Sie gar nichts verstehen. Es knistert zudem im Gebälk. Es knistert nicht im Gebälk der Gesellschaft; Sie alle werden die Anteile bekommen, die Ihnen für das Geschäftsjahr zustehen; das wollte ich Ihnen heute in dieser außerordentlichen Sitzung mitteilen.) Während die zwei nun gemeinsam durch den Schnee gegen den Sturm vorwärts gingen, war unten im Dorf bereits die Limousine mit den anderen Herren angekommen. In den schwarzen, sich schwerfällig buchtenden Mänteln standen sie im Windschutz des Autos und berieten, ob sie zu dem verfallenen Bauernhaus steigen sollten. Ich habe gesagt: Bauernhaus. Obwohl sie gewiß gegen den Weg ihre Bedenken hatten, überredete schließlich einer die Furcht der anderen mit der Sorge um die Lage der Gesellschaft; und nachdem sie im Wirtshaus die Wirtschaftsberichte gelesen hatten, brachen sie auf und gingen, indem sie die Knie anzogen, hierher zu der Sitzung; es leitete sie die ehrliche Sorge um die Gesellschaft. Zuerst traten ihre Füße kräftig Löcher in den Schnee; dann begannen sie müder dahinzuschleifen, so daß allmählich ein Weg entstand. Einmal hielten sie an und schauten, wie Sie sich erinnern, zurück in das Tal: aus dem schwarzen Himmel flogen die Flocken über sie hin; sie sahen Spuren vor sich, von denen die eine hinunter führte und kaum noch zu deuten war: da war der Bauer gelaufen, als er von dem Unfall seines Kindes gehört hatte; oft war er wohl gefallen, mit dem Gesicht voran, ohne sich mit den Händen zu schützen; oft war er tief verbohrt in dem Schnee gelegen, in der Kälte; oft hatte er sich mit den zitternden Fingern eingegraben; oft hatte er mit der Zunge die bitteren Flocken geleckt, wenn er gefallen war; oft hatte er gebrüllt unter dem stürmischen Himmel. Ich wiederhole: Oft hatte der Bauer gebrüllt unter dem stürmischen Himmel! Sie erblickten auch Spuren, die heraufführten zu dem verfallenen Bauernhaus, die Spuren der zwei Herren, die, während sie sich über die Lage der Gesellschaft unterhielten und über die Erhöhung des Kapitals durch die Ausgabe neuer Aktien, die grünen glasigen Bissen schluckten und durch den Sturm hinanwanderten. Schließlich kamen sie alle, da war es schon Nacht, hierher zu dem Haus und traten durch den offenen Eingang herein; die beiden ersten saßen schon da und hielten wie jetzt die Notizblöcke auf den Knien und den Bleistift zwischen den Fingern; *Sie* warteten, daß *ich* mit meiner Begrüßung begänne, damit *Sie* mitschreiben könnten. Ich begrüße Sie also allesamt und danke Ihnen, daß Sie gekommen sind: ich begrüße die Herren, die die gefrorenen Äpfel essen, während Sie meine Worte aufschreiben, ich begrüße die andern vier Herren, die mit ihrer Limousine den Sohn des Bauern überfahren haben, als sie auf der verschneiten Straße zum Dorf her rasten: den Sohn des Bauern, den Sohn des Portiers. (Jetzt knistert es im Gebälk; es knistert im Gebälk des Daches, das ist der schwere Schnee; es knistert nicht im Gebälk der Gesellschaft. Die Bilanz ist aktiv; es sind bei der Geschäftsführung keine Umtriebe vorgekommen. Es biegen sich nur die Balken durch den Plafond, es knistert im Gebälk.) Danken möchte ich noch dem Bauern für alles, was er für diese Sitzung getan hat: an den vorangegangenen Tagen stieg er unten von seinem Gehöft mit einer Leiter hier zu dem Haus herauf, um den Raum zu streichen; die Leiter trug er auf der Schulter, mit dem gewinkelten Arm hielt er sie fest, in der Linken trug er den Kübel mit Kalk, in dem das gebrochene Ende eines Besens steckte. Mit diesem weißte er sodann die Wand, nachdem seine Kinder das Holz, das bis zu den Fenstern gestapelt lag, auf ihren Schlitten zum Hof geführt hatten. Den Kübel in der einen, die Leiter in der andern Hand, stapfte der Bauer herauf und bereitete emsig den Raum für diese Sitzung; schreiend liefen vor ihm die Kinder mit den Schlitten und bahnten ihm einen Weg; ihre Schals flatterten im Wind. Jetzt noch sehen wir die weißen Ringe auf dem Boden, die einander überschneiden: dort stellte der Bauer den Kübel ab, sooft er von der

Leiter stieg, um die nächste Stelle zu streichen; die schwarzen Ringe beim Eingang, wo jetzt der staubige Schnee in den Raum fährt, sind durch die Töpfe mit der feuergekochten Suppe entstanden, die die Bäurin den andern zur Essenszeit brachte: es saßen dann die drei auf dem Boden, oder sie hockten auch auf den Fersen und tauchten schlemmend die Löffel ein; indessen stand die Bäurin am Eingang, die Arme locker über der Weste, und sang das Volkslied vom Schnee; dazu schlürften die Kinder im Takt und wiegten eifrig die Köpfe. (Ich bitte Sie jedoch, nicht unruhig zu werden: es ist kein Anlaß zur Besorgnis um die Gesellschaft; was Sie so knistern hören, ist das Gebälk des Daches, ist der schwere Schnee auf dem Dach, der das Gebälk so knistern macht.) Ich danke also dem Bauern für alles, was er getan hat; ich würde ihn begrüßen, wenn er nicht unten im Dorf bei dem überfahrenen Kinde wäre, ich würde auch die Bäurin begrüßen und ich würde ihr danken, und ich würde auch die Kinder begrüßen und ihnen herzlich für all das danken, was sie für diese Sitzung getan haben. Ich danke überhaupt Ihnen allen und begrüße Sie. Ich bitte Sie jedoch, auf den Plätzen zu bleiben, damit durch die Schritte das Dach nicht erschüttert wird. Was für ein Sturm! Ich habe gesagt: Was für ein Sturm. Bleiben Sie ruhig auf den Plätzen. Ich danke Ihnen allen für Ihr Kommen und begrüße Sie. Es kracht nur im Gebälk. Ich habe gesagt, es kracht im Gebälk; ich habe gesagt, Sie sollten ruhig auf den Plätzen bleiben, damit das Gebäude nicht einstürzt. Ich habe gesagt, daß ich gesagt habe, Sie sollten ruhig auf den Plätzen bleiben. Ich habe gesagt, daß ich ge- sagt habe, daß ich gesagt habe, Sie sollten auf den Plätzen bleiben! Ich begrüße Sie! Ich habe gesagt, daß ich gesagt habe, ich begrüße Sie. Ich begrüße Sie alle, die Sie um Ihre Dividenden kommen! Ich begrüße Sie alle! Ich begrüße Sie. Ich

Ist es eine Komödie? Ist es eine Tragödie?

Nachdem ich wochenlang nicht mehr in das Theater gegangen bin, habe ich gestern in das Theater gehen wollen, aber schon zwei Stunden vor Beginn der Vorstellung habe ich, noch während meiner wissenschaftlichen Arbeit und also in meinem Zimmer, mir ist nicht ganz klar geworden, im Vorder- oder Hintergrund des Medizinischen, das ich endlich zum Abschluß bringen muß, weniger meinen Eltern als meinem überanstrengten Kopf zuliebe, gedacht, ob ich nicht doch auf den Theaterbesuch verzichten soll.

Ich bin acht oder zehn Wochen nicht mehr ins Theater gegangen, sagte ich mir, und ich weiß, warum ich nicht mehr ins Theater gegangen bin, ich verachte das Theater, ich hasse die Schauspieler, das Theater ist eine einzige perfide Ungezogenheit, eine ungezogene Perfidie, und plötzlich soll ich wieder ins Theater gehen? In ein Schauspiel? Was heißt das?

Du weißt, daß das Theater eine Schweinerei ist, habe ich mir gesagt, und du wirst deine Studie über das Theater, die du im Kopf hast, schreiben, diese Theaterstudie, die dem Theater ein für allemal ins Gesicht schlägt! Was das Theater *ist*, was die Schauspieler *sind*, die Stückeschreiber, die Intendanten usf...

Mehr und mehr war ich vom Theater beherrscht, immer weniger von der Pathologie, gescheitert in dem Versuch, das Theater zu ignorieren, die Pathologie zu forcieren. Gescheitert! Gescheitert! Ich zog mich an und ging auf die Straße.

Zum Theater habe ich nur eine halbe Stunde zu gehen. In dieser halben Stunde ist mir klar geworden, daß ich nicht ins Theater gehen *kann*, daß sich mir der Besuch eines Theaters, einer Theatervorstellung ein für allemal verbietet.

Wenn du deine Theaterstudie geschrieben hast, dachte ich, dann ist es Zeit, dann ist es dir wieder erlaubt, ins Theater zu gehen, damit du siehst, daß dein Traktat *stimmt!*

Mir war nur peinlich, daß es überhaupt soweit hat kommen können, daß ich mir eine Theaterkarte gekauft habe – ich habe die Theaterkarte *gekauft*, nicht *geschenkt* bekommen – und daß ich mich zwei Tage lang in dem Glauben malträtiert habe, ins Theater zu gehen, mir eine Theatervorstellung anzuschauen, Schauspieler, und hinter allen diesen Schauspielern einen miserablen und stinkenden Regisseur (Herrn T. H.!) zu wittern usf... vor allem aber, daß ich mich für das Theater *umgezogen* hatte. Für das Theater hast du dich *umgezogen*, dachte ich.

Die Theaterstudie, eines Tages die Theaterstudie! Man beschreibt gut, was man haßt, dachte ich. In fünf, möglicherweise sieben Abschnitten unter dem Titel THEATER – THEATER? ist meine Studie in kurzer Zeit fertig. (Ist sie fertig, verbrennst du sie, weil es sinnlos ist, sie zu veröffentlichen, du liest sie durch und verbrennst sie. Veröffentlichung ist lächerlich, *verfehlter Zweck!*) Erster Abschnitt DIE SCHAUSPIELER, zweiter Abschnitt DIE SCHAUSPIELER IN DEN SCHAUSPIELERN, dritter Abschnitt DIE SCHAUSPIELER IN DEN SCHAUSPIELERN DER SCHAUSPIELER usf... vierter Abschnitt BÜHNENEXZESSE usf... letzter Abschnitt: ALSO, WAS IST DAS THEATER?

In diesen Gedanken bin ich bis in den Volksgarten gekommen.

Ich setze mich auf die Bank neben der Meierei, obwohl sich in dieser Jahreszeit auf eine Volksgartenbank zu setzen *tödlich* sein kann, und beobachte, angestrengt, mit Vergnügen, ungeheuer konzentriert, *wer und wie* man in das Theater hineingeht.

Es befriedigt mich, *nicht* hineinzugehen.

Du solltest aber, denke ich, hingehn und mit Rücksicht auf deine Armut, deine Karte verkaufen, *geh hin*, sage ich mir, und während ich das denke, habe ich den größten Genuß daran, meine Theaterkarte zwischen Daumen und Zeigefinger der rechten Hand zu zerreiben, das Theater zu zerreiben.

Zuerst sind es, sage ich mir, immer mehr Menschen, die in das Theater hineingehen, dann immer weniger. Schließlich geht niemand mehr in das Theater hinein.

Die Vorstellung hat angefangen, denke ich, und ich stehe auf und gehe ein Stück in Richtung Innere Stadt, mich friert, ich habe nichts gegessen und, fällt mir ein, über eine Woche lang mit keinem Menschen mehr gesprochen, als ich plötzlich angesprochen bin: ein

Mann hat mich angesprochen, ich höre, daß mich der Mann fragt, wie spät es sei, und ich höre mich »Acht Uhr« rufen. »Es ist acht Uhr«, sage ich, »das Theater hat angefangen.«

Jetzt drehe ich mich um und sehe den Mann.

Der Mann ist groß und mager.

Außer diesem Mann ist niemand im Volksgarten, denke ich.

Sofort denke ich, daß ich nichts zu verlieren habe.

Aber den Satz: »*Ich habe nichts zu verlieren!*« auszusprechen, *laut* auszusprechen, erscheint mir unsinnig, und ich spreche den Satz nicht aus, obwohl ich die größte Lust habe, den Satz auszusprechen.

Er habe seine Uhr verloren, sagte der Mann.

»Seit ich meine Uhr verloren habe, bin ich gezwungen, von Zeit zu Zeit Menschen anzusprechen.«

Er lachte.

»Hätte ich nicht meine Uhr verloren, hätte ich Sie nicht angesprochen«, sagte er, »*niemanden* angesprochen.«

Ihm sei die Beobachtung an sich selber höchst interessant, sagte der Mann, daß er, wie er, nachdem ich ihm gesagt hatte, daß es acht Uhr ist, jetzt weiß, daß es acht Uhr *ist* und daß er am heutigen Tag elf Stunden ununterbrochen – »ohne Unterbrechung«, sagte er – in einem einzigen Gedanken gegangen sei, »nicht auf und ab«, sagte er, sondern »immer geradeaus, und wie ich jetzt sehe«, sagte er, »doch immer im Kreis. Verrückt, nicht wahr?«

Ich sah, daß der Mann Frauenhalbschuhe anhatte, und der Mann sah, daß ich gesehen hatte, daß er Frauenhalbschuhe anhatte.

»Ja«, sagte er, »jetzt mögen Sie sich Gedanken machen.«

»Ich habe«, sagte ich rasch, um den Mann und mich von seinen Frauenhalbschuhen abzulenken, »einen Theaterbesuch machen wollen, aber unmittelbar vor dem Theater habe ich kehrtgemacht und bin nicht in das Theater hineingegangen.«

»Ich bin sehr oft in diesem Theater gewesen«, sagte der Mann, er hatte sich vorgestellt, ich hatte aber seinen Namen sofort vergessen, ich merke mir Namen nicht, »eines Tages zum letzten Mal, wie jeder Mensch eines Tages zum letzten Mal in ein Theater geht, lachen Sie nicht!« sagte der Mann, »alles ist einmal zum letzten Mal, lachen Sie nicht!«

»Ach«, sagte er, »was wird denn heute gespielt? Neinnein«, sagte er rasch, »sagen Sie mir nicht, was heute gespielt wird…«

Er ginge jeden Tag in den Volksgarten, sagte der Mann, »seit Saisonbeginn gehe ich immer um diese Zeit in den Volksgarten, um hier, von dieser Ecke aus, von der Meiereimauer aus, sehen Sie, die Theaterbesucher beobachten zu können. Merkwürdige Leute«, sagte er.

»Freilich, man müßte wissen, was heute gespielt wird«, sagte er, »aber sagen *Sie* mir nicht, was heute gespielt wird. Für mich ist das äußerst interessant, einmal *nicht* zu wissen, was gespielt wird. Ist es eine Komödie? Ist es eine Tragödie?« fragte er und sagte sofort: »Neinnein, sagen Sie nicht, *was es ist*. Sagen Sie es nicht!«

Der Mann ist fünfzig, oder er ist fünfundfünfzig, denke ich.

Er machte den Vorschlag, in Richtung zum Parlament zu gehen.

»Gehen wir bis vor das Parlament«, sagte er, »und wieder zurück. Merkwürdig still ist es immer, wenn die Vorstellung angefangen hat. *Ich liebe* dieses Theater…«

Er ging sehr rasch, und es war mir fast unerträglich, ihm dabei zuzuschauen, der Gedanke, daß der Mann Frauenhalbschuhe anhat, verursachte mir Übelkeit.

»Hier gehe ich jeden Tag die gleiche Anzahl von Schritten, das heißt«, sagte er, »mit diesen Schuhen gehe ich von der Meierei bis zum Parlament, bis zum Gartenzaun, genau dreihundertachtundzwanzig Schritte. In den *Spangen*schuhen gehe ich dreihundertzehn. Und zum Schweizertrakt – er meinte den Schweizertrakt der Hofburg – gehe ich genau vierhundertvierzehn Schritte mit *diesen* Schuhen, dreihundertneunundzwanzig mit den *Spangen*schuhen! Frauenschuhe, mögen Sie denken und es mag Ihnen widerwärtig sein, ich weiß«, sagte der Mann.

»Aber ich gehe auch nur in der Dunkelheit auf die Straße. Daß ich jeden Abend um diese Zeit, immer eine halbe Stunde vor Vorstellungsbeginn, in den Volksgarten gehe, beruht, wie Sie sich denken können, auf einer Erschütterung. Diese Erschütterung liegt jetzt schon zweiundzwanzig Jahre zurück. Und sie hängt ganz eng mit den Frauenhalbschuhen zusammen. Zwischenfall«, sagt er, »ein Zwischenfall. Es ist ganz die Stimmung von damals: der gerade aufgegangene Vorhang im Theater, die Schauspieler fangen zu spielen an, die Menschenleere heraußen... Gehen wir jetzt«, sagt der Mann, nachdem wir wieder bei der Meierei sind, »zum Schweizertrakt.«

Ein Verrückter? dachte ich, wie wir zum Schweizertrakt gingen, nebeneinander, der Mann sagte: »Die Welt ist eine ganz und gar, durch und durch juristische, wie Sie vielleicht nicht wissen. Die Welt ist eine einzige ungeheuere Jurisprudenz. Die Welt ist ein Zuchthaus!«

Er sagte: »Es ist genau achtundvierzig Tage her, daß ich hier im Volksgarten um diese Zeit zum letzten Mal einen Menschen getroffen habe. Auch *diesen* Menschen habe ich gefragt, wie spät es ist. Auch dieser Mensch hat mir gesagt, daß es acht Uhr ist. Merkwürdigerweise frage ich immer um acht Uhr, wie spät es ist. Auch dieser Mensch ist mit mir bis vor das Parlament gegangen und bis vor den Schweizertrakt. Übrigens«, sagte der Mann, »habe ich, das ist die Wahrheit, meine Uhr nicht verloren, ich verliere meine Uhr nicht. Hier, sehen Sie, ist meine Uhr«, sagte er und hielt mir sein Handgelenk vors Gesicht, so daß ich seine Uhr sehen konnte.

»Ein Trick!« sagte er, »aber weiter: dieser Mensch, den ich vor achtundvierzig Tagen angetroffen habe, war ein Mensch Ihres Alters. Wie Sie, schweigsam, wie Sie, zuerst *un*schlüssig, dann entschlossen, mit mir zu gehn. Ein Naturwissenschaftsstudent«, sagte der Mann. »Auch *ihm* habe ich gesagt, daß eine Erschütterung, ein Zwischenfall, der lange Zeit zurückliegt, die Ursache dafür ist, daß ich mich jeden Abend hier im Volksgarten aufhalte. In Frauenhalbschuhen. Reaktionsgleichheit«, sagte der Mann, und:

»Übrigens habe ich da noch niemals einen Polizisten gesehen. Seit mehreren Tagen meidet die Polizei den Volksgarten und konzentriert sich auf den Stadtpark, und ich weiß, warum...«

»Nun wäre es tatsächlich interessant«, sagte er, »zu wissen, ob in dem Augenblick, in welchem wir auf den Schweizertrakt zugehen, im Theater eine Komödie oder eine Tragödie gespielt wird... Das ist das erste Mal, daß ich nicht weiß, was gespielt wird. Aber *Sie* dürfen es mir nicht sagen... Nein, sagen Sie es nicht! Es müßte nicht schwer sein«, sagte er, »indem ich *Sie* studiere, mich ganz auf *Sie* konzentriere, mich ausschließlich nur *mit Ihnen* beschäftige, darauf zu kommen, ob in dem Theater augenblicklich eine Komödie oder eine Tragödie gespielt wird. Ja«, sagte er, »nach und nach würde mir das Studium Ihrer Person über alles, was in dem Theater vorgeht und über alles, was außerhalb des Theaters vorgeht, über alles in der Welt, das doch jederzeit vollkommen mit Ihnen zusammenhängt, Aufschluß geben. Schließlich könnte einmal tatsächlich der Zeitpunkt eintreten, in welchem ich dadurch, daß ich Sie auf das intensivste studiere, alles über Sie weiß...«

Als wir vor der Mauer des Schweizertraktes angekommen waren, sagte er: »Hier, an dieser Stelle, hat sich der junge Mann, den ich vor achtundvierzig Tagen getroffen habe, von mir verabschiedet. *Auf welche Weise* wollen Sie wissen? Vorsicht! Ah!«, sagte er, »*Sie* verabschieden sich also nicht? Sie sagen *nicht* Gute Nacht? Ja«, sagte er, »dann gehen wir vom Schweizertrakt wieder zurück, dorthin, von wo wir gekommen sind. Wo sind wir denn hergekommen? Achja, von der Meierei. Das Merkwürdige an den Menschen ist, daß sie sich selber andauernd mit anderen Menschen verwechseln. Also«, sagte er, »Sie haben die heutige Vorstellung besuchen wollen. Obwohl Sie, wie Sie sagen, das Theater hassen. Das Theater *hassen*? Ich *liebe* es...«

Jetzt fiel mir auf, daß der Mann auch einen Frauenhut auf dem Kopf hatte, die ganze Zeit hatte ich das nicht bemerkt.

Auch der Mantel, den er anhatte, war ein Frauenmantel, ein Frauenwintermantel.

Er hat tatsächlich lauter Frauenkleider an, dachte ich.

»Im Sommer«, sagte er, »gehe ich nicht in den Volksgarten, da wird auch kein Theater gespielt, aber immer, *wenn* im Theater gespielt wird, gehe ich in den Volksgarten, dann, wenn Theater gespielt wird, geht außer mir niemand mehr in den Volksgarten, weil der Volksgarten dann viel zu kalt ist. Vereinzelt kommen junge Männer in den Volksgarten herein, die ich, wie Sie wissen, sofort anspreche und auffordere, mitzugehn, einmal vor das Parlament, einmal vor den Schweizertrakt... und vom Schweizertrakt und von der Meierei immer wieder zurück... Aber kein Mensch ist bis jetzt mit mir, und das fällt mir auf«, sagte er, »*zweimal* bis vor das Parlament gegangen und *zweimal* bis zum Schweizertrakt und also *viermal* zur Meierei zurück. Jetzt sind wir *zweimal* zum Parlament und *zweimal* zum Schweizertrakt und wieder zurück gegangen«, sagte er, »das genügt. Wenn Sie wollen«, sagte er, »begleiten Sie mich ein Stück nach Hause. Noch nie hat mich auch nur ein einziger Mensch von hier ein Stück nach Hause begleitet.«

Er logiere im Zwanzigsten Bezirk.

Er *hause* in der Wohnung seiner Eltern, die vor sechs Wochen (»Selbstmord, junger Mann, Selbstmord!«) gestorben seien.

»Wir müssen über den Donaukanal«, sagte er. Mich interessierte der Mensch, und ich hatte Lust, ihn solange wie möglich zu begleiten.

»Am Donaukanal müssen Sie zurückgehen«, sagte er, »Sie dürfen mich nicht weiter als bis zum Donaukanal begleiten. Fragen Sie, bis wir beim Donaukanal angekommen sind, nicht *warum!*«

Hinter der Rossauerkaserne, hundert Meter vor der Brücke, die in den Zwanzigsten Bezirk hinüber führt, sagte der Mann plötzlich, stehengeblieben, in das Kanalwasser hineinschauend: »Da, an dieser Stelle.«

Er drehte sich nach mir um und wiederholte: »An dieser Stelle.«

Und er sagte: »Ich stieß sie blitzschnell hinein. Die Kleider, die ich anhabe, sind *ihre* Kleider.«

Dann gab er mir ein Zeichen, das hieß: *verschwinde!*

Er wollte allein sein.

»Gehen Sie!« kommandierte er.

Ich ging nicht sofort.

Ich ließ ihn aussprechen. »Vor zweiundzwanzig Jahren und acht Monaten«, sagte er.

»Und wenn Sie glauben, daß es in den Strafanstalten ein Vergnügen ist, so irren Sie sich! Die ganze Welt ist eine einzige Jurisprudenz. Die ganze Welt ist ein Zuchthaus. Und heute abend, das sage ich Ihnen, wird in dem Theater da drüben, ob Sie es glauben oder nicht, eine Komödie gespielt. *Tatsächlich* eine Komödie.«

Verjährt

Nette Leute, unsere Nachbarn in der Strandhütte rechts, die Leute mit dem Pudel. Ruhige Leute, mit vorwiegend angenehmen Erinnerungen. Sie verbringen jeden Sommer hier, kaum wissen sie noch, seit wann. Sie haben auch letztes Jahr im JULIANA gewohnt, waren einmal am Leuchtturm, mit Rast in der Teebude, bei ähnlichem Wetter wie im Jahr davor oder danach. Es kommt ihnen auf Übereinstimmung an, je mehr Ferien sich gleichen, desto besser die Erholung. Öfter im Hafenort, die etwas längere, aber auch lohnendere Unternehmung. Doch noch immer haben sie sich nicht dazu aufgerafft, in einer Vollmondnacht längs des Abschlußdamms zu promenieren. Wiedermal versäumten sie an keinem ihrer vier Mittwochnachmittage das Folklorefest im Hauptort der Insel, vorher Einkäufe, Mittagessen, als Ausklang Eis. Es pflegt sie stets einigermaßen anzustrengen, im überfüllten Städtchen findet der Mann nur mit Mühe einen Parkplatz; aber es gehört dazu und ist nett, war nett, immer gewesen. Findest du nicht, Reinhard?

Sie mieten immer eine der Strandhütten auf der Nordseite, sie finden den dortigen Strandhüttenvermieter sympathischer, sie melden sich immer rechtzeitig an und bestehen auf einer der höheren Nummern, meistens wohnen sie in einer Hütte zwischen 60 und 65. Sie haben es gern ruhig. Der etwas weitere Weg, Preis dieser Ruhe, ist schließlich gesund. Sie redeten auch vor drei Jahren über den Pudel, beispielsweise. Der Pudel, das Wetter, der Badewärter, der Jeep des Badewärters, Badeanzüge, Mahlzeiten im JULIANA. Vielleicht sind einige ihrer Sätze früheren Sätzen zufällig aufs Wort gleich, das wäre wahrscheinlich, zumindest bei kurzen Sätzen. Die Bedienung im JULIANA wechselt, aber das bringt wenig Veränderung mit sich, denn alle Kellnerinnen und Kellner und auch die Zimmermädchen sind freundlich und vergeßlich, als mache die Hotelleitung bei neuen Engagements gerade nur diese beiden Eigenschaften zur Bedingung.

Übrigens haben vor ungefähr fünfzehn Jahren unsere netten ruhigen Nachbarn sich den Frieden gewünscht, in dem sie jetzt längst leben. Das Erreichte scheint sie manchmal fast zu lähmen. Stundenlang reden sie kein Wort miteinander. Dann wieder das Hotelessen, der Vorschlag spazierenzugehen, die lauten ballspielenden Leute in der Strandhütte links, unsere Nachbarn bedauern, daß der Strandhüttenvermieter nicht darauf geachtet hat, ihr Ruhebedürfnis zu respektieren, er wird es nicht so genau wissen, wir wollen keinen Streit anfangen. Mit ihrem Apfelfrühstück, den Rauchpausen, dem Umkleiden in der Hütte – wobei immer einer rücksichtsvoll den andern allein läßt und, den beunruhigten Pudel an knapper Leine zurückreißend, vor der versperrten Tür wartet – mit ihren kurzen, aber gründlichen, von Gymnastikübungen umrahmten Bädern bei Hochflut, den Pudelspaziergängen mit Apportieren und fröhlichen, aber ernsthaften Erziehungsexerzitien und sparsamem Wortwechsel untereinander, erwecken unsere Nachbarn in mir den Wunsch, wir beide, Reinhard, könnten es eines Tages genau so angenehm haben –

Ich bringe die Zeit durcheinander, entschuldige. Es ist so heiß, die Sommer sind sich so ähnlich, man kann leicht eine Schaumkrone für ein Segel halten oder Jahre und Leute miteinander verwechseln.

Aufregungen im Leben unserer Nachbarn liegen so weit zurück, daß sie nicht mehr genau stimmen, wenn man sich ihrer erinnert, aber das unterbleibt. Vor Jahren hat der Mann ein Kind überfahren, es war jedoch nicht seine Schuld, sondern die des Kindes. Die Frau, obwohl sie das so gut wie jedermann wußte, nahm dem Mann die Selbstsicherheit übel, mit der er über den Fall redete. Als käme es darauf an, wer die Schuld hat, fand sie, sie sagte es ihm auch. Weniger nett von ihr, denn sie hätte spüren müssen, daß der Mann unter dem Unfall litt wie sie, schuldig oder nicht.

Jetzt vergessen. Während der Mittagsstunden ist es besonders ruhig am Strand. Oft nehmen unsere Nachbarn sich Lunchpakete mit in die Strandhütte, bei schönem Wetter; die Lunchpakete des JULIANA sind so großzügig gepackt, daß der Pudel kein eigenes Fressen braucht. Die vier Wochen am Meer, von jeher eine feste Gewohnheit unserer Nachbarn, waren in dem Jahr nach dem Unfall natürlich keineswegs geruhsam, obwohl nicht mehr darüber geredet wurde; beide erholten sich nicht nennenswert. Sie besaßen auch noch keinen Pudel damals, überhaupt keinen Hund als Ersatz für ihre kleine, vom Vater überfahrene Tochter, darauf kamen sie erst ein Jahr später, es hat aber auch dann noch nicht richtig geholfen, die Traurigkeit war doch größer. Im Jahr nach dem Unfall hatte der Mann immer noch nicht von seiner Marotte genug, der Frau Vorwürfe zu machen. Schön und gut, ich habe sie überfahren, aber du hast mit ihr das blödsinnige Privatfest gefeiert und ihr so viel Wein zu trinken gegeben – die Frau hörte nicht mehr zu. War es anständig, Monate nachdem sie den Alkohol aufgegeben hatte, dies Thema überhaupt zu berühren? Die Frau fand jahrelang die Auseinandersetzungen mit ihrem Mann schlimmer als den Verlust des Kindes, sie haßten sich, wünschten einer des andern Tod – nicht der Rede wert. Jetzt, am Strand, wird keinem Anlaß für Zorn mehr nachgesonnen. Alles ist verjährt, scheint es nicht so? Zwei Hütten weiter rechts sieht ein Mädchen der Geliebten des Mannes ähnlich; sehr viele Jahre her, man zählt nicht nach. Diese Geliebte wäre jetzt älter und dem Mädchen gar nicht mehr ähnlich. Sie lebt nicht mehr, ihr Selbstmord war der Frau recht: das genügt nicht, um von Schuld zu sprechen.

Der Pudel ist so lebhaft. Nett zu beobachten. Man selber liegt still. Kein Wort mehr. Zu reden, das hieße: auch über Gilbert zu reden. Nach dem von mir verschuldeten tödlichen Unfall unseres Kindes, Reinhard, war es doch verständlich, daß ich mit Gilbert wegging. Vorbei. Ich weiß, daß die noch jungen Leute nebenan uns beneiden. Nette ruhige Leute, werden sie denken, vorwiegend angenehme Erinnerungen. Was für friedliche Nachbarn, sie sind gut dran. Ja, so wird es von uns heißen. Ich höre manchmal Streit von nebenan, du auch, Reinhard? Es erinnert uns an früher. Es erinnert uns an meinen Sohn von Gilbert, an deine Konsequenz, das Kind nicht in unserm Haus zu dulden. Es erinnert uns an das gebrochene Versprechen, meinen Vater bei uns aufzunehmen, aber meine Mutter, sterbend, wußte ja schon nicht mehr, was sie verlangte, und übrigens starb mein Vater knapp drei Monate später in einem sehr ordentlichen Altersheim.

Seit wir nur noch wenig miteinander reden, Reinhard, erholen wir uns von Sommer zu Sommer besser. Unsere Ernährung ist reich an Vitalstoffen. Promenaden bei Vollmond aber lassen wir besser weg. Besser, wir halten uns an das Normale. Der Pudel amüsiert uns, ein spaßiger Kerl. Das Meer ist fast schön. Viel Obst, viel Übereinstimmung, viel Ruhe.

Der zweite Ausgang

I

Gehen und Suchen: unter diesem und jenem Aspekt: eine Wohnung. Man muß zeitlich zurück, auf Modernität verzichten, denn das Moderne ist ausweglos, auch in der Wohnweise, die eher ein ausgeliefertes Hausen ist. Im Neubau herrscht Undurchdringlichkeit. Es gilt einige Opfer: Zentralheizung, fließend Warmwasser, Aufzug, Müllschlucker, Einbauküche, Gewinn: größerer Raum, und, worauf man sich versteift, was man sich in den Kopf gesetzt: der zweite Ausgang.

Um unangenehmen Besuchern, die durch die Vordertür eintreten, durch die Hintertür zu entgehen. Vor lästigen Gästen, deren Auftauchen zu jeder Tageszeit befürchtet werden muß, vor ihrer jovialen Art, ihrer groben Vertraulichkeit, vor ihrer Erwartung, den leeren Magen mit Speise und Trank, das leere Gehirn mit Gedanken gefüllt zu bekommen, bietet der zweite Ausgang Sicherheit. Sobald man gewisse bekannte Stimmen im Flur vernimmt, lautes Sprechen und Lachen, währenddem Mäntel und Hüte abgelegt werden, gierig die Hände gerieben, und Zufriedenheit, der gewohnten Öde entflohen zu sein, wie penetranter Körpergeruch schon durch die Ritzen ins Wohnzimmer dringt, schleicht man selber auf Zehenspitzen hinaus, fort, weg, und zieht die stets gut geölte Hintertür geräuschlos ins Schloß. Und ist gerettet vor den menschengesichtigen Egeln, die davon leben, daß sie von anderen Individuen zehren, sich an sie klammernd deren Pulsschlag als eigenen spüren, sich bedeutender und lebendiger fühlen, indem sie dem hilflosen Gastgeber Worte vom Mund apportieren, ihn mit den Augen verspeisen, in seinen Weltkreis ihren Hintern drücken, und – mißlingt vorherige Flucht durch die Hintertür – für Stunden, vielleicht sogar für länger, seine Stelle einnehmen und ihn vor sich selber zunichte machen. Gesättigt und prall verschwinden sie wieder, lassen den Gastgeber als Hülle zurück, entleert seinen Inhalts, den sie genußvoll zu sich genommen haben. Man braucht einen zweiten Ausgang.

2

Das Gesuchte gefunden: eine Ansammlung von Zimmern zwischen Vorderfront und Hinterfront parallel zum Hof durch ein altes Quergebäude, aufgereiht an einem sehr langen, ziemlich lichtlosen Korridor, an dessen Abschluß eine Pforte die gewünschte Rettungsmöglichkeit hölzern und blechbeschlagen verkörperte. Außer dem Schloß sicherte sie ein starker Riegel, dessen mit der Hand zu bedienendes Griffstück durchlocht gewesen, so daß, wenn der Riegel bis zum Anschlag vorgeschoben war, noch ein Vorhängeschloß zusätzlich angebracht werden konnte; auch ließ sich eine vernikkelte Sicherheitskette vorlegen. Durch den Spion der Blick fiel sogleich matt in ein enges Treppengewendel, wie man es sonst nur aus Burgtürmen kennt; daß my home my castle sein möge, hatte der einstige Bauherr beherzigt.

Gleich nach dem Einzug würde ich, versehen mit allen Schlüsseln, sofort ausprobieren, wohin es da aufwärts und abwärts ging. Dem Vermieter jedenfalls schien der zweite Ausgang ganz nebensächlich, wies nur flüchtig auf ihn, das eigentliche Hauptstück hin, und drängte mich gleich weiter ins Bad, wo ein tropfender Hahn gemächlich einen fremden Zeitablauf maß.

Ja, entschied und erklärte ich: Diese Wohnung entspricht absolut dem Bedürfnis nach Erhaltung persönlicher Integrität und Homogenität, dient also der Werterhaltung, denn gerade immaterielle Werte wie die Persönlichkeit sind stets besonders gefährdet und benötigen daher besonderen Schutz, welcher eben darin besteht, ihrer Entwertung durch Mißbrauch und Verbrauch zuvorzukommen. Ich nehme diese Wohnung.

3

So zog ich ein. Möbelpacker stampften die Vordertreppe auf und ab, biergestärkt, und verteilten meine geringe Habe wie angewiesen in den Zimmern; bis zum Flurende, das ich bereits vordem mit einem Filzvorhang möglicher Neugier entzogen, kamen sie gar nicht, erfuhren nichts vom zweiten Ausgang, und ich kam mir vor wie einer jener Renaissance-Fürsten, ein Medici, ein Colonna, der in seinem Castell geheime Gänge und selbstverständlich ebensolche Ausgänge anlegen ließ, um anschließend Architekt wie Maurer zu vergiften, damit das Geheimnis gewahrt bleibe. Bier und Schnaps sind weniger mörderisch, und ich achtete darauf, daß sich verirrende Bücherkistenträger dem tarnenden Vorhang fernblieben: ich durfte sicher sein, die Kenntnis des zweiten Ausganges auch ohne Gift für mich behalten zu haben: im Grunde eine spielerische Phantasterei, denn wer von den Ziehleuten würde unter welchen Umständen schon wem von meinen potentiellen Gästen verraten, ich sei in der Lage, mich vor unerwünschten Überfällen zurückzuziehen. Obwohl ich ein leichtgläubiger Mensch bin und immer das Außergewöhnliche und Außerordentliche als nächstliegendes erwarte, glaube ich an solchen Zufall nicht. Der wäre wohl auch der Wahrscheinlichkeitsrechnung nach unmöglich. Also beruhigt, schloß ich hinter dem letzten, leicht unsicher gehenden Träger die vordere Wohnungstür.

4

Und schloß sogleich die Hintertür auf. Zog den Riegel zurück. Entsicherte die Kette. Öffnete die Tür und trat hinaus auf einen winzigen Vorplatz, auf dem anstelle von Bodenbelag eine dichte Staubschicht meine Sohle empfing. Nachdem ich die Tür leise zugezogen (wieso eigentlich leise?), machte ich mich auf den Weg abwärts. Die Wendelung ging nach schätzungsweise einem Stockwerk in eine Gerade über, in einen Gang, durch schmutzige Glasziegel von der rechten Seite her mäßig erhellt. Der Gang mündete in einen hallenartigen, aber niedrigen Fabriksaal, an dessen ungetünchten Wänden große Mengen Säcke gestapelt lagen. Neugierig knüpfte ich einen auf und erblickte, als ich die rauhe Jute auseinanderzog, ein Paar menschliche Füße, stark vertrocknet, mit verhornten Nägeln an den großen Zehen, sie kamen mir sehr bekannt vor. An den Formen der übrigen Säcke erriet ich nun leicht ihren Inhalt. Ich beeilte mich, durch den Mittelgang zum gegenüberliegenden Ausgang zu kommen, den Aufenthalt in diesem Raum möglichst abzukürzen. Hoffentlich handelte es sich nur um eine zeitweilige Einlagerung der Säcke, es wäre gewiß nicht sehr angenehm, vor unerwarteten abendlichen Besuchern im Dunkeln durch diesen Lagerraum tappen zu müssen. Beleuchtungskörper waren ohnehin keine vorhanden. Ich würde mir eine Taschenlampe kaufen müssen. Hinter der feuersicheren Metalltür geriet ich in ein Getümmel von Uniformierten, Schüsse fielen, zum Glück weiter entfernt, ein Trupp ärmlich gekleideter Leute rannte vorbei und kam mir sehr bekannt vor und verschwand. Züge glitten langsam vorüber, Passagiere schauten hinaus, einer in schwarzer Lederjacke las die New York Times. Als der Lärm abklang, flog eine Schar Wildgänse auf, schreiend und mit den Flügeln schlagend, daß ein Rauschen und Stürmen entstand. Eine Parade von Oldtimern folgte ihnen, auf den Rücksitzen Skelette, altertümlich ebenfalls durch ihr gerades Rückgrat: sie warfen aus Mäuseknochen geformte Blumen in die Menge. Dazu wurde Beethovens Neunte aufgeführt oder auch bloß gespielt, das war nicht auszumachen. Jedenfalls war da ein Zigeunerprimas, der kein Zigeuner war. Eine Reihe jüdischer Mitbürger stand nach dem Erschossenwerden an. Es wurde eine Erklärung herausgegeben, es handle sich hierbei um eine Demonstration von tiefer, hoher, mit wechselnden Adjektiven zu bezeichnender Menschlichkeit. Thomas Mann fiel aus einem Schrank und wirkte irgendwie ganz wäßrig. Joseph Roth fiel in den Schrank und wirkte ganz klar und luzid. Leute mit ausgelöschten Namen sahen pfeiferauchend zu. Ein Hund und ein Schwein paarten sich, das kam mir sehr bekannt vor. Ein vorschlußlich verkratzter Geigenton. Ein Orden ohne Träger. Mit rotunterlaufenen Augen eine Dogge oder ein mühsam blickender Trinker oder ein verweintes Gleichnis. Boethius, ungetröstet durch Philosophie. Ein Philosemit, gezeichnet von den Stigmata des Denkens, dem Eindruck des Brillenbügels auf dem Nasenrükken. Windstärke acht bis neun. Es wird weiter am Turm zu Babel gebaut, keiner versteht den anderen, das kommt mir sehr bekannt vor, und es werden die Steine knapp. Ein Lastwagen voller Wodka fährt auf, und alles beruhigt sich. Einige vergilbte jüngere Dichter treiben vorüber, rascheln und schwinden. Das Licht flackert, brüchige Kabel brechen, Elektrizität schießt in den Boden, in die Schuh- und Fußsohlen. Paul McCartney gibt ein Zeichen: der Tanz beginnt.

Kontinente schieben sich wie Eisschollen übereinander: Die Kontinentaldrift ist eine unumstößliche Wahrheit. Rote Augen, verweint, oder? Introvertierte Dogge, oder was? Aus blauen Wogen steigen lauter ungelöste Fragen und schäumen in die Büros. Der soziale Tod ist weniger diffus als der physische, beide treten getrennt auf, einer von da, einer von dort: an der Kreuzung entsteht ein Stau: von Abgasen. Betäubte stürzen selig vor Schaufenstern nieder. Auf seinem Rücksitz sinkt John F. Kennedy zusammen. Haschisch ist Religion fürs Volk. Eine außerordentliche Neuigkeit wird angekündigt, etwas Revolutionäres, und es kommt ein nackter Mann und es kommt eine nackte Frau, und das kommt einem alles sehr bekannt vor, Stück um Stück, Teil um Teil, Glied um Glied. Fremd ist nur die allgewaltige Schwärze, in der ein Wagen durch Jahrmillionen zieht, ein Schütze nicht schießt, die Waage keiner austariert von Lichtjahr zu Lichtjahr: eine verschlafene Spekulation wandert über das Firmament und zeigt einen Schweif, der Unheil, Pest, Cholera, Teuerung und das Erscheinen neuer Bücher verkündet. Undurchdringliche Tiefe ohne Bewußtsein. Zwischen Schamlippen tut sich die Ewigkeit auf, zwischen Yin und Yang, und die Mitte bezeichnet die goldene Mitte des Konfuzius. Aus den Haaren kann man auch Filzhüte machen. So drängen sich unvollständige Zitate vor: Aller Länder vereinigt euch, ich weiß auf der Wieden ein kleines Hotel, auch der Zorn macht die Stimme, nichts Menschliches ist mir und Mitzulieben bin da und alle Wege führen und ein paar Stufen hinaufgelangt, bis eine Tür sich querstellt, durch welche eintretend man sich in einem Flur befindet, der einem bekannt vorkommt: Da an der Wand das Menetekel der Flurgarderobe, einen kopflosen Hut präsentierend: gedrechselte Salome, des Täufers Haupt verlustig. Und es bedürfte schon nicht mehr des von nutzlosem Kram übervollen Tisches im Wohnzimmer, der auswendig gewußten Bilder, mich erkennen zu lassen, wo ich bin: wieder in meiner Wohnung.

5

Überlegungen: ausziehen, den zweiten Ausgang vermauern, den Haupteingang vermauern, beide vermauern, per Seilkorbaufzug sich ernähren, Eintrittsgeld verlangen und Führungen über die Hintertreppe veranstalten, unkonzessioniert oder namens der Vereinten Nationen, selber zum Anschauungsobjekt auf dem Fluchtweg werden, der nicht ins Freie führt, oder den Circulus vitiosus bei der Verkehrspolizei melden und zur Einbahnstraße erklären lassen, oder ihn zum Axiom erheben, zur Aporie, ausgebaut zur Theorie der Vitalitätsschwankung; zum philosophischen Dogma ausrufen, daß zum Ausgangspunkt zurückkehrt, wer seinem Gesetz auf einem Schleichpfad zu entgehen sucht. Das käme mir alles recht bekannt vor: die Ableitung der Justiz aus dem Vorhandensein der Guillotine. Zu bekannt. Eher harre ich aus und außerdem sämtlicher ungebetener Gäste.

Blickwechsel

I

Ich habe vergessen, was meine Großmutter anhatte, als das schlimme Wort *Asien* sie wieder auf die Beine brachte. Warum gerade sie mir als erste vor Augen steht, weiß ich nicht, zu Lebzeiten hat sie sich niemals vorgedrängt. Ich kenne alle ihre Kleider: das braune mit dem Häkelkragen, das sie zu Weihnachten und zu allen Familiengeburtstagen anzog, ihre schwarze Seidenbluse, ihre großkarierte Küchenschürze und die schwarzmelierte Strickjacke, in der sie im Winter am Ofen saß und den »Landsberger General-Anzeiger« studierte. Für diese Reise hatte sie nichts Passendes anzuziehen, an meinem Gedächtnis liegt es nicht. Ihre Knöpfchenstiefelchen konnte sie gebrauchen, sie hingen an ihren zu kurzen, leicht krummen Beinen immer zwei Zentimeter über dem Fußboden, auch wenn meine Großmutter auf einer Luftschutzpritsche saß, auch wenn der Fußboden festgetretene Erde war, wie an jenem Apriltag, von dem hier die Rede ist. Die Bomberverbände, die nun schon am hellichten Tag über uns hin nach Berlin zogen, waren nicht mehr zu hören. Jemand hatte die Tür des Luftschutzbunkers aufgestoßen, und in dem hellen Sonnendreieck am Eingang standen, drei Schritt von den baumelnden Knöpfstiefelchen meiner Großmutter entfernt, ein Paar hohe schwarze Langschäfter, in denen ein Offizier der Waffen-SS steckte, der in seinem blonden Gehirn jedes einzelne Wort meiner Großmutter während des langen Fliegeralarms festgehalten hatte: Nein, nein, hier kriegt ihr mich nicht mehr weg, sollen sie mich umbringen, um mich alte Frau ist es nicht schade. – Was? sagte der SS-Offizier. Lebensmüde? Diesen asiatischen Horden wollt ihr in die Hände fallen? Die Russen schneiden doch allen Frauen die Brüste ab!

Da kam meine Großmutter ächzend wieder hoch. Ach Gott, sagte sie, womit hat die Menschheit das verdient! Mein Großvater fuhr sie an: Was du auch immer reden mußt!, und nun sehe ich sie genau, wie sie auf den Hof gehen und sich jeder an seinen Platz bei unserem Handwagen stellen: Großmutter in ihrem schwarzen Tuchmantel und dem hell- und dunkelbraun gestreiften Kopftuch, das noch meine Kinder als Halswickel hatten, stützt die rechte Hand auf den hinteren Holm des Wagens, Großvater in Ohrenklappenmütze und Fischgrätjoppe postiert sich neben der Deichsel. Eile ist geboten, die Nacht ist nahe und der Feind auch, nur daß sie beide von verschiedenen Richtungen kommen: die Nacht von Westen und der Feind von Osten. Im Süden, wo sie aufeinandertreffen und wo die kleine Stadt Nauen liegt, schlägt Feuer an den Himmel. Wir glauben die Feuerschrift zu verstehen, das Menetekel scheint uns eindeutig und lautet: Nach Westen.

Wir aber müssen zuerst meine Mutter suchen. Sie verschwindet häufig, wenn es ans Weiterziehen geht, sie will zurück, und sie muß weiter, beide Gebote sind manchmal gleich stark, da erfindet sie sich Vorwände und läuft weg, sie sagt: Ich häng mich auf, und wir, mein Bruder und ich, leben noch in dem Bereich, in dem man Worte wörtlich nimmt, wir laufen in das kleine Waldstück, in dem meine Mutter nichts zu suchen hat und in dem auch wir nichts zu suchen haben wollen, wir ertappen uns gegenseitig dabei, wie wir den Blick in die Baumkronen werfen, wir vermeiden es, uns anzusehen, sprechen können wir sowieso nicht über unaussprechbare Vermutungen, wir schweigen auch, als meine Mutter, die jede Woche knochiger und magerer wird, vom Dorf heraufkommt, ein Säckchen Mehl auf den Handwagen wirft und uns Vorwürfe macht: Rennt in der Gegend umher und macht die Leute wild, was habt ihr euch bloß gedacht? Und wer soll den Bauern das Zeug aus der Nase ziehen, wenn nicht ich?

Sie spannt sich vor den Wagen, mein Bruder und ich schieben an, der Himmel gibt unheimlich Feuerwerk dazu, und ich höre wieder das feine Geräusch, mit dem der biedere Zug *Wirklichkeit* aus den Schienen springt und in wilder Fahrt mitten in die dichteste, unglaublichste Unwirklichkeit rast, so daß mich ein Lachen stößt, dessen Ungehörigkeit ich scharf empfinde.

Nur daß ich niemandem klarmachen kann, daß ich nicht über uns lache, gottbewahre, über uns seßhafte, ordentliche Leute in dem zweistöckigen Haus neben der Pappel, über uns bunte Guckkasten-leute im Essigpott; Mantje, Mantje, Timpete, Buttje, Buttje in de See, mine Fru, de Ilsebill, will nich so, as ik wol will. Aber keiner von uns hat doch Kaiser werden wollen oder gar Papst und ganz gewiß nicht Lieber Gott, ganz zufrieden hat der eine unten im La-den Mehl und Butterschmalz und saure Gurken und Malzkaffee verkauft, der andere englische Vokabeln an einem schwarzen Wachstuchtisch gelernt und hin und wieder aus dem Fenster über die Stadt und den Fluß gesehen, die ganz ruhig und richtig dalagen und mir nie den Wunsch eingegeben haben, sie zu verlassen, ganz beharrlich hat mein kleiner Bruder immer neue Merkwürdigkeiten aus seinem Stabilbaukasten zusammengeschraubt und dann darauf bestanden, sie mit Schnüren und Rollen in irgendeine sinnlose Be-wegung zu bringen, während oben in ihrer Küche meine Großmut-ter eine Sorte Bratkartoffeln mit Zwiebeln und Majoran brät, die mit ihrem Tod aus der Welt verschwunden ist, und mein Großvater den Pechdraht über den Fensterriegel hängt und die blaue Schuster-schürze abbindet, um auf seinem Holzbrettchen am Küchentisch in jedes Stückchen Brotrinde ein Dutzend feiner Kerben zu schneiden, damit sein zahnloser Mund das Brot kauen kann.

Nein, ich weiß nicht, warum man uns in den Essigpott geschickt hat, und um nichts in der Welt weiß ich, wieso ich darüber lachen muß, auch wenn mein Onkel, der den zweiten Handwagen unse-res winzigen Zuges anführt, wieder und wieder argwöhnisch fragt: Möchte bloß wissen, an wem es hier was zu lachen gibt! Auch wenn ich begreife, wie enttäuscht einer sein muß, daß die Angst, man lache ihn aus, nicht mal zu Ende ist, wenn man end-lich die Prokura in der Tasche hat. Auch wenn ich ihm gerne den Gefallen getan hätte, ihm zu versichern, ich lachte über mich selbst: Ich konnte schwer lügen, und ich fühlte deutlich, daß ich abwesend war, obwohl man eine jener Figuren, in der Dunkelheit gegen den Wind gelehnt, ohne weiteres mit mir hätte verwechseln können. Man sieht sich nicht, wenn man in sich drinsteckt, ich aber sah uns alle, wie ich uns heute sehe, als hätte irgendeiner mich aus meiner Hülle herausgehoben und danebengestellt mit dem Be-fehl: Sieh hin!

Das tat ich, aber es machte mir keinen Spaß.

Ich sah uns von der Landstraße abkommen, in der Finsternis auf Seitenwegen herumtappen und endlich auf eine Allee stoßen, die uns auf ein Tor führte, auf einen abgelegenen Gutshof und auf einen schiefen, leicht schlotternden Mann, der mitten in der Nacht zu den Ställen humpelte, dem es nicht gegeben war, sich über irgend etwas zu wundern, so daß er das verzweifelte, erschöpfte Trüppchen ungerührt auf seine Weise begrüßte: Na ihr, Sodom und Gomorrha? Macht ja nichts. Platz ist in der kleinsten Hütte für ein glücklich liebend Paar.

Der Mann ist nicht gescheit, sagte meine Mutter bedrückt, als wir Kalle über den Hof folgten, und mein Großvater, der wenig sprach, erklärte befriedigt: Der ist ganz schön im Gehirn verrückt. – So war es freilich. Kalle sagte Meister zu meinem Großvater, dessen höchste Dienstränge in seinem Leben Gemeiner in einem Kaiserlichen Infanterieregiment, Schustergeselle bei Herrn Lebuse in Bromberg und Streckenwärter bei der Deutschen Reichsbahn, Bezirksinspektion Frankfurt (Oder), gewesen waren. Meister, sagte Kalle, am besten nimmst du dir das Kabuff dahinten in der Ecke. Darauf verschwand er und pfiff: Nimm mal noch ein Tröpfchen, nimm mal noch ein Tröpfchen... Aber die Teeverteilung hatten die Schläfer in den Doppelstockbetten schon hinter sich, auch die unvermeidlichen Leberwurstbrote waren ihnen gereicht worden, man roch es. Ich versuchte, mir mit dem Arm beim Schlafen die Nase zuzuhalten. Mein Großvater, der fast taub war, begann wie jeden Abend laut sein Vaterunser aufzusagen, aber bei Und vergib uns unsere Schuld rief meine Großmutter ihm ins Ohr, daß er die Leute störe, und darüber kamen sie in Streit. Der ganze Saal konnte ihnen zuhören, wo früher nur ihre alten knarrenden Holzbetten Zeuge gewesen waren und das schwarzgerahmte Engelsbild mit dem Spruch: Wenn auch der Hoffnung letzter Anker bricht, verzage nicht!

Bei Morgengrauen weckte uns Kalle. Kutschern wirst du doch woll können? fragte er meinen Onkel. Herr Volk, was der Gutsbesitzer ist, will nämlich mit Mann und Maus abrücken, aber wer fährt die Ochsenwagen mit den Futtersäcken? – Ich, sagte mein Onkel, und er blieb dabei, auch wenn meine Tante ihm in den Ohren lag, daß Ochsen gefährliche Tiere sind und daß er nicht für diese fremden

Leute seine Haut zu Markte… Halt den Mund! schnauzte er. Und wie kriegst du sonst deine Plünnen hier weg? – Wir alle durften aufsitzen; und unser Handwagen wurde an der hinteren Wagenrunge festgezurrt. Oberprima, sagte Kalle, denkt bloß nicht, die Ochsen sind schneller als euer Handwagen. Herr Volk kam persönlich, um seinen neuen Kutscher mit Handschlag zu verpflichten, er trug einen Jägerhut, einen Lodenmantel und Knickerbocker, und Frau Volk kam, um die Frauen, die nun so oder so zu ihrem Gesinde gehörten, mit einem gütigen, gebildeten Wort zu bedenken, aber ich konnte sie nicht leiden, weil sie ohne weiteres du zu mir sagte und ihrer Dackelhündin Bienchen erlaubte, an unseren Beinen zu schnuppern, die vermutlich nach Leberwurstbroten rochen. Nun sah meine Tante, daß es sich um feine Leute handelte, sowieso hätte sich mein Onkel ja nicht bei irgendeinem Piefke verdingt. Dann begann es dicht hinter uns zu schießen, und wir zogen in beschleunigtem Tempo ab. Der Liebe Gott verläßt die Seinen nicht, sagte meine Großmutter.

Ich aber hatte in der Nacht zum letztenmal den Kindertraum geträumt: ich bin gar nicht das Kind meiner Eltern, ich bin vertauscht und gehöre zu Kaufmann Rambow in der Friedrichstadt, der aber viel zu schlau ist, seine Ansprüche anzumelden, obwohl er alles durchschaut hat und sich Maßnahmen vorbehält, so daß ich schließlich gezwungen bin, die Straße zu meiden, in der er in seiner Ladentüre mit Lutschkellen auf mich lauert. Diese Nacht nun hatte ich ihm im Traum bündig mitteilen können, daß ich jegliche Angst, sogar die Erinnerung an Angst vor ihm verloren hatte, daß dies das Ende seiner Macht über mich war und ich von jetzt an täglich bei ihm vorbeikommen und zwei Stangen Borkenschokolade abholen werde. Kaufmann Rambow hatte kleinlaut meine Bedingungen angenommen.

Kein Zweifel, er war erledigt, denn er wurde nicht mehr gebraucht. Vertauscht war ich nicht, aber ich selbst war ich auch nicht mehr. Nie vergaß ich, wann dieser Fremdling in mich gefahren war, der mich inzwischen gepackt hatte und nach Gutdünken mit mir verfuhr. Es war jener kalte Januarmorgen, als ich in aller Hast auf einem Lastwagen meine Stadt in Richtung Küstrin verließ und als ich mich sehr wundern mußte, wie grau diese Stadt doch war, in der ich immer alles Licht und alle Farben gefunden hatte, die ich brauchte. Da sagte jemand in mir langsam und deutlich: Das siehst du niemals wieder.

Mein Schreck ist nicht zu beschreiben. Gegen dieses Urteil gab es keine Berufung. Alles, was ich tun konnte, war, treu und redlich für mich zu behalten, was ich wußte, Flut und Ebbe von Gerüchten und Hoffnungen anschwellen und wieder sinken zu sehen, vorläufig alles so weiterzumachen, wie ich es den anderen schuldig war, zu sagen, was sie von mir hören wollten. Aber der Fremdling in mir fraß um sich und wuchs, und womöglich würde er an meiner Stelle bald den Gehorsam verweigern. Schon stieß er mich manchmal, daß sie mich von der Seite ansahen: Jetzt lacht sie wieder. Wenn man bloß wüßte, worüber?

2

Über *Befreiung* soll berichtet werden, die Stunde der Befreiung, und ich habe gedacht: Nichts leichter als das. Seit all den Jahren steht diese Stunde scharf gestochen vor meinen Augen, fix und fertig liegt sie in meinem Gedächtnis, und falls es Gründe gegeben hat, bis heute nicht daran zu rühren, dann sollten fünfundzwanzig Jahre auch diese Gründe getilgt haben oder wenigstens abgeschwächt. Ich brauchte bloß das Kommando zu geben, schon würde der Apparat arbeiten, und wie von selbst würde alles auf dem Papier erscheinen, eine Folge genauer, gut sichtbarer Bilder. Wider Erwarten hakte ich mich an der Frage fest, was meine Großmutter unterwegs für Kleider trug, und von da geriet ich an den Fremdling, der mich eines Tages in sich verwandelt hatte und nun schon wieder ein anderer ist und andere Urteile spricht, und schließlich muß ich mich damit abfinden, daß aus der Bilderkette nichts wird; die Erinnerung ist kein Leporelloalbum, und es hängt nicht allein von einem Datum und zufälligen Bewegungen der alliierten Truppen ab, wann einer befreit wird, sondern doch auch von gewissen schwierigen und lang andauernden Bewegungen in ihm selbst. Und die Zeit, wenn sie Gründe tilgt, bringt doch auch unaufhörlich neue hervor und macht die Benennung einer bestimmten Stunde eher schwieriger; wovon man befreit wird, will man deutlich sagen, und wenn man gewissenhaft ist, vielleicht auch, wozu. Da fällt einem das Ende einer Kinderangst ein, Kaufmann Rambow, der sicherlich ein braver Mann war, und nun sucht man einen neuen Ansatz, der wieder nichts anderes bringt als Annäherung, und dabei bleibt es dann. Das Ende meiner Angst vor den Tieffliegern. Wie man sich bettet, so liegt man, würde Kalle sagen, wenn er noch am Leben wäre, aber ich nehme an, er ist tot, wie viele der handelnden Personen (der Tod tilgt Gründe, ja).

Tot wie der Vorarbeiter Wilhelm Grund, nachdem die Tieffliege ihm in den Bauch geschossen hatten. So sah ich mit sechzehn meinen ersten Toten, und ich muß sagen: reichlich spät für jene Jahre. (Den Säugling, den ich in einem steifen Bündel aus einem Lastwagen heraus einer Flüchtlingsfrau reichte, kann ich nicht rechnen, ich sah ihn nicht, ich hörte nur, wie seine Mutter schrie, und lief davon.) Der Zufall hatte ergeben, daß Wilhelm Grund an meiner Stelle dalag, denn nichts als der nackte Zufall hatte meinen Onkel an jenem Morgen bei einem kranken Pferd in der Scheune festgehalten, anstatt daß wir mit Grunds Ochsenwagen gemeinsam wie sonst vor den anderen auf die Landstraße gingen. Hier, mußte ich mir sagen, hätten auch wir sein sollen, und nicht dort, wo man sicher war, obwohl man die Schüsse hörte und die fünfzehn Pferde wild wurden. Seitdem fürchte ich Pferde. Mehr noch aber fürchte ich seit jenem Augenblick die Gesichter von Leuten, die sehen mußten, was kein Mensch sehen sollte. Ein solches Gesicht hatte der Landarbeiterjunge Gerhard Grund, als er das Scheunentor aufstieß, ein paar Schritte noch schaffte, und dann zusammensackte: Herr Volk, was haben sie mit meinem Vater gemacht!

Er war so alt wie ich. Sein Vater lag am Rande der Straße im Staub neben seinen Ochsen und blickte starr nach oben, wer darauf bestehen wollte, mochte sich sagen: in den Himmel. Ich sah, daß diesen Blick nichts mehr zurückholte, nicht das Geheul seiner Frau, nicht das Gewimmer der drei Kinder. Diesmal vergaß man, uns zu sagen, das sei kein Anblick für uns. Schnell, sagte Herr Volk, hier müssen wir weg. So wie sie diesen Toten an Schultern und Beinen packten, hätten sie auch mich gepackt und zum Waldrand geschleift. Jedem von uns, auch mir, wäre wie ihm die Zeltplane vom gutsherrlichen Futterboden zum Sarg geworden. Ohne Gebet und ohne Gesang wie der Landarbeiter Wilhelm Grund wäre auch ich in die Grube gefahren. Geheul hätten sie auch mir nachgeschickt, und dann wären sie weitergezogen, wie wir, weil wir nicht bleiben konnten. Lange Zeit hätten sie keine Lust zum Reden gehabt, wie auch wir schwiegen, und dann hätten sie sich fragen müssen, was sie tun könnten, um selbst am Leben zu bleiben, und, genau wie wir jetzt, hätten sie große Birkenzweige abgerissen und unsere Wagen damit besteckt, als würden die fremden Piloten sich durch das wandelnde Birkenwäldchen täuschen lassen. Alles, alles wäre wie jetzt, nur ich wäre nicht mehr dabei. Und der Unterschied, der mir alles war, bedeutete den meisten anderen hier so gut wie nichts. Schon saß Gerhard Grund auf dem Platz seines Vaters und trieb mit dessen Peitsche die Ochsen an, und Herr Volk nickte ihm zu: Braver Junge. Dein Vater ist wie ein Soldat gefallen.

Dies glaubte ich eigentlich nicht. So war der Soldatentod in den Lesebüchern und Zeitungen nicht beschrieben, und der Instanz, mit der ich ständigen Kontakt hielt und die ich – wenn auch unter Skrupeln und Vorbehalten – mit dem Namen Gottes belegte, teilte ich mit, daß ein Mann und Vater von vier Kindern oder irgendein anderer Mensch nach meiner Überzeugung nicht auf diese Weise zu verenden habe. Es ist eben Krieg, sagte Herr Volk, und gewiß, das war es und mußte es sein, aber ich konnte mich darauf berufen, daß hier eine Abweichung vom Ideal des Todes für Führer und Reich vorlag, und ich fragte nicht, wen meine Mutter meinte, als sie Frau Grund umarmte und laut sagte: Die Verfluchten. Diese verfluchten Verbrecher.

Mir fiel es zu, weil ich gerade Wache hatte, die nächste Angriffswelle, zwei amerikanische Jäger, durch Trillersignal zu melden. Wie ich es mir gedacht hatte, blieb der Birkenwald weithin sichtbar als leichte Beute auf der kahlen Chaussee stehen. Was laufen konnte, sprang von den Wagen und warf sich in den Straßengraben. Auch ich. Nur daß ich diesmal nicht das Gesicht im Sand vergrub, sondern mich auf den Rücken legte und weiter mein Butterbrot aß. Ich wollte nicht sterben, und todesmutig war ich gewiß nicht, und was Angst ist, wußte ich besser, als mir lieb war. Aber man stirbt nicht zweimal an einem Tag. Ich wollte den sehen, der auf mich schoß, denn mir war der überraschende Gedanke gekommen, daß in jedem Flugzeug ein paar einzelne Leute saßen. Erst sah ich die weißen Sterne unter den Tragflächen, dann aber, als sie zu neuem Anflug abdrehten, sehr nahe die Köpfe der Piloten in den Fliegerhauben, endlich sogar die nackten weißen Flecken ihrer Gesichter. Gefangene kannte ich, aber dies war der angreifende Feind von Angesicht zu Angesicht, ich wußte, daß ich ihn hassen sollte, und es kam mir unnatürlich vor, daß ich mich für eine Sekunde fragte, ob ihnen das Spaß machte, was sie taten. Übrigens ließen sie bald davon ab.

Als wir zu den Fuhrwerken zurückkamen, brach einer unserer Ochsen, der, den sie Heinrich nannten, vor uns in die Knie. Das Blut schoß ihm aus dem Hals. Mein Onkel und mein Großvater schirrten ihn ab. Mein Großvater, der neben dem toten Wilhelm Grund ohne ein Wort gestanden hatte, stieß jetzt Verwünschungen aus seinem zahnlosen Mund. Die unschuldige Kreatur, sagte er heiser, diese Äster, verdammte, vermaledeite Hunde alle, einer wie der andere. Ich fürchtete, er könnte zu weinen anfangen und wünschte, er möge sich alles von der Seele fluchen. Ich zwang mich, das Tier eine Minute lang anzusehen. Vorwurf konnte das in seinem Blick nicht sein, aber warum fühlte ich mich schuldig? Herr Volk gab meinem Onkel sein Jagdgewehr und zeigte auf eine Stelle hinter dem Ohr des Ochsen. Wir wurden weggeschickt. Als der Schuß krachte, fuhr ich herum. Der Ochse fiel schwer auf die Seite. Die Frauen hatten den ganzen Abend zu tun, das Fleisch zu verarbeiten. Als wir im Stroh die Brühe aßen, war es schon dunkel. Kalle, der sich bitter beklagt hatte, daß er hungrig sei, schlürfte gierig seine Schüssel aus, wischte sich mit dem Ärmel den Mund und begann vor Behagen krächzend zu singen: Alle Möpse bellen, alle Möpse bellen, bloß der kleine Rollmops nicht... Daß dich der Deikert, du meschuggichter Kerl! fuhr mein Großvater auf ihn los. Kalle ließ sich ins Stroh fallen und steckte den Kopf unter die Jacke.

3

Man muß nicht Angst haben, wenn alle Angst haben. Dies zu wissen ist sicherlich befreiend, aber die Befreiung kam erst noch, und ich will aufzeichnen, was mein Gedächtnis heute davon hergeben will. Es war der Morgen des 5. Mai, ein schöner Tag, noch einmal brach eine Panik aus, als es hieß, sowjetische Panzerspitzen hätten uns umzingelt, dann kam die Parole: im Eilmarsch nach Schwerin, da sind die Amerikaner, und wer noch fähig war, sich Fragen zu stellen, der hätte es eigentlich merkwürdig finden müssen, wie alles jenem Feind entgegendrängte, der uns seit Tagen nach dem Leben trachtete. Von allem, was nun noch möglich war, schien mir nichts wünschbar oder auch nur erträglich, aber die Welt weigerte sich hartnäckig, unterzugehen, und wir waren nicht darauf vorbereitet, uns nach einem verpatzten Weltuntergang zurechtzufinden. Daher verstand ich den schauerlichen Satz, den eine Frau ausstieß, als man ihr vorhielt, des Führers lang ersehnte Wunderwaffe könnte jetzt nur noch alle gemeinsam vernichten, Feinde und Deutsche. Soll sie doch, sagte das Weib.

An den letzten Häusern des Dorfes vorbei ging es einen Sandweg hinauf. Neben einem roten mecklenburgischen Bauernhaus wusch sich an der Pumpe ein Soldat. Er hatte die Ärmel seines weißen Unterhemds hochgekrempelt, stand spreizbeinig da und rief uns zu: Der Führer ist tot, so wie man ruft: Schönes Wetter heute.

Mehr noch als die Erkenntnis, daß der Mann die Wahrheit sagte, bestürzte mich sein Ton.

Ich trottete neben unserem Wagen weiter, hörte die heiseren Anfeuerungsrufe der Kutscher, das Ächzen der erschöpften Pferde, sah die kleinen Feuer am Straßenrand, in denen die Papiere der Wehrmachtsoffiziere schwelten, sah Haufen von Gewehren und Panzerfäusten gespensterhaft in den Straßengräben anwachsen, sah Schreibmaschinen, Koffer, Radios und allerlei kostbares technisches Kriegsgerät sinnlos unseren Weg säumen und konnte nicht aufhören, mir wieder und wieder in meinem Inneren den Ton dieses Satzes heraufzurufen, der, anstatt ein Alltagssatz unter anderen zu sein, meinem Gefühl nach fürchterlich zwischen Himmel und Erde hätte widerhallen sollen.

Dann kam das Papier. Die Straße war plötzlich von Papier überschwemmt, immer noch warfen sie es in einer wilden Wut aus den Wehrmachtswagen heraus, Formulare, Gestellungsbefehle, Akten, Verfahren, Schriftsätze eines Wehrbezirkskommandos, banale Routineschreiben ebenso wie geheime Kommandosachen und die Statistiken von Gefallenen aus doppelt versicherten Panzerschränken, auf deren Inhalt nun, da man ihn uns vor die Füße warf, niemand mehr neugierig war. Als sei etwas Widerwärtiges an dem Papierwust, bückte auch ich mich nach keinem Blatt, was mir später leid tat, aber die Konservenbüchse fing ich auf, die mir ein LKW-Fahrer zuwarf. Der Schwung seines Armes erinnerte mich an den oft wiederholten Schwung, mit dem ich im Sommer neununddreißig Zigarettenpäckchen auf die staubigen Fahrzeugkolonnen geworfen hatte, die an unserem Haus vorbei Tag und Nacht in Richtung Osten rollten. In den sechs Jahren dazwischen hatte ich aufgehört, ein Kind zu sein, nun kam wieder ein Sommer, aber ich hatte keine Ahnung, was ich mit ihm anfangen sollte.

Die Versorgungskolonne einer Wehrmachtseinheit war auf einem Seitenweg von ihrer Begleitmannschaft verlassen worden. Wer vorbeikam, nahm sich, was er tragen konnte. Die Ordnung des Zuges löste sich auf, viele gerieten, wie vorher vor Angst, nun vor Gier außer sich. Nur Kalle lachte, er schleppte einen großen Butterblock zu unserem Wagen, klatschte in die Hände und schrie glücklich: Ach du dicker Tiffel! Da kann man sich doch glatt vor Wut die Röcke hochheben!

Dann sahen wir die KZler. Wie ein Gespenst hatte uns das Gerücht, daß sie hinter uns hergetrieben würden, die Oranienburger, im Nacken gesessen. Der Verdacht, daß wir auch vor ihnen flüchteten, ist mir damals nicht gekommen. Sie standen am Waldrand und witterten zu uns herüber. Wir hätten ihnen ein Zeichen geben können, daß die Luft rein war, doch das tat keiner. Vorsichtig näherten sie sich der Straße. Sie sahen anders aus als alle Menschen, die ich bisher gesehen hatte, und daß wir unwillkürlich vor ihnen zurückwichen, verwunderte mich nicht. Aber es verriet uns doch auch, dieses Zurückweichen, es zeigte an, trotz allem, was wir einander und was wir uns selber beteuerten: Wir wußten Bescheid. Wir alle, wir Unglücklichen, die man von ihrem Hab und Gut vertrieben hatte, von ihren Bauernhöfen und aus ihren Gutshäusern, aus ihren Kaufmannsläden und muffigen Schlafzimmern und aufpolierten Wohnstuben mit dem Führerbild an der Wand – wir wußten: Diese da, die man zu Tieren erklärt hatte und die jetzt langsam auf uns zukamen, um sich zu rächen – wir hatten sie fallenlassen. Jetzt würden die Zerlumpten sich unsere Kleider anziehen, ihre blutigen Füße in unsere Schuhe stecken, jetzt würden die Verhungerten die Butter und das Mehl und die Wurst an sich reißen, die wir gerade erbeutet hatten. Und mit Entsetzen fühlte ich: Das ist gerecht, und wußte für den Bruchteil einer Sekunde, daß wir schuldig waren. Ich vergaß es wieder.

Die KZler stürzten sich nicht auf das Brot, sondern auf die Gewehre im Straßengraben. Sie beluden sich damit, sie überquerten, ohne uns zu beachten, die Straße, erklommen mühsam die jenseitige Böschung und faßten oben Posten, das Gewehr im Anschlag. Schweigend blickten sie auf uns herunter. Ich hielt es nicht aus, sie anzusehen. Sollen sie doch schreien, dachte ich, oder in die Luft knallen, oder in uns reinknallen, Herrgottnochmal! Aber sie standen ruhig da, ich sah, daß manche schwankten und daß sie sich gerade noch zwingen konnten, das Gewehr zu halten und dazustehen. Vielleicht hatten sie sich das Tag und Nacht gewünscht. Ich konnte ihnen nicht helfen, und sie mir auch nicht, ich verstand sie nicht, und ich brauchte sie nicht, und alles an ihnen war mir von Grund auf fremd.

Von vorne kam der Ruf, jedermann außer den Fuhrleuten solle absitzen. Dies war ein Befehl. Ein tiefer Atemzug ging durch den Treck, denn das konnte nur bedeuten: Die letzten Schritte in die Freiheit standen uns bevor. Ehe wir in Gang kommen konnten, sprangen die polnischen Kutscher ab, schlangen ihre Leine um die Wagenrunge, legten die Peitsche auf den Sitz, sammelten sich zu einem kleinen Trupp und schickten sich an, zurück, gen Osten, auf und davon zu gehen. Herr Volk, der sofort blaurot anlief, vertrat ihnen den Weg. Zuerst sprach er leise mit ihnen, kam aber schnell ins Schreien, Verschwörung und abgekartetes Spiel und Arbeitsverweigerung schrie er. Da sah ich polnische Fremdarbeiter einen deutschen Gutsbesitzer beiseite schieben. Nun hatte wahrhaftig die untere Seite der Welt sich nach oben gekehrt, und Herr Volk wußte noch nichts davon, wie gewohnt griff er nach der Peitsche, aber sein Schlag blieb stecken, jemand hielt seinen Arm fest, die Peitsche fiel zu Boden, und die Polen gingen weiter. Herr Volk preßte die Hand gegen das Herz, lehnte sich schwer an einen Wagen und ließ sich von seiner spitzmündigen Frau und der dummen Dackelhündin Bienchen trösten, während Kalle von oben Miststück, Miststück auf ihn herunterschimpfte. Die Franzosen, die bei uns blieben, riefen den abziehenden Polen Grüße nach, die sie sowenig verstanden wie ich, aber ihren Klang verstanden sie, und ich auch, und es tat mir weh, daß ich von ihrem Rufen und Winken und Mützehochrei-ßen, von ihrer Freude und von ihrer Sprache ausgeschlossen war. Aber es mußte so sein. Die Welt bestand aus Siegern und Besiegten. Die einen mochten ihren Gefühlen freien Lauf lassen. Die anderen – wir – hatten sie künftig in uns zu verschließen. Der Feind sollte uns nicht schwach sehen.

Da kam er übrigens. Ein feuerspeiender Drache wäre mir lieber gewesen als dieser leichte Jeep mit dem kaugummimalmenden Fah-rer und den drei lässigen Offizieren, die in ihrer bodenlosen Gering-schätzung nicht einmal ihre Pistolentaschen aufgeknöpft hatten. Ich bemühte mich, mit ausdruckslosem Gesicht durch sie hindurchzu-sehen und sagte mir, daß ihr zwangloses Lachen, ihre sauberen Uniformen, ihre gleichgültigen Blicke, dieses ganze verdammte Siegergehabe ihnen sicher zu unserer besonderen Demütigung be-fohlen war.

Die Leute um mich herum begannen Uhren und Ringe zu verstek-ken, auch ich nahm die Uhr vom Handgelenk und steckte sie nach-lässig in die Manteltasche. Der Posten am Ende des Hohlwegs, ein baumlanger, schlaksiger Mensch unter diesem unmöglichen Stahl-helm, über den wir in der Wochenschau immer laut herausgelacht hatten – der Posten zeigte mit der einen Hand den wenigen Bewaff-neten, wohin sie ihre Waffen zu werfen hatten, und die andere ta-stete uns Zivilpersonen mit einigen festen, geübten Polizeigriffen ab. Versteinert vor Empörung ließ ich mich abtasten, insgeheim stolz, daß man auch mir eine Waffe zutraute. Da fragte mein über-arbeiteter Posten geschäftsmäßig: Your watch? Meine Uhr wollte er haben, der Sieger, aber er bekam sie nicht, denn es gelang mir, ihn mit der Behauptung anzuführen, der andere da, your comrade, sein Kamerad, habe sie schon kassiert. Ich kam ungeschoren davon, was die Uhr betraf, da signalisierte mein geschärftes Gehör noch einmal das anschwellende Motorengeräusch eines Flugzeugs. Zwar ging es mich nichts mehr an, aber gewohnheitsmäßig behielt ich die Anflugrichtung im Auge, unter dem Zwang eines Reflexes warf ich mich hin, als es herunterstieß, noch einmal der ekelhafte dunkle Schatten, der schnell über Gras und Bäume huscht, noch einmal das widerliche Einschlaggeräusch von Kugeln in Erde. Jetzt noch? dachte ich erstaunt und merkte, daß man sich von einer Sekunde zur anderen daran gewöhnen kann, außer Gefahr zu sein. Mit böser Schadenfreude sah ich amerikanische Artilleristen ein amerikanisches Geschütz in Stellung bringen und auf die amerikanische Maschine feuern, die eilig hochgerissen wurde und hinter dem Wald verschwand.

Nun sollte man sagen können, wie es war, als es still wurde. Ich blieb eine Weile hinter dem Baum liegen. Ich glaube, es war mir egal, daß von dieser Minute an vielleicht niemals mehr eine Bombe oder eine MG-Garbe auf mich heruntergehen würde. Ich war nicht neugierig auf das, was jetzt kommen würde. Ich wußte nicht, wozu ein Drache gut sein soll, wenn er aufhört, Feuer zu speien. Ich hatte keine Ahnung, wie der hürnene Siegfried sich zu benehmen hat, wenn der Drache ihn nach seiner Armbanduhr fragt, anstatt ihn mit Haut und Haar aufzuessen. Ich hatte gar keine Lust, mit anzusehen, wie der Herr Drache und der Herr Siegfried als Privatpersonen miteinander auskommen würden. Nicht die geringste Lust hatte ich darauf, um jeden Eimer Wasser zu den Amerikanern in die besetzten Villen zu gehen, erst recht nicht, mich auf einen Streit mit dem schwarzhaarigen Leutnant Davidson aus Ohio einzulassen, an dessen Ende ich mich gezwungen sah, ihm zu erklären, daß mein Stolz mir nun gerade gebiete, ihn zu hassen.

Und schon überhaupt keine Lust hatte ich auf das Gespräch mit dem KZler, der abends bei uns am Feuer saß, der eine verbogene Drahtbrille aufhatte und das unerhörte Wort Kommunist so dahinsagte, als sei es ein erlaubtes Alltagswort wie Haß und Krieg und Vernichtung. Nein. Am allerwenigsten wollte ich von der Trauer und Bestürzung wissen, mit der er uns fragte: Wo habt ihr bloß all die Jahre gelebt?

Ich hatte keine Lust auf Befreiung. Ich lag unter meinem Baum, und es war still. Ich war verloren, und ich dachte, daß ich mir das Geäst des Baumes vor dem sehr schönen Maihimmel merken wollte. Dann kam mein baumlanger Sergeant nach getanem Dienst den Abhang hoch, und in jeden Arm hatte sich ihm ein quietschendes deutsches Mädchen eingehängt. Alle drei zogen in Richtung der Villen ab, und ich hatte endlich Grund, mich ein bißchen umzudrehen und zu heulen.

Der Benzinpreis ist ein politischer Preis.
Die politische Einstellung zum Benzinpreis kann
man in der SB-Stadt auf den einfachsten Nenner bringen.
Das ist der Niedrigpreis.

Frau Wesseling ist heute am Samstag wieder früh auf und jetzt wartet sie schon vor dem Schuppen, daß Meister Wesseling im Schuppen mit dem alten Ford-Combi endlich klarkommt. Im Einzugsbereich des Selbstbedienungs-Warenhaus-Areals sind mehr als 70000 Fahrzeuge gemeldet, weshalb sich über die vierspurige Direktverbindung ein ganz schön zäher Konvoi hinbewegt, wohin, na sind Sie denn nicht mit heute dabei zur großen SB-Stadt-Kunden-Parlament-Vorstellung mit großem Poster-Malwettbewerb und Geburtstagsüberraschungen für die Geburtstags-Glückskinder heute den ganzen offenen Samstag? Das amerikanische Discount Department Store System With Self-Service hat im Jahre 1969 einen Gesamtumsatz von mehr als 20 Millionen Dollar erzielt, und es ist das amerikanische Beispiel, das den Verbrauchermarkt an den Peripherien der Städte seiner Distributionsweise, seines umfassenden Sortiments von Waren des täglichen Bedarfs und Verbrauchs, seiner extrem niedrigen Preise, seines günstigen Standorts, der raschen Zufahrtsmöglichkeiten, bequemer, parkuhrfreier und ausreichender Parkplatzmöglichkeiten und der pausenlosen Öffnungszeiten wegen zu einer Attraktion macht, die mich bis ins Innerste meiner Kauf- und Konsumgewohnheiten getroffen hat und trifft. Frau Wesseling mit ihren kurzsichtigen Augen studiert noch einmal und zitiert halblaut die Liste des Wochenbedarfs und vergißt ihr neues Leid. Wind weht Wolken frisch über das tischflache rheinische Ackerland zwischen den umgebenden Ballungsgebieten, deren Bevölkerungsdichte die Voraussetzung geboten hat für die in siebenmonatiger Rekord-Bauzeit durchgeführte Errichtung eines in

umgekehrter L-Form auf 15 000 Quadratmeter Ackerfläche dalie-
genden Super-Bungalows, welcher in mir, wenn ich mit meinem
orangefarbenen Mini-Cruiser in einen der 1 300 Parkräume hinein-
gekurvt bin und unter einem blauen Hochdruck-Himmel über die
Auto-Piste hüpfe, viel Lust und Bedürfnis aktiv macht nach der
freien Selbstbedienung im direkten Kontakt mit der Ware aus aller
Welt. Wo kann er denn nur wieder sein, denkt Frau Wesseling und
blickt in das Gewühl der Wäsche-Querstraßen hinein, aber Meister
Wesseling hält sich am Gürtelreifen-Stand auf und studiert den
Gürtelreifen-Niedrigpreis. Nur wenige der 2 000 Einkaufsrollwa-
gen mit Baby-Sitz stehen unbenutzt auf dem Parkplatz der Ein-
kaufsrollwagen in zusammengeschobenen Reihen, aus denen ich
mir einen der riesigen Warenkäfige loshakele zur Teilnahme am
kompletten Service-System mit Autowaschstraße, Tankanlage
und Diagnose-Center, chemischer Schnellreinigung, Reisebüro,
Schuh-Absatzbar, Schlüsselbar, Kinderhort und Fotofix. Wir wollen heute ein vollautomatisch abgepacktes Stück von der täglich
10 Kilometer langen Bratwurst haben, und wir wollen in den Re-
galstraßen suchen nach einem Astronauten-Kinderanzug, nach
Wolf's Knabbersäcken, Tiko-Apfelstrudel, Heidschnucken-Fellen
und einem Telefon-Kassetten-Tonbandgerät ab 179,–. Warum hat
Frau Wesseling keine Freude mehr an den leisen Melodien aus den
unsichtbaren Lautsprechern über dem Hierhin und Dahin unserer
konzentrierten Gesichter? Meister Wesseling legt in den Einkaufswagen eine Spray-Dose aus dem Spray-Dosenlager. Diese 60 Meter breite und 180 Meter lange Halle wäre mit wenigen Handgriffen
in eine Lagerhalle, eine Maschinenhalle, eine Großgaragenhalle,
eine Notunterkunftshalle umzuwandeln; wir befinden uns mithin
in einem Mehrzweckbau, der an plötzliche ökonomische oder wer-
weißwelche Veränderungen anzupassen wäre; aber wer will denn
jetzt daran denken, jetzt, im Moment der Einlösung der Einkaufs-
gutscheine gegen Vorlage der Geburtsurkunde des heute seinen ersten Geburtstag feiernden Sprößlings? Fröhliches Geschrei im Kinderhort. Im Kinderhort wird eine Einkaufsstadt am Rande einer
großen Stadt gebaut mit Schnellstraßen für fernlenkbare Automobile. Frau Wesseling denkt an ihr Enkelkind und seine gottver-
lassene Mutter und die Schulden durch die Anwaltskosten für die

Scheidung, in die sie, was ihre eigenen Nöte angeht, nie und nimmer einwilligen wird. Willst du nun im Pelz-Shop einen Pelz anprobieren? Willst du im Betten-Shop einmal Schlaf-dich-aus probieren? Willst du im Schrank-Studio Fächer aufklappen? Heute ist Probier-Tag. Frau Wesseling denkt, das lohnt sich nicht mehr. Was lohnt sich nicht mehr? Nun achten wir erst mal auf das Ergebnis der Wahl des SB-Stadt-Präsidenten und des frei von unseren Kunden gewählten Kundenparlaments: Doris Schmidt, Heiner von Drewo, Charly Barnet, Angelika Undress, Robert Schmieding, Walter Weide, Wolfgang Ratschek, Dr. Birgit Kuhlenkampff, Marcello Baum, Ina Domin und viele Bewerber mehr, mit Anklang und auf Grund von Sympathie, unbescholten, so daß das kühle SB-Stadt-Expertenteam seine helle Freude hat, und es hat jemand gefunden, der repräsentiert. Es repräsentiert: Egon Arthur, Präsident. Mein Rollwagen wird voller und voller von Schallplatten, Auto-Fuß-matten, Sangrita-Flaschen, Tonic-Wasser-Flaschen, Le-Tartare-Käse, T-Bone-Steaks, Freizeithemden, kalifornischen Radieschen, Komitee-Mützen, Schwämmen, Rasenmäher-Ersatzteilen, und wer räumt alles wieder ein heute abend, wenn ich den klirrenden Karren stehen lasse und einfach weg gehe auf den Acker draußen unter den sirrenden Drähten der Überlandleitung? Ich frage dich, und antworte mir, Präsident. Wesseling, der alte Knacker, der gar kein alter Knacker ist, packt Taschentücher neben den ungarischen Wein, Handspiegel, Dosen voll Spray für unter die Arme, und Frau Wesseling hat nicht auf dem Wochenbedarf stehen diese Artikel, diesen Schaum, diesen Glanz, dieses Fit-Machende, diese Extras. Verwirrt innehaltend in der Ruhezone der Bücherauswahl hält sie ihren Lage- und Informationsplan vor die Augen. Wo bin ich? 1: Frischblumen direkt vom Großmarkt. 2: Baby- und Kinder-Textilien. 3: Damen- und Herren-Textilien. 4: Oberbekleidung für die ganze Familie. 5: Schuhe und Lederwaren für die ganze Familie. 6: Gardinen, Tischdecken und Kissen. 7: Glas, Porzellan, Keramik und Geschenkartikel aus aller Welt. 8: Farben und Tapezierbedarf. 9: Alles für den Heim- und Handwerker. 10: Spielwaren für kleine und große Kinder. 11: Praktisches Autozubehör für alle Auto-typen. 12: Sportartikel für Profis und Amateure. 13: Radio, Phono, Fernsehen und Schallplatten in jeder gewünschten Richtung.

14: Lampen und Leuchten. 15: Geschirrspüler, Gefriertruhen, Herde. 16: Ein Superangebot an Lebensmitteln aus aller Welt. 17: Leseecke mit großer Bücherauswahl für jeden Lesegeschmack. 18: Foto-Optik mit Porträt-Studio und Foto-Schnelldienst mit allen Vergrößerungen. 19: Wasch- und Säuberungsmittel. 20: Kosmetik und Körperpflege. 21: Pelz-Shop. 22: SB-Stadt-Restaurant mit Schnellbar. 23: Bank. 24: Superauswahl Polstermöbel. 25: Teppiche. 26: Küchenmöbel. 27: Alles für das Gästezimmer. 28: Matratzen. 29: Schlafzimmer. 30: Speisezimmer. 31: Wohnzimmer. Geschmackvolle Stilmöbel zum Niedrigpreis durch: Selbstbedienung und Selbstabholung in der Selbstabholerzone. Auf Wunsch vermitteln wir Ihnen einen Spediteur. 32: Dreißig Kassen. 33: Gold- und Silberwaren. Uhren. 34: Absatzbar. Schlüsseldienst. 35: Zeitschriften und Tabakwaren. Wir wollen also durchaus die Angebotspalette des Einzelhandels bereichern, ohne jedoch den Kunden die Verdienstspannen des Einzelhandels derart spürbar werden zu lassen, daß der Kunde auch noch für die Verdienstspannen des Einzelhandels aufzukommen hat. Wie gesagt, 50000 Artikel bieten wir an, und allein die Kühltruhen für Frischwaren sind 75 Meter lang. Frau Wesseling biegt in die Straße der Kühltruhen ein und kommt nicht an die Kühltruhen heran, weil familienweise die Wochenendauswahl getroffen wird. Der Präsident setzt sich täglich für die Familienfreundlichkeit der Kunden-Stadt ein. Frau Wesseling weiß nicht mehr, was jetzt aus der Familie wird. Wo treffen wir uns, hat sie Meister Wesseling gefragt. An einer der dreißig Kassen. Wesseling wühlt den ganzen Blusen-Sonderangebots-Stand durch und fährt noch einmal hinüber zur Kosmetik und Körperpflege. Ich habe meine stille Freude an den ruhigen vollgestellten Flächen mit abertausenden von orangenen, grünen, rosafarbenen, violetten und roten Plastikformen der Tuben, Flaschen und Kannen für das Säubern und Pflegen unseres täglichen Inventars, unserer Kleidung, unserer Haare, unserer Böden, unserer Becken. Und es sollte ein fahrbarer Glastisch sein für das Servieren und Abstellen. Und nehmen wir den Rezept-Dienst wahr? Wir nehmen ihn wahr, die 250 Gramm Stew-Beef, die 4 Eßlöffel Pflanzenöl, die 2 gewürfelten Zwiebeln, diese 3 Tomaten, diese 8 grünen Bananen, die 2 Teelöffel Curry, den einen viertel Liter Wasser. Niemals bin ich mißtrauisch gewesen, denkt Frau Wesseling plötzlich, aber das war vielleicht der Fehler, daß ich so doof gewesen bin, so naiv, so blöde, so ohne Zweifel, so sicher und, ja, auch so ganz ohne Arg. Hat uns diese Selbstbedienungs-Einkaufsweise nun zu freien oder zu unfreien Menschen gemacht? Ist es Terror, daß wir unsere mit Fußbällen, Rehrücken, Zwiebelsäcken, Zelten, Zobelmänteln, Bierkästen, Kühlschränken, Schnittlauch, Fahrradmänteln, Henne-Gocki-Eiern, Tennisschuhen, Sauerkrautdosen und Dill vollgeladenen Einkaufswagen vor uns her schieben in den Andrang auf die dreißig ratternden Kassen hinein? War es Glück, als wir auf leergekämmten Äckern der Ostzone nach vereinzelten Ähren uns bückten? Will nur der frisch gewählte Präsident, will nur das Kunden-Parlament, daß Konsum eine Lust ist, und wollen beide Instanzen nur so, weil beide Instanzen in den Markt als Interessenvertreter des Marktes integriert sind? Wer stellt diese Fragen in uns? Frau Wesseling käme von allein nicht auf die Idee, daß es ein Bewußtsein gibt, das den Lustgewinn verbietet, den der Kunde aus dem Kaufen seiner Waren ziehen darf und soll. Frau Wesseling käme nicht auf die Idee, hinter Schaumbadtuben einen Zeitzünder abzusetzen. Frau Wesseling wäre leicht glücklich zu machen. Sie produziert keine Komplikationen. Sie weiß nicht, warum man auf den Gedanken des Abschaffens verfällt. Trotzdem ist alles durcheinander im Leben von Frau Wesseling. Ein Opfer ist sie. Ein Opfer wessen? Reichen zur Erklärung Hinweise auf private Umstände aus? Meister Wesseling hat den Combi bereits durch die Waschanlage zur Niedrigpreis-Hochoktan-Tankstelle dirigiert. Nein, das kann er nicht, denn am Wochenende erzeugt der Andrang auf den billigen Sprit derartige Wartezeiten, daß wir Meister Wesseling zu diesem Zeitpunkt noch nicht am Ende unserer Erzählung mit vollgetanktem Wagen warten lassen können. Also wohin mit ihm? An den Tabakstand. Er raucht nicht mehr; er hat neuerdings Ausgaben, die ihn zu Einsparungen zwingen. An den Schnellimbißwagen in den Duftbereich rot leuchtender Curry-Wurst. Auch die Curry-Wurst verkneift er sich. Blumenstand. Blumenstand ist gut. Zum Warten. Zum Überlegen ob rote Rosen kaufen. Zum Träumen von dem, was einem Mann all die Jahre lang durchgegangen ist und worauf der Mann, solange es noch klappt, nur als Doofkopp verzichtet, verstehst du? Es ist das allgemeine, nicht enden wollende, unübersehbare Angebot, das zwar nicht den ganzen Katalog deiner Wünsche, aber doch einiges, lange Zurückgestautes, das Besondere, das schon immer Angepeilte, das auch wirklich Greifbare, das nicht völlig hinter dem Mond Liegende, plötzlich möglich, nein, plötzlich wirklich macht. Und ich sage mir: es ist ja schließlich der ganze Wochenbedarf, der jetzt so ins Geld haut, und so gesehen, unter Vorrats-Aspekten, rationalisiere ich mit dem ins Geld Hauenden meine Lebenshaltungskosten für die kommende Woche. Oder sind wir doch wieder rumgekriegt worden und haben wieder mehr aufgeladen, als der eigentliche Bedarf notwendig macht? Meister Wesseling läßt seine Augen an der Reihe der dreißig Orange-Mädchen hinter den dreißig ratternden Kassen vorbeigehen. Draußen geht frischer Landwind über die Park-Piste unter den summenden Masten der Überlandleitung. Sie können sich das einfach machen: Sie machen das so: einfach mit dem Einkaufswagen fahren Sie bis zu Ihrem Wagen und laden von jenem auf diesen über und lassen einfach dann stehen und wir holen ab. Was? Na den leeren, den Wagen, stehen lassen und wir damit ab. Ringsum auf der tischflachen Fläche des Landes kommen Autobahn-Zubringer näher, und es glitzern in der Ferne des Horizonts zarte Gespinste der Kräne, und wir stehen in der Schlange schmutziger, in der Waschanlage verschwindender, aus der Waschanlage hervorkommender, nasser, blinkender Automobile. Oft, wenn wir miteinander reden wollen, verstehen wir unsere Worte nicht im Dröhnen über uns der tiefen in Wahn auf der Heide drüben aufsetzenden Maschinen. Frau Wesseling sitzt eingekeilt und still hinten im grünen alten Ford-Combi zwischen Sacktüten und betrachtet den grauen Haarkranz im Nakken Meister Wesselings, der nach über fünfundzwanzig Jahren nicht mehr will. Nicht mehr will. Nun weiß sie es. Und kann den Zwang nicht mehr loswerden daran zu denken. Aber Frau Wesseling ist nicht nur kurzsichtig, sondern setzt auch kein Vertrauen in das Kunden-Parlament. Doris Schmidt, Angelika Undress, Dr. Birgit Kuhlenkampff, Ina Domin und alle anderen Abgeordneten sorgen dafür, daß aus der Kunden-Stadt eine Familien-Stadt wird. In der wir nächsten Familien-Samstag wieder sind. Warum zögern Sie noch, Frau Wesseling?

Bibliographie und Quellennachweis

Die Bibliographie nennt an erster Stelle jeweils die Ausgabe, die dieser Anthologie als Druckvorlage gedient hat. Des weiteren sind zur Information des Lesers Hinweise auf die Erstveröffentlichung und die erste Buchausgabe aufgenommen worden. Eckige Klammern bezeichnen das Entstehungsjahr des betreffenden Werkes. Diese Angaben beanspruchen nicht, vollständig zu sein. Sie begnügen sich mit den Daten, soweit sie der Herausgeber ermitteln konnte.

Herausgeber und Verlag danken den Autoren, lizenzgebenden Verlagen und allen sonstigen Rechtsinhabern für ihr freundliches Entgegenkommen bei der Gewährung der Abdruckrechte.

BACHMANN, INGEBORG (Klagenfurt 25. 6. 1926 – Rom 17. 10. 1973), ›Alles‹. Aus: ›Das dreißigste Jahr‹, R. Piper Verlag, München 1961, S. 77–104 (= Erstdruck).

BECKER, JÜRGEN (Köln 10. 7. 1932), ›Der Benzinpreis ist ein politischer Preis ...‹. Aus: ›Umgebungen‹, edition suhrkamp 722, Frankfurt a. M. 1970, S. 144–151 (= Erstdruck).

BERNHARD, THOMAS (Kloster Heerlen bei Maastricht 10. 2. 1931 – Gmunden 12. 2. 1989), ›Ist es eine Komödie? Ist es eine Tragödie?‹. Aus: ›Prosa‹, edition suhrkamp 213, Frankfurt a. M. 1967, S. 38–48 (= Erstdruck).

BOBROWSKI, JOHANNES (Tilsit 9. 4. 1917 – Berlin/DDR 2. 9. 1965). ›Der Tänzer Malige‹. Aus: ›Der Mahner‹, Verlag Klaus Wagenbach, Berlin 1968, S. 17–26 [11. 3. 1965].

BREITBACH, JOSEPH (Koblenz 20. 9. 1903 – München 9. 5. 1980), ›Clemens‹. Aus: ›Die Rabenschlacht‹, S. Fischer Verlag, Frankfurt a. M. 1973, S. 211–236. Erstdruck unter dem Titel ›Die Rückkehr‹ in: Mass und Wert. Zürich, 1. Jahrgang, Heft 1, September bis Oktober 1937 [1937].

CANETTI, ELIAS (Rustschuk, Bulgarien, 25. 7. 1905), ›Der Unsichtbare‹. Aus: ›Stimmen von Marrakesch‹, Carl Hanser Verlag, München 1972, S. 103–106 (= Erstdruck).

EICH, GÜNTER (Lebus/Oder 1. 2. 1907 – Salzburg 20. 12. 1972), ›Hilpert‹. Aus: ›Kulka, Hilpert, Elefanten‹, Literarisches Colloquium, Berlin 1968, S. 11–15 (= Erstdruck). Der Abdruck geschieht mit freundlicher Genehmigung des Suhrkamp Verlages, Frankfurt a. M.

ERNST, PAUL (Elbingerode/Harz 7. 3. 1866 – St. Georgen a. d. Stiefing/Steiermark 13. 5. 1933), ›Der Straßenraub‹. Aus: ›Die Taufe‹, Georg Müller Verlag, München 1916 (= Gesammelte Werke, Band 7 [Erstdruck]), S. 271–279 [1914/15]. Kritischer Text bei Karl Polheim: ›Paul Ernsts Straßenraub-Novelle als Kunstwerk und in ihrer Entwicklung‹, Graz 1962. Der Abdruck geschieht mit freundlicher Genehmigung der Paul Ernst Gesellschaft, Bonn.

FÜHMANN, FRANZ (Rokytnice/Tschechoslowakei 15.1.1922 – Ost-Berlin 8.7.1984), ›Das Judenauto‹, Aus: ›Das Judenauto. Vierzehn Tage aus zwei Jahrzehnten‹, Diogenes Verlag, Zürich 1968, S. 7–18 (Erstdruck: Aufbau-Verlag, Berlin und Weimar, 1962).

HANDKE, PETER (Griffen in Kärnten 6.12.1942), ›Begrüßung des Aufsichtsrats‹. Aus: ›Begrüßung des Aufsichtsrats‹, Residenzverlag, Salzburg 1967, S. 5–11 [1964].

HEYM, GEORG (Hirschberg, Schlesien 30.10.1887 – Berlin 16.1.1912), ›Der Irre‹. Aus: ›Dichtungen und Schriften‹, hrsg. v. K.L. Schneider, Band 2, Verlag Ellermann, München 1962, S. 19–34. (Erstdruck: ›Der Dieb. Ein Novellenbuch‹. 1913 [1911]).

HEYM, STEFAN (Chemnitz 10.4.1913), ›Die Kannibalen‹. Aus: ›Die Kannibalen und andere Erzählungen‹, Progress-Verlag, Düsseldorf 1953, S. 7–18 (= Erstdruck). Der Abdruck geschieht mit freundlicher Genehmigung von Mohrbooks, Zürich.

HILDESHEIMER, WOLFGANG (Hamburg 9.12.1916), ›Legende vom großen Bett‹. Aus: ›Tynset‹, Suhrkamp-Verlag, Frankfurt a. M. 1965, S. 189–214 (= Erstdruck).

HORVÁTH VON, ÖDÖN (Fiume 9.12.1901 – Paris 1.6.1938), ›Das Märchen vom Fräulein Pollinger‹. Aus: ›Gesammelte Werke‹, Band 5, Suhrkamp-Verlag, Frankfurt a. M. 1972, S. 75–76 [um 1931].

HUCH, RICARDA (Braunschweig 18.7.1864 – Schönberg im Taunus 17.11.1947), ›Episode aus dem Dreißigjährigen Kriege‹. Aus: ›Gesammelte Werke‹, Band 4, Verlag Kiepenheuer und Witsch, Köln 1967, S. 1101–1105 (Erstdruck: Des Deutschen Jungborn 1921, S. 21 ff.). Der Abdruck geschieht mit freundlicher Genehmigung von Frau Marietta Böhm, Rockenberg.

KEYSERLING VON, EDUARD (Schloß Paddern/Kurland 15.5.1855 – München 28.9.1918), ›Doralice‹. Aus: ›Wellen‹, S. Fischer Verlag, Frankfurt a. M. 1971, S. 29–38 (Erstdruck: 1911).

KLUGE, ALEXANDER (Halberstadt 14.2.1932), ›Ein Liebesversuch‹. Aus: ›Nach Rußland und anderswohin‹, Goverts Verlag, Stuttgart S. 156–159 (Erstdruck 1962).

KOEPPEN, WOLFGANG (Greifswald 23.6.1906), ›Besuche in Moskau‹. Aus: ›Nach Rußland und anderswohin‹, Goverts Verlag, Stuttgart 1958, S. 241–245 (Erstdruck). Der Abdruck geschieht mit freundlicher Genehmigung des Suhrkamp Verlages, Frankfurt a. M.

KUNERT, GÜNTER (Berlin 6.3.1929), ›Der zweite Ausgang‹. Aus: ›Tagträume in Berlin und andernorts‹, Carl Hanser Verlag, München 1972, S. 272–278 (Erstdruck: Aufbau-Verlag, Berlin und Weimar 1971).

KUSENBERG, KURT (Göteborg/Schweden 24.6.1904 – Hamburg 3.10.1983), ›Ein verächtlicher Blick‹. Aus: ›Gesammelte Erzählungen‹, Rowohlt Verlag, Hamburg 1969, S. 453–456 [1962].

LETTAU, REINHARD (Erfurt 10.9.1929), ›Der Irrgarten‹. Aus: ›Schwierigkeiten

beim Häuserbauen‹, Carl Hanser Verlag, München 1962, S. 10–17 (Erstdruck). ›Absage‹. Aus: ›Auftritt Manigs‹, Carl Hanser Verlag, München
1963, S. 33 (= Erstdruck).

MECKEL, CHRISTOPH (Berlin 12.6.1935), ›Die Tränentiere‹, ›Weltende‹. Aus:
›Im Land der Umbramauten‹, Deutsche Verlagsanstalt, Stuttgart 1961,
S. 38–40 und S. 49–50 (= Erstdruck). Der Abdruck geschieht mit freund-
licher Genehmigung des Autors.

RILKE, RAINER MARIA (Prag 4.12.1875 – Val Mont bei Montreux 29.12.1926),
›Samskola‹. Aus: ›Werke‹, Band 5, Insel Verlag, Frankfurt a. M. 1965,
S. 672–681 [1904].

SCHMIDT, ARNO (Hamburg 18.1.1914 – Bargfeld 3.6.1979), ›Germinal‹. Aus:
›Trommler beim Zaren‹, Stahlberg Verlag, Karlsruhe 1966, S. 196–204
(= Erstdruck). Der Abdruck geschieht mit freundlicher Genehmigung des
Autors.

SEGHERS, ANNA (Mainz 19.11.1900 – Ost-Berlin 1.6.1983), ›Das Obdach‹. Aus:
›Erzählungen‹, Band 1, Luchterhand Verlag, Neuwied 1963, S. 199–206
[1941].

STERNHEIM, CARL (Leipzig 1.4.1878 – Brüssel 3.11.1942), ›Heidenstam‹. Aus:
›Gesamtwerk‹, Band 4, Prosa, Luchterhand Verlag, Neuwied 1964,
S. 161–184 [1917–18].

TUCHOLSKY, KURT (Berlin 9.1.1890 – Hindas b. Göteborg/Schweden
21.12.1935), ›Familienbande‹, ›Die Unpolitische‹. Aus: ›Gesammelte
Werke‹, Band III, Rowohlt Verlag, Reinbek bei Hamburg 1961, S. 57–59
[1929], und ebenda, Band II, S. 260–262 [1925].

WOHMANN, GABRIELE (Darmstadt 21.5.1932), ›Verjährt‹. Aus: ›Ländliches
Fest‹, Luchterhand Verlag, Neuwied 1968, S. 42–47 (= Erstdruck).

WOLF, CHRISTA (Landsberg a. d. Warthe 18.3.1929), ›Blickwechsel‹. Aus: ›Lesen und Schreiben‹, Luchterhand Verlag, Darmstadt 1972, S. 31–46 [1970].

ZWEIG, ARNOLD (Groß-Glogau/Schlesien 10.11.1887 – Berlin/DDR
26.11.1968), ›Sterben des Cinq-Mars‹. Aus: ›Ausgewählte Werke in Einzel-
ausgaben‹, Band XI, Novellen, I. Teil, Aufbau-Verlag Berlin 1961,
S. 252–259 (Erstdruck: ›Geschichtenbuch‹, Verlag Albert Langen, München
1916 [1912]).

ZWEIG, STEFAN (Wien 28.11.1881 – Petropolis b. Rio de Janeiro 23.2.1942),
›Die Legende der dritten Taube‹. Aus: ›Legenden‹, S. Fischer Verlag, Frank-
furt a. M. 1959, S. 169–172 (Erstdruck: ›Kaleidoskop‹, Herbert Reichner
Verlag, Wien–Leipzig–Zürich 1936, S. 330–333).

Eduard von Keyserling
Schwüle Tage
Erzählung

Band 9312

Das Flimmern der Luft in den Sommernächten, das
Blühen und Duften der Pflanzen und Blumen, das Verlangen des Abiturienten Bill nach der Vitalität der
Landmädchen einerseits — das von sich und von anderen in jeder Situation Tenue erwartende Stilisieren, die
sich gelegentlich in Aggressivität flüchtende Verletz-
lichkeit des in die junge Ellita verliebten, aber in seiner
Eigenart und in seiner Gesellschaftsform gefangenen
Vaters, der nicht, wie sein Sohn, erfahren kann, wie
warm und weich einen das Leben umfangen kann und
sich dieses Gefühl künstlich durch Morphium schafft,
andererseits — bereiten das Spannungsfeld dieser deutschen Novelle mit französischem Flair.

Fischer Taschenbuch Verlag

fi 1327 / 1

Stefan Zweig
Brennendes Geheimnis
Erzählung

Band 9311

Mit zwölf Jahren lebt Edgar am Rand seiner Kindheit. Er ist mit seiner Mutter auf den Semmering gefahren und glaubt dort, unverhofft in einem jungen Baron einen Freund gefunden zu haben – doch er muß sehr schnell erkennen, daß dessen Freundlichkeit der Mutter gilt.

Fischer Taschenbuch Verlag

fi 1307 / 1

Anna Seghers
Wiedereinführung der Sklaverei
in Guadeloupe

Band 9321

»Wiedereinführung der Sklaverei in Guadeloupe«
(1948), eine der drei großen »Karibischen Erzählungen«, die Anna Seghers nach ihrer Rückkehr aus
dem mexikanischen Exil schrieb, schildert, wie die
von der Französischen Revolution 1789 beschlos-
sene Befreiung der Neger in Guadeloupe ein Jahrzehnt später am Machtspruch Napoleons scheitert,
der mit grausamen Mitteln die Kolonialherrschaft
wiederherstellt.
Doch enthält die Erzählung auch eine Hoffnung: es
ist das Bekenntnis des entmachteten Kommandan-
ten und des französischen Bevollmächtigten zu den
Schwarzen und ihrem Kampf, auch und gerade
in aussichtsloser Situation, das die Würde der
Freiheit bewahrt.

Fischer Taschenbuch Verlag

fi 1313 / 2

Ludwig Harig
Der kleine Brixius
Eine Novelle

Band 9313

Ludwig Harig erzählt in seiner poetisch-philo-
sophischen Novelle die »unerhörte Begeben-
heit« vom kleinen Brixius, der eines Tages mit
einem Luftsprung in die Weltbejahung hüpft
und die Methode der wunderbaren Erhebung
durch die Sprache bis hin zum Fliegen vervoll-
kommnet. Und weil die Brixius'sche Anomalie
ansteckend ist, kann man sagen, daß mit dem
Datum jenes ersten Luftsprungs die schönere
Zukunft der ganzen Menschheit angebrochen
ist.

Fischer Taschenbuch Verlag

fi 1303 / 1

Arno Schmidt

Leviathan und Schwarze Spiegel
Zwei Erzählungen. Band 9110

Alexander oder Was ist Wahrheit
Drei Erzählungen
Gadir / Alexander / Enthymesis
Band 9111

Aus dem Leben eines Fauns
Kurzroman. Band 9112

Brand's Haide
Erzählung. Band 9113

Aus julianischen Tagen
24 Essays
I. Berichte aus der Nicht-Unendlichkeit
II. Und es blitzten die Sterne / III. Berechnungen
Band 9114

Schwänze
Fünf Erzählungen
Kühe in Halbtrauer / Windmühlen / Großer Kain
Schwänze / «Piporakemes!»
Band 9115

Kaff auch Mare Crisium
Roman. Band 9117
(erscheint voraussichtlich im Frühjahr 1992)

Fischer Taschenbuch Verlag

fi 636 / 8 a

Arno Schmidt

Nachrichten aus dem Leben eines Lords

Sechs Nachtprogramme
Angria & Gondal / Was wird er damit machen?
Tom all alone's / »Der Titel aller Titel!«
Der Triton mit dem Sonnenschirm / Das Buch Jedermann
Kaleidoskopische Kollidier-Eskapaden
Band 9116

Orpheus

Fünf Erzählungen
Caliban über Setebos
Die Wasserstraße / Der Sonn' entgegen ...
Kundisches Geschirr / Die Abenteuer der Sylvesternacht
Band 9120

Sommermeteor

23 Kurzgeschichten
Trommler beim Zaren / Schlüsseltausch / Rollende Nacht
Der Tag der Kaktusblüte / Die Vorsichtigen / Was soll ich tun?
Seltsame Tage / Schulausflug / Zählergesang / Rivalen
Nebenmond und rosa Augen / Am Fernrohr / Geschichten von
der Insel Man / Nachbarin, Tod und Solidus / Lustig ist das
Zigeunerleben / Ein Leben im Voraus / Das heulende Haus
Sommermeteor / Kleiner Krieg / Die Wasserlilie / Zu ähnlich
Schwarze Haare / Die Lange Grete
Band 9121

Die Gelehrtenrepublik

Kurzroman aus den Roßbreiten
Band 9126

Fischer Taschenbuch Verlag

fi 636 / 3 b

»Er ist Philologe. Und er hat dennoch Phantasie. Er ist Germanist. Und er kann trotzdem schreiben. Er heißt Doktor, heißt Professor gar, aber er ist ein Poet. Er zieht herauf, herab und quer und krumm seine Leser an der Nase herum.«
Marcel Reich-Ranicki

Reinhard Lettau
Zur Frage der Himmelsrichtungen
Fischer Taschenbuch Band 9545

Die Frage der Himmelsrichtungen ist so einfach wie weltumspannend. Wo liegt, von Amerika aus gesehen, der wirkliche Osten? Nur im Westen, oder ist der Westen im Osten auch der Osten? Und was wäre demnach unter Ost-West-Konflikt zu verstehen? Ist die Kultur ferner Länder eine Erfindung der Engländer? Was ist von einem Land zu erwarten, in dem alle Straßen geradeaus gehen? Mit solchen und anderen, bislang nie gestellten Fragen hat sich Reinhard Lettau auseinandergesetzt. Die 52 kurzen, anspielungsreichen, kunstvollen und listigen Texte aber geben keine bündigen Antworten, sie verstricken sich vielmehr in neue Fragen, in Paradoxa, nehmen unerwartete Wendungen. Eben dies freilich gehört zum Prinzip dieser – erzählenden, berichtenden, kommentierenden, immer aber selbstironischen Texte: Ihr Ziel ist der Weg, der Weg durch die Sprache.

Fischer Taschenbuch Verlag

fi 1525 / 2

Elias Canetti

Das Augenspiel
Lebensgeschichte
1931–1937
Band 9140

Die Blendung
Roman
Band 696

Dramen
Hochzeit/Komödie der
Eitelkeit/Die Befristeten
Band 7027

Die Fackel im Ohr
Lebensgeschichte
1921–1931
Band 5404

Band 9140

Die gerettete Zunge
Geschichte
einer Jugend
Band 2083

Das Gewissen der Worte
Essays
Band 5058

Masse und Macht
Band 6544

Der Ohrenzeuge
Fünfzig Charaktere
Band 5420

Die Provinz des Menschen
Aufzeichnungen
1942–1972
Band 1677

Die Stimmen von Marrakesch
Aufzeichnungen
nach einer Reise
Band 2103

Hüter der Verwandlung
Beiträge zum Werk
von Elias Canetti
Band 6880

Fischer Taschenbuch Verlag

fi 185 / 3

Hotelgeschichten

Herausgegeben von Ronald Glomb und
Hans Ulrich Hirschfelder

Einer der reizvollsten und
beliebtesten Schauplätze der
Weltliteratur ist das Hotel:
Liebesgeschichten fangen
hier an, Phantastisches spielt
sich ab, Kriminal- und Spio-
nagegeschichten hören hier
auf. Ob feudales Grand-
Hotel mit dem Flair morbi-
der Décadence, ob solides
Haus der Mittelklasse oder
zwielichtige Absteige, jedes
Hotel hat seine ihm eigene
Atmosphäre, ist eine Welt
für sich. Wer in sie eintritt,
ob für einen flüchtigen
Moment oder einen Zeit-
raum von Tagen, von
Wochen, taucht ein, in ein
Leben, das geschäftiger, hek-
tischer, distinguierter, künst-
licher, konzentrierter ist als
das Leben draußen, allemal
schillernd und geheimnisvoll
durch die hier gegebene
Möglichkeit des Spiels mit
der Identität.

Band 9246

Es erzählen: *Peter Altenberg,
Victor Auburtin, Dino Buz-
zati, Hermann Hesse, Erich
Kästner, Kurt Kusenberg,
Graham Greene, Ernest
Hemingway, V.S. Naipaul,
George Orwell, Raymond
Queneau, Anton Tschechow,
Stefan Zweig und viele
andere.*

Fischer Taschenbuch Verlag

fi 1075 / 2

Kinderleben
Dichter erzählen von Kindern

Eine Sammlung
Herausgegeben von Ursula Köhler

Die Dichter wissen es, daß
Kindheit eine sehr schwierige,
entsetzlich aufregende und
anstrengende Lebensphase
ist, bestimmt von intensiven
und bedrohlich unbekannten
Gefühlen, Gefühlen der Ver-
zauberung, der Beglückung
und leidenschaftlicher Anteil-
nahme ebenso wie von ver-
schiedensten Ängsten, Gewis-
sensqualen und kleinen,
unendlich großen Tragödien
– die fast das Leben kosten,
wäre da nicht der gnädige
tiefe Kinderschlaf, der über
»Unordnung und frühes
Leid« heilsames Vergessen
breitet.

*Der Band enthält Erzählungen
von H. Chr. Andersen, William
Heinesen, Thomas Mann,
Hermann Hesse, Franz Nabl,
Tibor Déry, Valery Larbaud,*

Band 9180

*Katherine Mansfield, Elizabeth
Bowen, William Saroyan,
Katherine Anne Porter, Wolfgang Borchert, Elisabeth Lang-
gässer, Ilse Aichinger, Mark
Helprin, Cristina Peri Rossi
und Jamaica Kincaid.*

Fischer Taschenbuch Verlag

»Wir alle sind stark genug, um zu ertragen,
was anderen zustößt.«

La Rochefoucauld

Das Buch der Niedertracht

Herausgegeben von Klaus G. Renner

Eine ganz besondere Anthologie stellt Klaus G. Renner in
diesem Band vor – kein Buch
der Träume oder der Bäume,
sondern ein Kompendium der
menschlichen Heimtücke und
Bosheit, der Niedertracht
eben. Und das quer durch die
Weltliteratur – angefangen
beim Alten Testament über
Suetons Bericht von den
Greueltaten des Kaisers Cali-
gula, Gilles de Rais' ›Der Prozeß‹ und anonyme Unterwei-
sungen in der ›Kunst, sinnreich zu quälen‹ aus dem 17.
Jahrhundert bis zu Leopold
von Sacher-Masochs ›Asma‹
und den subtileren Bosheiten
der Moderne in den Texten
von Serner, Moravia, Patricia
Highsmith, Patrick Süskind
und vielen anderen. Die kulinarische Perspektive auf die
Abgründe der menschlichen

Band 9295

Seele in vielen der hier ver-
sammelten Texte – von
denen einige in diesem Band
zum erstenmal veröffentlicht
wurden – garantiert einen
geradezu teuflichen Lesege-
nuß.

Fischer Taschenbuch Verlag

fi 1093 / 1